**使い方**
① ミシン目にそってカードを切り離し，穴にリングなどを通そう。
② 表面の英語と絵を見て単語の意味を考え，裏面を見て確認しよう。
③ 裏面の日本語を見て英語を言う練習をし，表面を見て確認しよう。

JN100797

**2** accept
accept a gift

**3** accident
a serious accident

**4** activity
club activities

**5** actually
Actually, it's a large rock.

**6** affect
Smoking affects health.

**7** agree
agree with her idea

**8** air
an air conditioner

**9** almost
It's almost two.

**10** already
It's already ten o'clock.

**11** amazing
an amazing story

**12** amount
a large amount of money

**13** angry
I'm angry.

**14** animation
an animation film

**15** announce
announce new information

**16** apply
apply to everyone

**17** arm
the arms of a robot

**18** arrest
arrest the man

**19** article
a newspaper article

**20** athlete
the Olympic athlete

**21** attend
attend a school

**22** audience
audience of the show

音声を聞きながら発音の練習をしよう。

音声アプリの「重要単語チェック」から
音声を聞いて，聞きとり，発音の練習をすることができます。
アプリの使い方は，表紙裏をご覧ください。

**①** 前 ～の上に［へ］

わたしたちの上にある太陽

**④** 名 活動

クラブ活動

**③** 名 事故

重大な事故

**②** 動 ～を受け入れる

贈り物を受け取る

**⑦** 動 賛成する

彼女の考えに賛成する

**⑥** 動 ～に影響を与える

喫煙は健康に影響を与える。

**⑤** 副 実は，本当は

実は大きな岩でした。

**⑩** 副 すでに，もう

もう10時です。

**⑨** 副 ほとんど

もう少しで2時です。

**⑧** 名 空中，空気

エアコン

**⑬** 形 怒った

わたしは怒っている。

**⑫** 名 量，額

大金

**⑪** 形 驚くべき

驚くべき話

**⑯** 動 当てはまる

全員に当てはまる

**⑮** 動 ～を発表する

新情報を発表する

**⑭** 名 アニメーション

アニメ映画

**⑲** 名 記事

新聞の記事

**⑱** 動 ～を逮捕する

その男を逮捕する

**⑰** 名 腕

ロボットの腕

**㉒** 名 聴衆，観客

ショーの観客

**㉑** 動 ～に通う

学校に通う

**⑳** 名 運動選手

オリンピック選手

### ㉓ awesome

an awesome song

### ㉔ ban

Swimming is banned.

### ㉕ battery

change batteries

### ㉖ become
became-become
became an adult

### ㉗ beginner

a book for beginners

### ㉘ beginning

beginning of the year

### ㉙ behavior
bad behavior

### ㉚ believe

I believe you.

### ㉛ below

See the graph below.

### ㉜ besides
Besides, he is clever.

### ㉝ best

the best player

### ㉞ beyond

beyond the bridge

### ㉟ billion
¥2,000,000,000

two billion yen

### ㊱ bomb

drop a bomb

### ㊲ border

across the border

### ㊳ born

He was born in Canada.

### ㊴ bother

That is a bother.

### ㊵ brain

a human brain

### ㊶ breed
bred-bred
breed a cat

### ㊷ bright

bright eyes

### ㊸ bring
brought-brought
bring a camera

### ㊹ building

a tall building

### ㊺ call

call my mother

### ㊻ cancer
medicine for cancer

| 25 | 24 | 23 |
|---|---|---|
| 名 電池 | 動 〜を禁止する | 形 すばらしい，最高の |
| 電池を変える | 遊泳は禁止されている。 | すばらしい歌 |

| 28 | 27 | 26 |
|---|---|---|
| 名 最初の部分 | 名 初心者 | 動 〜になる |
| 年の初め | 初心者向けの本 | 大人になった |

| 31 | 30 | 29 |
|---|---|---|
| 副 下に | 動 信じる | 名 ふるまい |
| 下のグラフを見てください。 | あなたを信じる。 | 悪いふるまい |

| 34 | 33 | 32 |
|---|---|---|
| 前 〜をこえたところに | 形 [goodの最上級] 最もよい | 副 そのうえ，さらに |
| 橋の向こうに | 最も優れた選手 | そのうえ,彼はかしこい。 |

| 37 | 36 | 35 |
|---|---|---|
| 名 国境 | 名 爆弾 | 名 10億 |
| 国境を越えて | 爆弾を落とす | 20億円 |

| 40 | 39 | 38 |
|---|---|---|
| 名 頭脳 | 名 面倒 | 動 （be bornで）生まれる |
| 人間の脳 | それは面倒くさいです。 | 彼はカナダで生まれた。 |

| 43 | 42 | 41 |
|---|---|---|
| 動 〜を持ってくる | 形 明るい | 動 〜を飼育する |
| カメラを持ってくる | きらきらと輝く目 | ネコを飼育する |

| 46 | 45 | 44 |
|---|---|---|
| 名 （病気の）がん | 動 〜に電話をかける | 名 建物 |
| がんの薬 | 母に電話をかける | 高い建物 |

教科書ぴったりトレーニング 英語3年 光村図書版 付録 ②裏

**47** century

in the 21st century

**48** challenge

a difficult challenge

**49** championship

win the championship

**50** character

the main character

**51** charge

charge my PC

**52** cheap

a cheap camera

**53** child

playful children

**54** climate

warm climate

**55** cloth

a piece of cloth

**56** coat

wear a coat

**57** collect

collect stamps

**58** college

go to college

**59** colorful

a colorful painting

**60** common

a common name

**61** company

a car company

**62** condition

in good condition

**63** continue

continue a trip

**64** convenient

the convenient place

**65** corner

turn left at the corner

**66** countryside

live in the countryside

**67** courage

gather his courage

**68** cry

Don't cry.

**69** curious

curious about everything

**70** cut

cut-cut

cut an apple in two

教科書ぴったりトレーニング 英語3年 光村図書版 付録 ③裏

| | | |
|---|---|---|
| 49 ⑧選手権，優勝<br><br>優勝する | 48 ⑧難問<br><br>難しい挑戦 | 47 ⑧世紀，100年<br><br>21世紀に |
| 52 ㊒安い<br><br>安いカメラ | 51 ⑩～を充電する<br><br>パソコンを充電する | 50 ⑧登場人物<br><br>主人公 |
| 55 ⑧布，服地<br><br>一枚の布 | 54 ⑧気候<br><br>暖かい気候 | 53 ⑧子供<br><br>陽気な子供たち |
| 58 ⑧大学<br><br>大学に通う | 57 ⑩～を集める<br><br>切手を集める | 56 ⑧コート<br><br>コートを着ている |
| 61 ⑧会社<br><br>自動車会社 | 60 ㊒よくある，共通の，ふつうの<br><br>よくある名前 | 59 ㊒色彩に富んだ<br><br>カラフルな絵 |
| 64 ㊒便利な<br><br>便利な場所 | 63 ⑩～を続ける<br><br>旅を続ける | 62 ⑧状況<br><br>状態がよい |
| 67 ⑧勇気<br><br>勇気をふりしぼる | 66 ⑧いなか<br><br>いなかに住む | 65 ⑧角<br><br>角を左に曲がる |
| 70 ⑩～を切る，～の供給をとめる<br><br>リンゴを2つに切る | 69 ㊒好奇心の強い<br><br>何に対しても好奇心が強い | 68 ⑩泣く<br><br>泣かないで。 |

⑦ **daily**

daily life

⑦ **danger**

feel in danger

⑦ **dangerous**

a dangerous area

⑦ **daughter**

two daughters

⑦ **dead**

dead flowers

⑦ **death**

a natural death

⑦ **decision**

make a decision

⑦ **definitely**

He'll definitely come.

⑦ **depend**

depend on you

⑧ **destroy**

destroy buildings

⑧ **development**

development of new products

⑧ **die**

die in a battle

⑧ **difference**

difference between spring and fall

⑧ **disaster**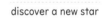

a big disaster

⑧ **discover**

discover a new star

⑧ **domestic**

domestic trip

⑧ **donate**

donate money

⑧ **drill**

fire drill

⑧ **drive**

drove–driven

drive a car

⑨ **earthquake**

a big earthquake

⑨ **effective**

an effective cure

⑨ **either**

I don't like tomatoes, either.

⑨ **electricity**

use electricity

⑨ **electronic**

an electronic dictionary

| ㊐ 日常の | ㊑ 危険 | ㊒ 危険な |
|---|---|---|
| 71 | 72 | 73 |
| 日常生活 | 身の危険を感じる | 危険な場所 |

| ㊑ 娘 | ㊒ 死んだ | ㊑ 死，死亡 |
|---|---|---|
| 74 | 75 | 76 |
| 2人の娘 | 枯れた花 | 自然死 |

| ㊑ 決定，結論 | ㊐ もちろん，確かに | ㊓ 頼る |
|---|---|---|
| 77 | 78 | 79 |
| 決定する | 彼は確実に来るだろう。 | あなたに頼る |

| ㊓ ～を破壊する | ㊑ 開発 | ㊓ 死ぬ |
|---|---|---|
| 80 | 81 | 82 |
| 建物を破壊する | 新製品の開発 | 戦死する |

| ㊑ ちがい | ㊑ 災害 | ㊓ ～を発見する |
|---|---|---|
| 83 | 84 | 85 |
| 春と秋のちがい | 大きな災害 | 新しい星を発見する |

| ㊒ 国内の | ㊓ ～を寄付する | ㊑ 訓練 |
|---|---|---|
| 86 | 87 | 88 |
| 国内旅行 | お金を寄付する | 火災訓練 |

| ㊓ 運転する | ㊑ 地震 | ㊒ 効果的な |
|---|---|---|
| 89 | 90 | 91 |
| 車を運転する | 大きな地震 | 効果的な治療 |

| ㊔ （否定文で）…もまた～ない | ㊑ 電力，電気 | ㊒ 電子の |
|---|---|---|
| 92 | 93 | 94 |
| 私もトマトが好きではありません。 | 電気を使う | 電子辞書 |

教科書ぴったりトレーニング 英語3年 光村図書版 付録 ④裏

## 95
**else**

Anything else?

## 96
**emergency**

emergency exit sign

## 97
**employee**

company employee

## 98
**encourage**

encourage my friend

## 99
**ending**

a bad ending

## 100
**energy**

clean energy

## 101
**environment**

the natural environment

## 102
**era**

Edo era

## 103
**establish**

establish a school

## 104
**ever**

Have you ever been to France?

## 105
**exception**

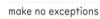

make no exceptions

## 106
**exchange**

cultural exchange

## 107
**expensive**

an expensive bag

## 108
**fact**

new fact

## 109
**fan**

a big fan

## 110
**feather**

a white feather

## 111
**feel**

felt–felt
Please feel free to ask me.

## 112
**fight**

fought–fought
fight for freedom

## 113
**finally**

Finally, he came.

## 114
**fly**

flew–flown
fly to New York

## 115
**fold**

fold a paper

## 116
**foolish**

a foolish idea

## 117
**fortunately**

Fortunately, I was elected.

## 118
**freely**

speak freely

| 97<br>名 従業員 | 96<br>名 緊急事態 | 95<br>副 ほかに［の］ |
|---|---|---|
| 会社員 | 避難誘導標識 | ほかに何か？ |

| 100<br>名 エネルギー | 99<br>名 終わり，結末 | 98<br>動 勇気づける |
|---|---|---|
| クリーンエネルギー | バッドエンド | 友達を勇気づける |

| 103<br>動 ～を設立する | 102<br>名 時代，年代 | 101<br>名 環境 |
|---|---|---|
| 学校を設立する | 江戸時代 | 自然環境 |

| 106<br>名 交流，やり取り | 105<br>名 例外 | 104<br>副 今まで |
|---|---|---|
| 文化交流 | 例外は認めない。 | 今までにフランスに行ったことがありますか。 |

| 109<br>名 ファン | 108<br>名 事実 | 107<br>形 高価な |
|---|---|---|
| 大ファン | 新事実 | 高価なバッグ |

| 112<br>動 名 戦う　戦い | 111<br>動 ～と感じる | 110<br>名 羽 |
|---|---|---|
| 自由のために戦う | 気軽に聞いて下さい | 白い羽 |

| 115<br>動 ～を折る | 114<br>動 飛ぶ | 113<br>副 ついに |
|---|---|---|
| 紙を折る | ニューヨークに飛行機で行く | ついに彼は来た。 |

| 118<br>副 自由に | 117<br>副 幸運にも | 116<br>形 愚かな |
|---|---|---|
| 自由に話す | 幸運にも，当選した。 | 愚かな考え |

教科書ぴったりトレーニング　英語3年　光村図書版　付録　⑤裏

**119 goodbye**

say goodbye

**120 government**

Japanese government

**121 graduate**

graduate from high school

**122 greatly**

be greatly surprised

**123 ground**

sit on the ground

**124 grow**

grew–grown

grow into a man

**125 growth**

population growth

**126 happen**

What happened?

**127 health**

in good health

**128 heat**

the city heat

**129 heavy**

a heavy bag

**130 hold**

held–held

held a pen

**131 holiday**

a national holiday

**132 hope**

I hope you like peaches.

**133 horizon**

on the horizon

**134 hour**

for an hour

**135 human**

a human body

**136 image**

my image of Japan

**137 imagine**

imagine my future

**138 import**

import food

**139 include**

five including pets

**140 increase**

increase population

**141 influence**

influence young artists

**142 information**

the information desk

| | | |
|---|---|---|
| ㉑ 動 卒業する<br>高校を卒業する | ⑳ 名 政府<br>日本政府 | ⑲ 間 さようなら<br>別れをつげる |
| ㉔ 動 成長する，増加する<br>成長して大人になった | ㉓ 名 地面<br>地面にすわる | ㉒ 副 おおいに<br>非常に驚く |
| ㉗ 名 健康<br>健康で | ㉖ 動 起こる，生じる<br>どうしましたか？ | ㉕ 名 増加<br>人口増加 |
| ㉚ 動 ～を持つ，つかむ<br>ペンをつかんだ | ㉙ 形 重い<br>重いカバン | ㉘ 名 熱<br>都会の暑さ |
| ㉝ 名 地平線，水平線<br>地平線上に | ㉜ 動 望む<br>桃がお好きだといいですが。 | ㉛ 名 休日，休暇<br>祝日 |
| ㊱ 名 像<br>日本に対する私のイメージ | ㉟ 形 人間の<br>人間の体 | ㉞ 名 １時間<br>１時間 |
| ㊴ 動 ～を含む<br>ペットを含めて５名 | ㊳ 動 ～を輸入する<br>食べ物を輸入する | ㊲ 動 ～を想像する<br>将来のことを想像する |
| ㊷ 名 情報<br>案内所 | ㊶ 動 ～に影響を及ぼす<br>若い芸術家に影響を及ぼす | ㊵ 動 ～を増やす<br>人口を増やす |

**143** injure

injure his head

**144** inner

an inner pocket

**145** instead

drink tea instead of coffee

**146** instruction

follow instructions

**147** interest

take an interest in shogi

**148** international

an international conference

**149** internet

use the Internet

**150** interview

interview the actor

**151** invent

invent the computer

**152** inventor

the greatest inventor

**153** kilometer

17 kilometers long

**154** lamp

buy a lamp

**155** language

learn a language

**156** later

See you later.

**157** latest

the latest news

**158** law

under the law

**159** lawyer

a great lawyer

**160** lead

led-led

lead a movement

**161** leader

the leader of a club

**162** less

less expensive

**163** let

Let me think of it.

**164** limited

a limited time

**165** local

local people

**166** loss

memory loss

| ⑭⑤ 副 そのかわりに | ⑭④ 形 内部の | ⑭③ 動 〜を傷つける |
|---|---|---|
| コーヒーのかわりに紅茶を飲む | 内ポケット | 頭をけがする |

| ⑭⑧ 形 国際的な | ⑭⑦ 名 興味 | ⑭⑥ 名 指示 |
|---|---|---|
| 国際会議 | 将棋に興味を持つ | 指示に従う |

| ⑮① 動 〜を発明する | ⑮⓪ 動 〜にインタビューする | ⑭⑨ 名 インターネット |
|---|---|---|
| コンピューターを発明する | 俳優にインタビューする | インターネットを使う |

| ⑮④ 名 ランプ，明かり | ⑮③ 名 キロメートル | ⑮② 名 発明家 |
|---|---|---|
| ランプを買う | 17キロメートルの長さ | もっとも偉大な発明家 |

| ⑮⑦ 形 最新の | ⑮⑥ 副 あとで，もっと遅く | ⑮⑤ 名 言語 |
|---|---|---|
| 最新のニュース | それじゃ，あとでね。 | 言語を学ぶ |

| ⑯⓪ 動 〜を導く | ⑮⑨ 名 弁護士 | ⑮⑧ 名 法律 |
|---|---|---|
| 運動の先頭に立つ | 優秀な弁護士 | 法律の下で |

| ⑯③ 動 〜（人に）させる | ⑯② 副 もっと少なく | ⑯① 名 指導者，リーダー |
|---|---|---|
| 考えさせてください。 | そんなに高くない | クラブのリーダー |

| ⑯⑥ 名 失うこと | ⑯⑤ 形 地元の，地方の | ⑯④ 形 限られた |
|---|---|---|
| 記憶喪失 | 地元の人々 | 限られた時間 |

### 167
lucky

lucky numbers

### 168
magazine

a fashion magazine

### 169
match

a tennis match

### 170
metal

metal products

### 171
movement

join a movement

### 172
must

I must go.

### 173
national

national flags

### 174
necessary

necessary information

### 175
negative

negative feelings

### 176
news

watch news on TV

### 177
ocean

the Pacific Ocean

### 178
oil

the price of oil

### 179
once

once lived in Osaka

### 180
opinion

a general opinion

### 181
ordinary

ordinary people

### 182
Paralympic

see the Paralympics

### 183
parking lot

a crowded parking lot

### 184
peace

hope for peace

### 185
peaceful

a peaceful world

### 186
person

a great person

### 187
point

the points of his speech

### 188
pop

pop culture

### 189
population

the population of Japan

### 190
positive

positive about everything

| 169 | 168 | 167 |
|---|---|---|
| 名 試合 | 名 雑誌 | 形 幸運な |
| テニスの試合 | ファッション誌 | ラッキーナンバー |

| 172 | 171 | 170 |
|---|---|---|
| 助 ～しなければならない | 名 （社会的な）運動 | 名 金属 |
| 行かなければならない。 | 運動に加わる | 金属製品 |

| 175 | 174 | 173 |
|---|---|---|
| 形 否定的な，よくない | 形 必要な | 形 国の |
| 負の感情 | 必要な情報 | 国旗 |

| 178 | 177 | 176 |
|---|---|---|
| 名 石油 | 名 海，大洋 | 名 ニュース，知らせ |
| 石油の価格 | 太平洋 | テレビでニュースを見る |

| 181 | 180 | 179 |
|---|---|---|
| 形 ふつうの | 名 意見 | 副 かつて，昔 |
| ふつうの人々 | 一般的な意見 | かつて大阪に住んでいた |

| 184 | 183 | 182 |
|---|---|---|
| 名 平和 | 名 駐車場 | 形 パラリンピック競技の |
| 平和を願う | 混んでいる駐車場 | パラリンピックを見る |

| 187 | 186 | 185 |
|---|---|---|
| 名 特徴，論点，ポイント | 名 人 | 形 平和な |
| 彼のスピーチの要点 | 偉大な人物 | 平和な世界 |

| 190 | 189 | 188 |
|---|---|---|
| 形 肯定の，前向きな | 名 人口 | 形 大衆的な |
| あらゆることに前向きである | 日本の人口 | 大衆文化 |

**191** possible
try everything possible

**192** powerful
a powerful engine

**193** prepare
prepare for disasters

**194** pretty
a pretty cat

**195** protect
protect your head

**196** protest
protest against government

**197** quarter
cut into quarters

**198** quietly
talk quietly

**199** quite
quite popular

**200** rain
a day of heavy rain

**201** rapidly
increase rapidly

**202** reach
reach home

**203** read
read–read
read a book yesterday

**204** ready
get breakfast ready

**205** real
a real story

**206** receive
receive a letter

**207** relate
relate to Japan

**208** relation
human relations

**209** relatively
relatively warm

**210** release
release my stress

**211** remember
remember my hometown

**212** renewable
renewable energy

**213** report
a news report

**214** researcher
a great researcher

| | | |
|---|---|---|
| ⑲ 動 準備をする，備える | ⑲ 形 力強い | ⑲ 形 可能な，できる |
| 災害に備える | 強力なエンジン | できるだけのことをする |
| ⑲ 動 名 抗議する，抗議 | ⑲ 動 ～を守る | ⑲ 形 かわいい |
| 政府に抗議する | 頭部を守る | かわいいネコ |
| ⑲ 副 かなり，相当 | ⑲ 副 静かに | ⑲ 名 4分の1 |
| かなり人気がある | 静かに話をする | 4等分に切る |
| ⑳ 動 ～に着く | ⑳ 副 速く，急速に | ⑳ 名 雨 |
| 家に着く | 急増する | 雨の強い日 |
| ⑳ 形 本当の | ⑳ 形 用意ができて | ⑳ 動 ～を読む |
| 本当にあった話 | 朝食の用意をする | きのう本を読んだ |
| ⑳ 名 関係 | ⑳ 動 関係がある | ⑳ 動 ～を受け取る |
| 人間関係 | 日本と関係がある | 手紙を受け取る |
| ⑳ 動 （～を）思い出す | ⑳ 動 ～を放出する | ⑳ 副 比較的 |
| ふるさとを思い出す | ストレスを発散する | 比較的暖かい |
| ⑳ 名 研究者 | ⑳ 名 報告 | ⑳ 形 再生可能な |
| 偉大な研究者 | 報道 | 再生可能なエネルギー |

**215** resident
foreign residents

**216** resource
natural resources

**217** respect
respect parents

**218** rhythm
feel the rhythm

**219** rise
rose-risen
The sun rose.

**220** road
road signs

**221** role
the important role

**222** rule
against the rule

**223** safely
go home safely

**224** satisfy
I was satisfied.

**225** scared
I'm scared.

**226** seasonal
seasonal flowers

**227** sell
sold-sold
sold flowers

**228** service
excellent service

**229** shade
in the shade of the tree

**230** side
one side of the road

**231** sidewalk
walk on the sidewalk

**232** simple
a simple breakfast

**233** since
2010　現在
since 2010

**234** sky
the blue sky

**235** sleep
slept-slept
sleep in bed

**236** smartphone
use my smartphone

**237** solve
solve a problem

**238** someone
someone at the window

| ㉗ 動 ～を尊敬する | ㉖ 名 資源 | ㉕ 名 住民 |
|---|---|---|
| 両親を尊敬する | 天然資源 | 在留外国人 |

| ㉚ 名 道路 | ㉙ 動 のぼる | ㉘ 名 リズム |
|---|---|---|
| 道路標識 | 太陽がのぼった。 | リズムを感じる |

| ㉓ 副 安全に | ㉒ 名 規則，ルール | ㉑ 名 役，役割 |
|---|---|---|
| 無事に家に帰る | 規則に逆らって | 重要な役割 |

| ㉖ 形 季節の | ㉕ 形 （～を）こわがって | ㉔ 動 ～を満足させる |
|---|---|---|
| 季節の花 | こわいです。 | 私は満足しました。 |

| ㉙ 名 陰 | ㉘ 名 サービス | ㉗ 動 ～を売る |
|---|---|---|
| 木陰で | すばらしいサービス | お花を売った |

| ㉜ 形 簡単な | ㉛ 名 歩道 | ㉚ 名 面，側 |
|---|---|---|
| 簡単な朝食 | 歩道を歩く | 道路の片側 |

| ㉟ 動 眠る | ㉞ 名 空 | ㉝ 接 ～して以来 |
|---|---|---|
| ベッドで眠る | 青い空 | 10年前からずっと |

| ㊳ 代 だれか | ㊲ 動 ～を解決する | ㊱ 名 スマートフォン |
|---|---|---|
| 窓際にいるだれか | 問題を解決する | スマートフォンを使う |

**239** somewhere
go somewhere

**240** son
my son

**241** soon
soon be back

**242** speak
spoke–spoken
Chinese is spoken here.

**243** still
still hot

**244** store
store water

**245** strict
a strict teacher

**246** studio
a photo studio

**247** stylish
a stylish lady

**248** successful
a successful musician

**249** sunshine
in the warm sunshine

**250** super
super happy

**251** support
support him

**252** surprisingly
He is surprisingly clever.

**253** surround
surrounded by trees

**254** survey
do a survey

**255** survival
fight for survival

**256** survive
survive an accident

**257** tax
TAX FREE
tax free

**258** terrible
a terrible noise

**259** tightly
hold a baby tightly

**260** title
the title of the book

**261** tough
a tough job

**262** tournament
the national tournament

| 241 副 すぐに | 240 名 息子 | 239 副 どこかに［へ，で］ |
|---|---|---|
| すぐに戻る | 私の息子 | どこかへいく |

| 244 動 ～を蓄える | 243 副 今でも，まだ | 242 動 話す |
|---|---|---|
| 水を蓄える | まだ熱い | ここでは中国語が話されています。 |

| 247 形 おしゃれな | 246 名 スタジオ | 245 形 厳しい |
|---|---|---|
| おしゃれな女性 | 写真館 | 厳しい先生 |

| 250 副 とても，すごく | 249 名 日光 | 248 形 成功した |
|---|---|---|
| とてもうれしい | 暖かいひなたで | 成功した音楽家 |

| 253 動 ～を囲む | 252 副 驚いたことには | 251 動 ～を支援する |
|---|---|---|
| 木々に取り囲まれた | 彼は驚くほど賢いです。 | 彼を支援する |

| 256 動 生き残る | 255 名 生き残ること | 254 名 調査 |
|---|---|---|
| 事故で生き残る | 生き残るために戦う | 調査する |

| 259 副 しっかりと | 258 形 ひどい | 257 名 税金 |
|---|---|---|
| 赤ちゃんをしっかりと抱く | ひどい音 | 免税 |

| 262 名 トーナメント | 261 形 困難な | 260 名 題名，表題 |
|---|---|---|
| 全国大会 | 困難な仕事 | 本の題名 |

教科書ぴったりトレーニング 英語3年 光村図書版 付録

**263** trade
fair trade

**264** transport
transport goods

**265** traveler
many travelers

**266** trust
I trust you.

**267** uncomfortable
uncomfortable weather

**268** unfair
an unfair rule

**269** uniform
wear a uniform

**270** until
sleep until three o'clock

**271** user
telephone users

**272** variety
a variety of fruit

**273** violence
stop violence

**274** visitor
a group of visitors

**275** war
during the war

**276** weak
a weak team

**277** wear
wore-worn
wear a blue shirt

**278** website
view a website

**279** while
after a while

**280** wide
a wide river

**281** wind
the north wind

**282** winner
a prize winner

**283** without
without a word

**284** worth
worth reading

**285** write
wrote-written
have written a letter

**286** yet
haven't had lunch yet

| | | |
|---|---|---|
| ㉖⑤ ㊂ 旅行者 | ㉖④ ㊍ ～を輸送する | ㉖③ ㊂ 貿易 |
| たくさんの旅行者 | 品物を輸送する | フェアトレード |
| ㉖⑧ ㊒ 不公平な，不当な | ㉖⑦ ㊒ 心地よくない | ㉖⑥ ㊍ ～を信頼する |
| 不公平な規則 | 心地よくない天気 | あなたを信頼しています。 |
| ㉗① ㊂ 使用者 | ㉗⓪ ㊝ ～まで（ずっと） | ㉖⑨ ㊂ 制服 |
| 電話の利用者 | 3時まで眠る | 制服を着る |
| ㉗④ ㊂ 観光客 | ㉗③ ㊂ 暴力 | ㉗② ㊂ [a (…) variety of で] さまざまな |
| 観光客の一団 | 暴力禁止 | さまざまな果物 |
| ㉗⑦ ㊍ ～を着ている | ㉗⑥ ㊒ 弱い，かすかな | ㉗⑤ ㊂ 戦争 |
| 青いシャツを着ている | 弱いチーム | 戦争中に |
| ㉘⓪ ㊒ 広い | ㉗⑨ ㊂ (少しの) 時間，(しばらくの) 間 | ㉗⑧ ㊂ ウェブサイト |
| 幅の広い川 | しばらくして | ウェブサイトを見る |
| ㉘③ ㊝ ～なしで［に］ | ㉘② ㊂ 勝者 | ㉘① ㊂ 風 |
| 無言で | 受賞者 | 北風 |
| ㉘⑥ ㊐ [疑問文で] もう，[否定文で] まだ | ㉘⑤ ㊍ (～を) 書く | ㉘④ ㊒ ～の価値がある |
| まだ昼食を食べていない | 手紙を書いた | 読むだけの価値がある |

教科書ぴったりトレーニング 英語3年 光村図書版 付録

⑫裏

# 目次

自分にあった学習法を
見つけよう！

# 成績アップのための 学習メソッド

## ぴたトレ1
### 要点チェック

教科書の基礎内容についての理解を深め，基礎学力を定着させます。

- 教科書で扱われている文法事項の解説をしています。
- 新出単語を和訳・英訳ともに掲載しています。
- 重要文をもとにした基礎的な問題を解けます。

### 問題を解くペース
英語は問題を解く時間が足りなくなりやすい教科。普段の学習から解く時間を常に意識しよう！

「ナルホド！」で
文法を復習

最初に取り組むときは
必ず読もう！

Words & Phrases

単語や熟語のチェック
をしよう。
ここに載っている単語
は必ず押さえよう！

注目！

⚠ミスに注意

テストによく出る！

テストで狙われやすい，
ミスしやすい箇所が
一目でわかるよ！

## 学習メソッド

**STEP0** 学校の授業を受ける

**STEP1** ぴたトレ1を解く
ナルホド！も読んで，基礎をおさらいしよう。

**STEP2** 解答解説で丸付け
間違えた問題にはチェックをつけて，
何度もやり直そう。

**STEP3** 別冊mini bookで確認
単語や基本文を
繰り返し読んで覚えよう。

時間のないときは「ナルホド」
を読んでから，「注目！」「ミスに
注意！」「テストによく出る！」を
確認しよう！これだけで最低
限のポイントが抑えられるよ！

**STEP4** 得点UPポイントを確認
「注目！」「ミスに注意！」「テストによく出る！」を確認してから，
ぴたトレ2に進もう。

リー子

## ぴたトレ2
### 練習

より実践的な内容に取り組みます。
また, 専用アプリを使ってスピーキングの練習をします。

● 教科書の文章を読み, 内容をしっかり把握します。
● スピーキング問題を解いて, 答え合わせをし, 文章と解答を音声アプリに吹き込みます。
（アプリは「おんトレ」で検索し, インストールしてご利用ください。ご利用に必要なコードはカバーの折り返しにあります）

**ヒント**
解答に迷ったときは, 問題を解く手助けとなるヒントを読もう。

**読む**
教科書の本文と, 対応する問題は, テスト本番でもよく狙われるよ。

アプリマークのある問題は, 付属のアプリを使って, スピーキングに挑戦！テスト前に取り組むのがおすすめ。

### スピーキングアプリの使い方
❶ アプリマークのある問題を解く。
❷ 答え合わせをする。
❸ アプリの指示に従って, 読解文を1文ずつアプリに吹き込む。
❹ 質問文と, 答え合わせをした解答の音声をアプリに吹き込む。
❺ 音声が適切か判定される。

英語の音やアクセントを聞き分けたり, 発音する基礎練習問題も一緒にやってみよう。

**学習メソッド**

**STEP1** ぴたトレ2を解く
**STEP2** 解答・解説を見て答え合わせをする
**STEP3** アプリを使って, スピーキング問題を解く

わからない単語や知らない単語があるときはお手本を聞いてまねしてみよう！

ター坊

3

# 成績アップのための 学習メソッド

**ぴたトレ3**
確認テスト

テストで出題されやすい文法事項, 教科書の内容をさらに深める
オリジナルの読解問題を掲載しています。

- 学習した文法や単語の入ったオリジナルの文章を載せています。
  初めて読む文章に対応することで, テスト本番に強くなります。

- 「よく出る」「差がつく」「点UP」で, 重要問題が一目でわかります。

**発音問題も
チェック!**

発音・アクセント
問題も掲載!
何度も声に出し
て読んで発音を
意識しよう。

**オリジナル長文に
挑戦!**

ぴたトレ1や2で学習
した文法を基にした
長文が出題されるよ。
初めて見る文章にも
強くなろう。

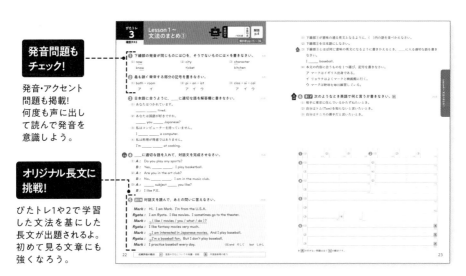

**4技能マークに注目!**

4技能に対応!
このマークがついている
問題は要チェック!

※「聞く」問題は,巻末のリ
スニングに掲載していま
す。

**繰り返し練習しよう!**

ポイントとなる問題は繰り
返し練習して,テストでも
解けるようにしよう!

---

**学習メソッド**

**STEP1** ぴたトレ3を解く
テスト本番3日前になったら時間を計って解いてみよう。

**STEP2** 解答解説を読む
英作文には採点ポイントが示されているよ。
できなかった部分をもう一度見直そう。

**STEP3** 定期テスト予想問題を解く
巻末にあるテスト対策問題を解いて最後のおさらいをしよう。

**STEP4** 出題傾向を読んで, 苦手な箇所をおさらいしよう
定期テスト予想問題の解答解説には出題傾向が載っているよ。
テストでねらわれやすい箇所をもう一度チェックしよう。

> ぴたトレ3には
> 「観点別評価」
> も示されてるよ!
> これなら内申点
> も意識できるね!

ピー助

● 長文問題を解くことを通して，解答にかかる時間のペースを意識しましょう。

## 観点別評価

本書では，

「言語や文化についての知識・技能」

「外国語表現の能力」

の2つの観点を取り上げ，成績に結び付く
ようにしています。

---

● リスニング問題はくりかえし
聞いて，耳に慣れるようにして
おきましょう。

※一部標準的な問題を出題している箇所
があります（教科書非準拠）。

※リスニングには「ポケットリスニング」の
アプリが必要です。
（使い方は表紙の裏をご確認ください。）

● 学年末や，入試前の対策に
ぴったりです。

● 難しいと感じる場合は，解答解説
の 英作力 UP♪ を読んでから挑戦して
みましょう。

---

# ［ ぴたトレが支持される**3**つの理由!! ］

## **1**

### 35年以上続く
### 超ロングセラー商品

昭和59年の発刊以降，教科
書改訂にあわせて教材の質
を高め，多くの中学生に使用
されてきた実績があります。

## **2**

### 教科書会社が制作する
### 唯一の教科書準拠問題集

教科書会社の編集部が問題
集を作成しているので，授業
の進度にあわせた予習・復習
にもぴったり対応しています。

## **3**

### 日常学習〜定期テスト
### 対策まで完全サポート

部活などで忙しくても効率的
に取り組むことで，テストの点
数はもちろん，成績・内申点
アップも期待できます。

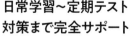

# Unit 1 School Life Around the World (Part 1)

---

教科書の重要ポイント 「（人・もの）は〜されている」を表す受け身（復習） 教科書 pp.9 ～ 11

## The classes are taught in English or Arabic.

〔授業は英語またはアラビア語で教えられています。〕

〈be動詞＋動詞の過去分詞〉は受け身といい，ものや人が何かを「〜されている」と説明するときに使う。

The classes are taught in English or Arabic.
　　授業は　　　教えられている　　英語またはアラビア語で

「人（もの）によって」ということをはっきりと伝えたい場合は，〈by＋人（もの）〉を文末に入れる。

The tablet　　is used　　by my brother.
そのタブレットは　使われている　私の兄(弟)によって

不規則動詞の過去分詞はつづりに注意しよう。

動詞の過去分詞の作り方は，規則動詞と不規則動詞で異なる。

規則動詞
・動詞の後ろに-edを付ける。　例：cook → cooked, want → wanted
・eで終わる動詞の場合，-dを付ける。　例：like → liked, use → used
・子音字＋yで終わる動詞の場合，yをiに変えて-edを付ける。　例：study → studied

不規則動詞
・過去形と同じもの。　例：find → found
・過去形と異なるもの。　例：wrote → written

ナルホド！

---

Words & Phrases それぞれの動詞の過去分詞を書きなさい。

☐(1) speak _____

☐(2) perform _____

☐(3) think _____

☐(4) use _____

☐(5) catch _____

☐(6) answer _____

☐(7) make _____

☐(8) buy _____

☐(9) have _____

☐(10) say _____

☐(11) read _____

☐(12) write _____

**1** 日本語に合うように，（　）内から適切なものを選び，記号を〇で囲みなさい。

⚠ミスに注意

**1** 主語，そして現在形か過去形か見極めて be 動詞を決めよう！

☐(1) このモスクは多くの人に訪問されています。

This mosque（ ア is visiting　イ is visited　ウ visits ）by many people.

☐(2) あの男の子はケンと呼ばれています。

That boy（ ア is called　イ call　ウ is calling ）Ken.

☐(3) 新しい水泳プールは2018年に建てられました。

A new swimming pool（ ア was building　イ built　ウ was built ）in 2018.

☐(4) マトリョーシカ人形はあなたの父によって市場で買われました。

Matryoshka dolls（ ア bought　イ were buying　ウ were bought ）at the market by your father.

**2** 例にならい，それぞれの絵に合う「(もの・こと・人)は～されます」の文を完成させなさい。

| 例 | (1) | (2) |
|---|---|---|
| cook | make | play |

例 **Dinner is cooked by Akira.**

☐(1) The dress ＿＿＿＿＿＿ ＿＿＿＿＿＿ by my mother.

☐(2) The guitar ＿＿＿＿＿＿ ＿＿＿＿＿＿ by John.

**3** 日本語に合うように，（　）内の語句を並べかえなさい。

テストによく出る！

by以外の前置詞

**3** (1)be made in ～「～で作られる，～製」のようにby以外の前置詞を用いる受け身がある。

☐(1) そのカバンはイタリア製です(イタリアで作られました)。

( in / made / the bag / Italy / was ).

＿＿＿＿＿＿＿＿＿＿＿＿＿＿＿＿＿＿.

☐(2) 今日，私は私たちの町を紹介したいと思います。

Today,（ to / our / I / introduce / want / town ）.

Today, ＿＿＿＿＿＿＿＿＿＿＿＿＿＿＿＿.

☐(3) その試合はテレビで見ることができます。

The game（ watched / can / on / be / TV ）.

The game ＿＿＿＿＿＿＿＿＿＿＿＿＿＿.

注目！

助動詞を伴う受け身の形

**3** (3)〈助動詞＋be動詞＋動詞の過去分詞〉の形で表す。

# Unit 1 School Life Around the World (Part 2)

| 教科書の重要ポイント | 「人（もの）に～させる」を表す let | 教科書 pp.12 ～ 13 |
| --- | --- | --- |

## Let <u>me</u> show you my school.

〔あなたに私の学校を見せてあげます。〕

## Our teachers help <u>us</u> prepare for performances.

〔私たちの先生たちは私たちが公演のための準備をするのを手伝ってくれます。〕

〈let＋人（もの）＋動詞の原形〉は「人（もの）に～させる」という意味になる。

この文では let の後ろの（人）である me が，動詞 show「見せる」の主語になっている。

Let　　me　　show　　you　　my school.
させる　　私は　　見せる　　あなたに　　私の学校を

〈help＋人＋動詞の原形〉は「人が～するのを手伝う」という意味になる。

Our teachers help　　us　　prepare for performances.
私たちの先生は　　手伝う　　私たちが　　準備をする　　公演のための

主語が何であってもletやhelpの後ろにくる動詞は必ず原形にしよう。

〈let（help）＋人＋動詞の原形〉の人は「～を[に]」を表す言葉（代名詞）を入れる。

Let <u>him</u> do it. 〔彼にそれをさせてあげなさい。〕

| ～は | ～を〔に〕 | ～は | ～を〔に〕 |
| --- | --- | --- | --- |
| I | me | it | it |
| you | you | we | us |
| he | him | they | them |
| she | her | George | George |

ナルホド!

**Words & Phrases**　次の英語は日本語に，日本語は英語にしなさい。

☐(1) fix　　（　　　　　　　　　　）　　☐(4) 2回　　_____

☐(2) carry　（　　　　　　　　　　）　　☐(5) ～を数える　_____

☐(3) encourage（　　　　　　　　　　）　　☐(6) 技能　　_____

**1** 日本語に合うように，（　）内から適切なものを選び，記号を〇で囲みなさい。

右欄上部：
**注目!**
助動詞＋let
**1**(2)letは動詞なので，前に助動詞を加えることができる。

□(1) 私にその話をさせてください。

　　Let（ ア me　イ I　ウ my ）tell you the story.

□(2) 彼女は彼にその大きな箱を運んでもらいます。

　　She will let（ ア he　イ him　ウ his ）carry the big box.

□(3) 彼の近所の人は彼が庭を掃除するのを手伝ってくれます。

　　His neighbor helps him（ ア cleaning　イ clean

　　ウ cleaned ）the garden.

□(4) 私の両親は私を留学させてくれました。

　　My parents let me（ ア to study　イ is studying　ウ study ）
　　abroad.

**2** 例にならい，それぞれの絵に合う「～を手伝っています」の
文を完成させなさい。

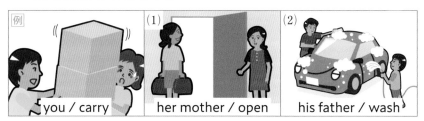

例 you / carry　　(1) her mother / open　　(2) his father / wash

例 **I'm helping you carry the box.**

□(1) She is ＿＿＿＿＿＿ her mother ＿＿＿＿＿＿ the door.

□(2) Takashi is ＿＿＿＿＿ ＿＿＿＿＿ ＿＿＿＿＿
　　＿＿＿＿＿ his car.

**3** 日本語に合うように，（　）内の語句を並べかえなさい。

右欄中部：
**⚠ミスに注意**
**3**(1)「～に…を教える」はteach＋人＋もの，またはteach＋もの＋to＋人にするよ！

□(1) 彼らは私たちに読み書きの技能を教えてくれました。

　　They（ writing / taught / skills / us / reading and ）.

　　They ＿＿＿＿＿＿＿＿＿＿＿＿＿＿＿＿＿＿＿＿.

□(2) あなたはいつも私にそれを自分でするように励ましてくれます。

　　( always / you / me / encourage ) to do it by myself.

　　＿＿＿＿＿＿＿＿＿＿＿＿＿＿＿ to do it by myself.

□(3) 私の家族は年に2回京都に行きます。

　　My family ( to / a year / Kyoto / goes / twice ).

　　My family ＿＿＿＿＿＿＿＿＿＿＿＿＿＿＿＿＿.

右欄下部：
**テストによく出る!**
回数を表す表現
**3**(3)once「1回」，twice「2回」，3回以上はthree timesのように数字＋timesで表す。

ぴたトレ **1**

要点チェック

Unit 1 School Life Around the World (Part 3)

時間 **15**分

解答 p.1

〈新出語・熟語 別冊p.6〉

教科書の重要ポイント 「人に〜ということを言う」を表す 教科書 pp.14〜15

## Ms. Brown told us (that) it was an interesting website.

〔ブラウン先生は私たちに，それはおもしろいウェブサイトだと言いました。〕

〈tell＋人＋that＋文〉は「人に〜ということを言う」という意味になる。tellのあとに〈人＋that〉を置いて，どのようなことを言ったのか文をつなげることができる。このthatは，よく省略される。

Ms. Brown told us ‾‾‾‾‾‾‾‾‾‾‾‾‾‾‾‾‾ (that) it was an interesting website.
ブラウン先生は私たちに言った　ということを　それはおもしろいウェブサイトだ

〈tell＋人＋that〉の人は「〜を [に]」を表す言葉(代名詞)を入れる。

Yumi told him that he can buy a nice pen at the shop.

〔ユミは彼にすてきなペンをその店で買えると言いました。〕

thatの後ろの動詞は主語＋動詞の順番だね。

My friend tells me that the cat is very friendly.

〔私の友達は私にそのネコはとても人なつこいと言います。〕

| 〜は | 〜に | 〜は | 〜に |
|---|---|---|---|
| I | me | it | it |
| you | you | we | us |
| he | him | they | them |
| she | her | George | George |

ナルホド！

Words & Phrases 次の英語は日本語に，日本語は英語にしなさい。

□(1) shut （　　　　　　　　　）

□(2) across （　　　　　　　　　）

□(3) brain （　　　　　　　　　）

□(4) rule （　　　　　　　　　）

□(5) 入る _____

□(6) 例えば _____

□(7) 胃 _____

□(8) 〜をノックする _____

**1** 日本語に合うように，（　）内から適切なものを選び，記号を〇で囲みなさい。

テストによく出る!

動詞の形
過去のことについて述べる場合，that の後ろの文の動詞は過去形にする。

□(1) メグのおねえさんは彼女にその部屋は掃除されていると言いました。

Meg's sister told ( ア her　イ she　ウ hers ) that the room was cleaned.

□(2) 彼女は彼に 3 時前に出発するべきだと言いました。

She told ( ア his　イ him　ウ he ) that he should leave before three o'clock.

□(3) 私の先生は私にその本はとてもいいと言います。

My teacher tells ( ア I　イ my　ウ me ) that the book is very good.

**2** 日本語に合うように，＿＿＿＿に入る適切な語を書きなさい。

⚠ ミスに注意
**2**「～に…と言う」は tell ＋人＋that ＋主語＋動詞の語順。that が省略されているか語数で見極めるよ!

□(1) 私のおじは，私に間違っても大丈夫だと言います。

My uncle ＿＿＿＿＿＿＿＿ ＿＿＿＿＿＿＿＿ it's OK to make mistakes.

□(2) 彼女は彼に彼女は犬がこわいと言いました。

She ＿＿＿＿＿＿＿ ＿＿＿＿＿＿＿ ＿＿＿＿＿＿＿ she was afraid of dogs.

□(3) 私は彼らには彼らがその部屋に入ることができると言います。

I ＿＿＿＿＿＿＿ ＿＿＿＿＿＿＿ ＿＿＿＿＿＿＿ they can enter the room.

**3** 日本語に合うように，（　）内の語句を並べかえなさい。

注目!
前置詞の位置
**3**(1)前置詞のatは名詞の前に置くだけでなく，疑問文では文末にくることがある。

□(1) 彼は何を見ていたのですか。( at / what / was / looking / he )?

＿＿＿＿＿＿＿＿＿＿＿＿＿＿＿＿＿＿＿＿＿＿＿＿？

□(2) 町のあちらこちらで音楽が演奏されていました。

( played / the town / was / across / music ).

＿＿＿＿＿＿＿＿＿＿＿＿＿＿＿＿＿＿＿＿＿＿＿.

□(3) あなたは彼が中国語を話せるのを知っていましたか。

Did you ( Chinese / he / speak / can / know )?

Did you ＿＿＿＿＿＿＿＿＿＿＿＿＿＿＿＿＿＿＿＿？

□(4) たとえば，野菜を食べることは私たちの健康にとってよいです。

( eating / for / is / example / vegetables / , ) good for our health.

＿＿＿＿＿＿＿＿＿＿＿＿＿＿＿＿＿＿＿＿ good for our health.

# Unit 1 School Life Around the World (Goal)

**教科書の重要ポイント** ブログに見られるさまざまな表現 教科書 pp.16～17

▼ 人に「〜させてください」と頼むときの表現

・Let me introduce elementary school life in Rwanda to you.
〔ルワンダの小学校の生活を紹介させてください。〕

▼「(人・もの)は〜されている」という表現

・It is called "the country of a thousand hills" by the people.
〔それは人々によって「千の丘の国」と呼ばれています。〕

▼「なぜなら〜だからです」という理由を述べる表現

・That is because I couldn't sleep well last night.
〔なぜなら，私は昨晩よく眠れなかったからです。〕

▼「〜は…に分けられる」という表現

・The school schedule is divided into two groups.
〔学校のスケジュールは2つのグループに分けられています。〕

▼「〜する必要がある」という表現

・I need to take my lunch to school today.
〔今日，私は昼食を学校に持っていく必要があります。〕

▼「人は〜に…と言う」場合の表現

・Ahmed tells me that they go to school on Sundays.
〔アメッドは私に彼らは日曜日に学校に行くと言っています。〕

> That is because ～「なぜなら～だから」，be divided into～「～に分けられる」は，連語として覚えておこう。

**Words & Phrases** 次の英語は日本語に，日本語は英語にしなさい。

☐(1) kindergarten (　　　　　　　) 　　☐(5) 1,000 ＿＿＿＿＿＿＿

☐(2) hill (　　　　　　　) 　　☐(6) 十分な ＿＿＿＿＿＿＿

☐(3) official (　　　　　　　) 　　☐(7) スケジュール ＿＿＿＿＿＿＿

☐(4) close to ～ (　　　　　　　) 　　☐(8) 夜に ＿＿＿＿＿＿＿

**1** 日本語に合うように，(　)内から適切なものを選び，記号を〇で囲みなさい。

☐(1) 明日，彼にそのタブレットを使わせてあげてください。

Let him ( ア to use　イ use　ウ using ) the tablet tomorrow.

□(2) そのライオンは動物園の飼育員にエサを与えられました。

The lion was fed ( ア by　イ with　ウ to ) a zookeeper.

□(3) 生徒たちは4つのグループに分けられます。

Students are ( ア divided with　イ divided of

ウ divided into ) four groups.

□(4) 彼らは日曜日にその川をきれいにする必要があります。

They ( ア need to　イ need in　ウ need as ) clean the

river on Sunday.

**2** 日本語に合うように，_____に入る適切な語を書きなさい。

□(1) 私は世界中の学校に興味があります。

I _____ _____ _____ schools

all over the world.

□(2) アリスは彼にミュージカルを学ぶことは楽しいと言います。

Alice _____ _____ _____ musicals

is fun.

□(3) なぜなら私の父はとても忙しいからです。

_____ _____ _____ my father is

very busy.

□(4) 彼らには十分な食べ物もありません。

They _____ have _____ food,

_____.

**3** 日本語に合うように，（　）内の語句を並べかえなさい。

□(1) 彼はそれは意外だと思っています。

He ( it / thinks / surprising / is / that ).

He _____.

□(2) 私たちは毎日宿題をする必要があります。

We ( do / every day / need / our homework / to ).

We _____.

□(3) ここは海から近いです。

It ( the sea / close / is / to ) here.

It _____ here.

□(4) 彼は夜にそこに着きました。

He ( there / night / arrived / at ).

He _____.

13

## 教科書の重要ポイント　考えや意見を述べる表現

教科書 p.20

- ▼ 「～しなければならない」と伝える表現
  - · You have to choose some places to visit.

    〔あなたたちは訪問するいくつかの場所を選ばなければなりません。〕

- ▼ 「～を確信している」と意見を述べる表現
  - · I'm sure that Fushimi Inari Shrine is a good place to visit.

    〔私は伏見稲荷大社が訪問するのにはよい場所だと確信しています。〕

- ▼ 「～がある」という表現
  - · There are thousands of gates or torii there.

    〔そこには何千という門や鳥居があります。〕

- ▼ 「例えば～」と具体的な説明をするときの表現
  - · For example, we can visit Saihoji Temple.

    〔例えば，私たちは西芳寺(さいほうじ)を訪問することができます。〕

- ▼ 「～するかもしれない」という表現
  - · You might even see a movie shoot.

    〔あなたは映画の撮影さえも見るかもしれません。〕

- ▼ 「人は～だろうと思う」という表現
  - · I think it would be interesting.

    〔私はそれがおもしろいだろうと思います。〕

- ▼ 他の人の意見を聞く表現
  - · Anyone else?

    〔他に誰かいませんか。〕

- ▼ 相手の意見をさらに聞く表現
  - · Go ahead.

    〔続けてください。〕

- ▼ 「散歩する」と伝える表現
  - · Let's take a walk.

    〔散歩しましょう。〕

> mightはmayと同じで「～かもしれない」という意味で，助動詞だから動詞の原形を続けよう。mayよりも話す内容に自信がないときに使うよ。

ナルホド！

---

**1** 日本語に合うように，（　）内から適切なものを選び，記号を○で囲みなさい。

☐(1) 彼らは討論の話題を選ばなければなりません。

They ( ア are having　イ have　ウ have to ) choose a topic for the discussion.

□(2) 私はあなたは博物館に行くべきだと思います。

I ( ア think　イ tell　ウ show ) that you should go to the museum.

□(3) 京都にはたくさんの古いお寺があると父は私に言います。

My father tells me ( ア there is　イ there will

ウ there are ) many old temples in Kyoto.

**2** 日本語に合うように，＿＿に入る適切な語を書きなさい。

□(1) 彼女はそれがすばらしいだろうと確信しています。

She ＿＿＿＿＿＿＿ ＿＿＿＿＿＿＿ ＿＿＿＿＿＿＿ it will be wonderful.

□(2) 午後に秀樹はここにいるかもしれません。

Hideki might ＿＿＿＿＿＿＿ ＿＿＿＿＿＿＿ in the afternoon.

□(3) 例えば，私はシンガポールに行きたいです。

＿＿＿＿＿＿＿ ＿＿＿＿＿＿＿, I'd like to go to Singapore.

**3** 日本語に合うように，（　）内の語句を並べかえなさい。

□(1) 私たちはそこを旅行の初めか終わりに訪問するでしょう。

We'll visit there ( the end / at / or / of / the beginning ) our trip.

We'll visit there ＿＿＿＿＿＿＿＿＿＿＿＿＿＿＿＿＿＿＿ our trip.

□(2) 彼女は竹林を通って散歩するでしょう。

She'll ( through / forest / take / a bamboo / a walk ).

She'll ＿＿＿＿＿＿＿＿＿＿＿＿＿＿＿＿＿＿＿.

□(3) その絵はその美しい色彩で有名です。

The picture ( famous / beautiful / its / colors / is / for ).

The picture ＿＿＿＿＿＿＿＿＿＿＿＿＿＿＿＿＿.

□(4) 空には何千もの鳥がいました。

( were / thousands / there / birds / of ) in the sky.

＿＿＿＿＿＿＿＿＿＿＿＿＿＿＿＿＿ in the sky.

□(5) 彼がそれを見たらとても驚くだろうと思います。

( very / think / would / that / surprised / I / he / be ) to see it.

＿＿＿＿＿＿＿＿＿＿＿＿＿＿＿＿＿

to see it.

ぴたトレ
**2**
練習

# Unit 1 ～
# Daily Life 1

時間 **20分**

解答 p.2

教科書 pp.9 ～ 20

文全体の意味がどうなるかを確かめてから，答えよう。

**❶ 正しいものを 4 つの選択肢の中から選びなさい。**

☐(1) This computer is (　　) every day.
　　ア uses　　イ use　　ウ using　　エ used

☐(2) Shogo lets (　　) know the news.
　　ア we　　イ our　　ウ us　　エ ours

☐(3) I helped my mother (　　) the dishes.
　　ア wash　　イ washes　　ウ washed　　エ washing

☐(4) She tells her son (　　) he should wash his hands before dinner.
　　ア what　　イ who　　ウ which　　エ that

**❷ 日本語に合うように，＿＿に入る適切な語を書きなさい。**

☐(1) 私に自分でそれを試させてください。
　　＿＿＿＿＿＿ ＿＿＿＿＿＿ ＿＿＿＿＿＿ it by myself.

☐(2) 彼の犬はサムとよばれています。
　　His ＿＿＿＿＿＿ ＿＿＿＿＿＿ ＿＿＿＿＿＿ Sam.

☐(3) 私は祖母に会うために，年 2 回大阪を訪れます。
　　I visit Osaka to see my grandmother ＿＿＿＿＿＿ ＿＿＿＿＿＿
　　＿＿＿＿＿＿.

☐(4) 英語は世界中で話されています。
　　English ＿＿＿＿＿＿ ＿＿＿＿＿＿ all over the world.

**❸ 日本語に合うように，（　）内の語句を並べかえなさい。**

☐(1) その音楽はエミによって演奏されました。
　　( played / Emi / was / the / by / music ).

　　＿＿＿＿＿＿＿＿＿＿＿＿＿＿＿＿＿＿＿＿＿＿＿＿＿＿＿.

☐(2) テッドは私にその女の子はとても友好的だと言います。
　　( girl / me / tells / the / Ted / is ) very friendly.

　　＿＿＿＿＿＿＿＿＿＿＿＿＿＿＿＿＿＿＿ very friendly.

☐(3) 私にあなたの腕時計を修理させてください。( your / me / watch / let / fix ).

　　＿＿＿＿＿＿＿＿＿＿＿＿＿＿＿＿＿＿＿＿＿＿＿＿＿＿＿.

☐(4) ジョンは彼のお父さんが犬小屋を作るのを手伝いました。
　　( make / helped / his father / a doghouse / John ).

　　＿＿＿＿＿＿＿＿＿＿＿＿＿＿＿＿＿＿＿＿＿＿＿＿＿＿＿.

**④ 書く✍ （ ）内の語数で次の日本語を英語に直しなさい。**

□(1) 彼はあの映画はおもしろいと私たちに言います。( 7 語)

_____.

□(2) この本は英語で書かれています。( 6 語)

_____.

□(3) 私は彼女がその部屋を掃除するのを手伝います。( 6 語)

_____.

□(4) 私にそれを確かめさせてください。( 4 語)

_____.

**⑤ 読む📖 次の英文を読んで，あとの問いに答えなさい。** 竹田憲弘「ルワンダノオト」より

　Hi, I'm Nori.　①( 　 )( 　 )( 　 ) elementary school life in Rwanda to you.
②Rwanda is in east Africa and close to the equator.　It is called "the country of a thousand hills."　From the hills, you can see lots of beautiful stars at night.

□(1) 下線部①が「あなたたちにルワンダでの小学校生活を紹介させてください。」という意味になるように，( )に入る適切な語を3語で書きなさい。

　①_____

□(2) 下線部②の英語を日本語にしなさい。

　②( 　　　　　　　　　　　　　　　　　　　　　　　　　　　)

**⑥ 話す💬 次の問題を読んで，あとの問いに答えなさい。解答の答え合わせのあと，発音アプリの指示に従って，問題文と解答を声に出して読みなさい。** アプリ

　Emiko was eight years old when the bomb hit Hiroshima.　As soon as she saw the flash of the bomb, her body was thrown to the ground.　She saw "Hell" when she went outside. Everything was destroyed and on fire.　People's skin was burned and hanging down like rags.　People died one after another. She didn't know what to do.　　　　　　　　　　　(注)bomb 爆弾　　hell 地獄

□(1) How old was Emiko when the bomb hit Hiroshima?

　—_____

□(2) What did Emiko see when she went outside?

　—_____

ヒント　④(4)「～を確かめる」はcheckを使う。

ぴたトレ
**3**
確認テスト

**Unit 1 〜
Daily Life 1**

時間 30分 ／100点　合格 70点　解答 p.3

教科書 pp.9 〜 20

❶ 下線部の発音が同じものには〇を，そうでないものには×を，解答欄に書きなさい。　　　6点

(1) <u>ca</u>rry　　　　　　(2) eno<u>ugh</u>　　　　　(3) stoma<u>ch</u>

　　<u>ca</u>mera　　　　　　　ta<u>ugh</u>t　　　　　　　s<u>ch</u>ool

❷ 最も強く発音する部分の記号を解答欄に書きなさい。　　　6点

(1) u - ni - form　　　　(2) of - fi - cial　　　　(3) a - cross

　　ア　イ　ウ　　　　　　ア　イ　ウ　　　　　　ア　イ

❸ 日本語に合うように，＿＿＿に入る適切な語を書きなさい。　　　20点

(1) 私は妹を私と一緒にジェットコースターに乗せてあげました。

　　I ＿＿＿＿ my sister ＿＿＿＿ ＿＿＿＿ a roller coaster with me.

(2) アルゼンチンの1月は夏ですが，私はそのことを知りませんでした。

　　It is summer in January in Argentina, but ＿＿＿＿ ＿＿＿＿ ＿＿＿＿ ＿＿＿＿.

(3) 私は彼に彼女が駅に到着するということを言いました。

　　I ＿＿＿＿ ＿＿＿＿ ＿＿＿＿ she arrived at the station.

(4) 私が悲しいとき，いつもみんなが励ましてくれます。

　　＿＿＿＿ ＿＿＿＿ ＿＿＿＿ ＿＿＿＿ when I am sad.

❹ 日本語に合うように，（　）内の語を並べかえなさい。　　　15点

(1) 私たちは学校の規則に従わなければなりません。

　　( rules / must / school / follow / we ).

(2) 彼はあなたに彼もテニスが好きではないと言っていたのですか。

　　( tell / tennis / didn't / like / he / he / you / did ), either?

(3) 先生はクラスのためのプリントを数えています。

　　A teacher ( the / class / his / is / for / counting / handouts ).

❺ 読む 次の会話文を読んで，あとの問いに答えなさい。　　　29点

*Natsuki :* Look at him, Karen.  He is a new student in our class.

　*Karen :* What's his name and where is he from?

*Natsuki :* His name is Jackson, but he is (　①　) Jack.  ②He (　　) (　　) that
　　　　　(　　) (　　) from India.

　*Karen :* Did he come to Japan to study Japanese?

*Natsuki :* Well, Jack came to Japan with his father.  His father is a doctor, and
　　　　　③( doctors / helps / study / other ) new medicine.

成績評価の観点　知 …言語や文化についての知識・技能　表 …外国語表現の能力

*Karen :* I see. I'd like to meet him. ④( ) ( ) ( ) myself to him.

*Natsuki :* Sure. Let's go and talk with him together.

⑴ ( ① )に入る最も適切なものを 1 つ選び，記号を書きなさい。

　　ア call　　イ calling　　ウ called　　エ calls

⑵ 下線部②が「彼は私たちにインド出身だと言いました。」という意味になるように，（ ）に入る適切な語を書きなさい。

⑶ 下線部③の（ ）内の語を正しく並べかえなさい。

⑷ 下線部④が「彼に私の自己紹介をさせてください。」という意味になるように，（ ）に適切な語を入れて，文を完成させなさい。

差がつく ⑸ あなたなら，Jack と友達になるためにどんな質問をしますか。英語で答えなさい。

点UP ❻ 書く✍ **次のようなとき英語で何と言うか，（ ）内の語数で書きなさい。** 表　　24点

⑴ 相手に彼に明日，ここに来なければならないことを言うべきだと伝えるとき。（9 語）

⑵ アフリカでは何語が話されているかたずねたいとき。（6 語）

⑶ 相手にこのウェブサイトは私たちの先生たちによって作られたと伝えたいとき。（7 語）

| ❶ | (1) | | (2) | | (3) | | ❷ | (1) | | (2) | | (3) | |
|---|---|---|---|---|---|---|---|---|---|---|---|---|---|
| | | 2点 | | 2点 | | 2点 | | | 2点 | | 2点 | | 2点 |

| ❸ | (1) | | (2) | |
|---|---|---|---|---|
| | | 5点 | | 5点 |
| | (3) | | (4) | |
| | | 5点 | | 5点 |

| ❹ | (1) | . |
|---|---|---|
| | | 5点 |
| | (2) | , either? |
| | | 5点 |
| | (3) | A teacher . |
| | | 5点 |

| ❺ | (1) | | (2) | |
|---|---|---|---|---|
| | | 3点 | | 7点 |
| | (3) | | | |
| | | | | 5点 |
| | (4) | myself to him. | | |
| | | | | 7点 |
| | (5) | | | |
| | | | | 7点 |

| ❻ | (1) | 表 8点 |
|---|---|---|
| | (2) | 表 8点 |
| | (3) | 表 8点 |

▶ 表 の印がない問題は全て 知 の観点です。

# Unit 2 Our School Trip (Part 1)

教科書の重要ポイント　「〜し終わっている，〜したところだ」を表す文　教科書 pp.21 〜 23

**We arrived in Miyajima yesterday.** 〔私たちはきのう，宮島に到着しました。〕

**We have finally arrived in Miyajima.** 〔私たちはやっと，宮島に到着したところです。〕

---

現在完了形（完了）〈have[has]＋動詞の過去分詞〉は，

「〜し終わっている」「〜したところだ」という意味を表す。

\* already「もう」，just「ちょうど」などもよく使われる。

> 現在完了形では，主語は 3 人称のとき，have は has にかわるよ。

比べてみよう

過去にしたことや始めたことが現時点で終わっている場合（＝完了）に使う。

〈過去形〉現在から切り離された過去の出来事を伝える。

**We arrived in Miyajima yesterday.** 〔私たちはきのう，宮島に到着しました。〕

過去（きのう）　　　　　　現在

\*宮島に到着したことを述べているが，現在の状況については述べていない。

〈現在完了形〉過去のある時点で始まった動作や状態がたった今，終わったことを伝える。

**We have finally arrived in Miyajima.** 〔私たちはやっと，宮島に到着したところです。〕
やっと，ついに

現在

\*宮島に向かって移動していた行為が，今終わったことを述べている。

ナルホド！

---

**1** **日本語に合うように，（　）内から適切なものを選び，記号を○で囲みなさい。**

☐(1) 私は部屋の掃除をしてしまいました。

　　I have（ ア clean　イ cleaned　ウ to clean ）my room.

☐(2) 彼女は歯を磨いてしまいました。

　　She（ ア has brushed　イ was brushing　ウ brushes ）her teeth.

☐(3) 彼はついに熊本を出発しました。

　　He has finally（ ア leave　イ left　ウ leaving ）Kumamoto.

☐(4) あなたはちょうどモスクの写真を見たところです。

　　You have just（ ア see　イ saw　ウ seen ）the photos of the mosque.

☐(5) 私たちはやっと夕食を作り終えました。

　　We have（ ア just　イ finally　ウ already ）made dinner.

**2** 例にならい，それぞれの絵に合う「ちょうど〜したところです」の文を完成させなさい。

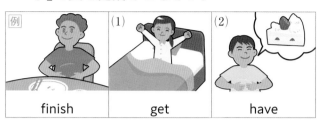

例 | (1) | (2)
finish | get | have

テストによく出る！
**justの位置**
現在完了形の肯定文では，justはhave(has)の後ろに置く。

例 **John has just finished lunch.**

☐(1) My daughter ＿＿＿＿＿＿ just ＿＿＿＿＿＿ up.

☐(2) I ＿＿＿＿＿ ＿＿＿＿＿ ＿＿＿＿＿ that cake.

**3** 日本語に合うように，＿＿に入る適切な語を書きなさい。

☐(1) ミキは宿題を終えてしまいました。

Miki ＿＿＿＿＿ ＿＿＿＿＿ her homework.

☐(2) 私の兄と私はついに犬小屋を作りました。

My brother and I ＿＿＿＿＿ finally ＿＿＿＿＿ a doghouse.

☐(3) 私の父は彼の車を修理してしまいました。

My father ＿＿＿＿＿ ＿＿＿＿＿ his car.

⚠ミスに注意
**3**(2)主語がmy brother and Iなので，その後の文の形に気を付けよう！

**4** 日本語に合うように，（　）内の語句を並べかえなさい。

☐(1) 私は皿洗いをしてしまいました。

I ( the / washed / have / dishes ).

I ＿＿＿＿＿＿＿＿＿＿＿＿＿.

☐(2) 私の母はちょうど私のユニフォームを洗ったところです。

My mother ( uniform / has / washed / my / just ).

My mother ＿＿＿＿＿＿＿＿＿＿＿.

☐(3) サトルはやっとその本を読み終えました。

Satoru ( reading / has / the book / finished / finally ).

Satoru ＿＿＿＿＿＿＿＿＿＿＿.

☐(4) 私は韓国語が全く話せません。

( Korean / all / can't / speak / I / at ).

＿＿＿＿＿＿＿＿＿＿＿.

☐(5) 彼女は間違いをすることを恐れています。

She ( making / afraid / mistakes / is / of ).

She ＿＿＿＿＿＿＿＿＿＿＿.

注目！
**haveの省略形**
I've = I have, You've = You have, He's = He has, She's = She has が使われる。

# Unit 2 Our School Trip (Part 2)

時間 **15**分 　解答 p.4

〈新出語・熟語 別冊p.7〉

教科書の重要ポイント 「〜し終わっているか」，「まだしていない」を表す文 教科書 pp.24〜25

**I've already checked my photos.** 〔私はもう写真を確かめました。〕

**Have you checked your photos yet?** 〔あなたはもう写真を確かめましたか。〕

**— Yes, I have. / No, I haven't.** 〔はい，確かめました。〕/〔いいえ，まだです。〕

**The tram hasn't left yet.** 〔路面電車はまだ出発していません。〕

I've は I have の短縮形だったね。

「もう〜しましたか」とたずねるときには
〈Have[Has] 主語＋過去分詞＋〜yet?〉の形で表す。

Have you checked your photos yet?
Have 主語 過去分詞 「もう」

日本語では同じ「もう」であっても文によって alreadyと yetを使い分けよう。

「まだ〜していません」は〈主語＋ haven't[hasn't]＋過去分詞＋〜yet.〉
の形で表す。

The tram hasn't left yet.
主語 hasn't[haven't] 過去分詞 「まだ」

肯定文では already「もう[すでに]」，否定文や疑問文では yet「まだ[もう]」がよく使われる。

ナルホド！

Words & Phrases 次の英語は日本語に，日本語は英語にしなさい。

☐(1) tram 　（　　　　　　　）　　☐(5) leave の過去形 ＿＿＿＿＿＿＿

☐(2) hotel 　（　　　　　　　）　　☐(6) 報告 ＿＿＿＿＿＿＿

☐(3) already （　　　　　　　）　　☐(7) do の過去形 ＿＿＿＿＿＿＿

☐(4) feed 　（　　　　　　　）　　☐(8) 急いで。 ＿＿＿＿＿＿＿

**1** 日本語に合うように，（ ）内から適切なものを選び，記号を〇で囲みなさい。

⚠ミスに注意

**1**(1)疑問文で使う「もう〜」はどれを使うか注意しよう！

☐(1) あなたはもう宿題を終えてしまいましたか。
Have you finished your homework （ ア yet イ already
ウ just ）？

□(2) ケンはジョージと電話でまだ話していません。

Ken （ ア has　イ hasn't　ウ haven't ） talked with George
on the phone yet.

□(3) 私はもう来週の私のスケジュールを決めてしまいました。

I have （ ア yet　イ already　ウ just ） decided my schedule
for next week.

□(4) 私たちはまだ電車に乗っていません。

We haven't got on the train （ ア yet　イ finally
ウ already ）.

**2** 例にならい，それぞれの絵に合う「まだ～していません」の文
を完成させなさい。

| 例 | (1) | (2) experiment ? |
|---|---|---|
| read | leave | learn |

例 **She hasn't read the newspaper yet.**

□(1) He hasn't _____ home _____.

□(2) We _____ _____ the English word
_____.

**3** 日本語に合うように，（　）内の語句を並べかえなさい。

□(1) その赤ちゃんはもう眠ってしまいましたか。

Has （ baby / yet / the / slept ）?

Has _____?

□(2) ヨシキはもう練習を始めてしまいました。

Yoshiki （ started / already / practice / has ）.

Yoshiki _____.

□(3) あなたの友達は，もう駅に到着しましたか。

Has （ friend / arrived / your / yet / the station / at ）?

Has _____?

□(4) 私は今日の天気予報をまだ見ていません。

I （ yet / watched / weather report / haven't / today's ）.

I _____

_____.

ぴたトレ
**1**
要点チェック

# Unit 2 Our School Trip (Part 3)

時間 **15分**

解答 p.4

〈新出語・熟語 別冊p.7〉

教科書の重要ポイント 「(これまでに)〜した経験があるか」の文 教科書 pp.26〜27

**Have you ever seen him like that?** 〔あなたはこれまでに彼があんなふうなのを見たことがありますか。〕

**— Yes, I have. / No, never.[No, I haven't.]**

〔はい,あります。／いいえ,一度もありません。[いいえ,ありません。]〕

**I've never seen such a beautiful sunset.**

〔私はこんなにきれいな夕日を一度も見たことがありません。〕

---

「(今まで)〜したことがありますか」は,〈Have[Has]＋主語(＋ever)＋過去分詞＋〜?〉の形で表す。everは「これまでに」という意味で疑問文で使う。

Have you ever seen him like that?
　　 主語　「今までに」
　　〈Have＋過去分詞〉

「(一度も)〜したことがありません」は〈主語＋have[has]＋(never)＋過去分詞＋〜〉の形で表す。

neverは「一度も〜ない」という意味で否定文で使う。

neverには否定の意味が含まれているから,notをつけないようにしよう。

I 've never seen such a beautiful sunset.
主語　「一度も〜ない」
　　〈have＋過去分詞〉

▼ 現在完了形の文でよく使われる,時や回数を表す表現

before「以前」 例I've been to Japan before. 〔私は以前,日本に行ったことがあります。〕

once「1回」 例You have played tennis once. 〔あなたは1回テニスをしたことがあります。〕

twice「2回」 例Miyuki has talked with Ted twice. 〔ミユキは2回テッドと話したことがあります。〕

〜 times「〜回」 例Mary has traveled with us three times.

〔メアリーは私たちと一緒に3回旅行に行ったことがあります。〕

ナルホド!

---

Words & Phrases 次の英語は日本語に,日本語は英語にしなさい。

☐(1) change (　　　　　　　　　)　　☐(5) beの過去分詞 _____

☐(2) return (　　　　　　　　　)　　☐(6) 人 _____

☐(3) lately (　　　　　　　　　)　　☐(7) これまで,かつて _____

☐(4) deal (　　　　　　　　　)　　☐(8) seeの過去分詞 _____

24

**1** 日本語に合うように，（　）内から適切なものを選び，記号を○で囲みなさい。

注目！
have[has]
**1**(3)現在完了の
have[has]か「食べる」
という意味の動詞の
have[has]なのか見極
める。

☐(1) あなたは今までに阿蘇山に登ったことがありますか。

（ ア Have　イ Has　ウ Do ）you ever climbed Mt. Aso?

☐(2) コウジは有名な俳優に会ったことがあります。

Koji has ( ア seeing　イ seen　ウ saw ) a famous actor.

☐(3) あなたは今までにパンケーキを食べたことがありますか。

Have you ever ( ア have　イ been　ウ had ) pancakes?

**2** 例にならい，それぞれの絵に合う「一度も〜したことはありません」の文を完成させなさい。

テストによく出る！
　現在完了の形で
よく使われる語句
経験→ever「（疑問文で）
今までに」，完了→just
「ちょうど」，already
「すでに」，yet「まだ〜な
い」

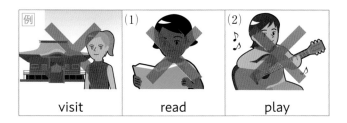

例 **She has never visited the temple.**

☐(1) I ＿＿＿＿＿＿ never ＿＿＿＿＿＿ this book.

☐(2) My son ＿＿＿＿＿＿ ＿＿＿＿＿＿ ＿＿＿＿＿＿ the guitar.

**3** 日本語に合うように，（　）内の語を並べかえなさい。

⚠ミスに注意
**3**(2)「人に〜というこ
とを言う」はtell＋人＋
(that)＋主語＋動詞
の順になるように注意
しよう！

☐(1) もしかしたら理由は仕事かもしれません。

( the / the / maybe / job / is / reason ).

＿＿＿＿＿＿＿＿＿＿＿＿＿＿＿＿＿＿＿＿.

☐(2) 彼は私にたいしたことはないと言っています。

He tells ( no / that / big / me / deal / it's ).

He tells ＿＿＿＿＿＿＿＿＿＿＿＿＿＿.

☐(3) ナンシーはあの人に追いつきましたか。

( person / up / that / with / Nancy / catch / did )?

＿＿＿＿＿＿＿＿＿＿＿＿＿＿＿＿＿＿?

☐(4) あなたはその映画を何回見たことがありますか。

( you / many / seen / how / have / times ) the movie?

＿＿＿＿＿＿＿＿＿＿＿＿＿＿＿ the movie?

☐(5) 彼女はそのような場所に行ったことがありません。

( to / has / such / never / she / been ) a place.

＿＿＿＿＿＿＿＿＿＿＿＿＿＿＿ a place.

ぴたトレ
**1**
要点チェック

**Unit 2 Our School Trip (Goal)**

時間
**15分**

解答
p.5

〈新出語・熟語 別冊p.7〉

教科書の
重要ポイント | 「経験したことを伝え合う」ときの文（復習） 教科書 pp.28～29

▼ 「〜回したことがある」と伝えるときの表現

・My family has been to Kanazawa twice.

〔私の家族は金沢に2回行ったことがあります。〕

▼ 「今までに〜したことがありますか」とたずねるときの表現

・Have you ever eaten *takoyaki*?

〔あなたは今までにたこ焼きを食べたことがありますか。〕

▼ 人にすべきことを伝えるときの表現

・You should get some ideas from other people, too.

〔あなたは他の人たちからもいくつかのアイディアをもらうべきです。〕

▼ 人に何かをすすめるときの表現

・I recommend you to go to Kyoto in fall.

〔私はあなたに秋に京都に行くことをおすすめします。〕

▼ 「〜のようなもの」を表す表現

・*Kishimen* is a kind of *udon*.

〔きしめんはうどんのようなものです。〕

▼ 「何かよい〜はありますか」とたずねる表現

・Do you know any good places for sightseeing?

〔どこか観光するのによい場所を知っていますか。〕

▼ 「〜したらどうですか」とたずねる表現

・Why don't you go to Hokkaido?

〔北海道に行ってみてはどうですか。〕

▼ 相手に確認する表現

・Do you mean this?

〔このことですか。〕

ナルホド！

Words & Phrases　次の英語は日本語に，日本語は英語にしなさい。

☐(1) recommend （　　　　　　　　）　☐(2) いくつかの ＿＿＿＿＿＿＿＿＿

**1** 日本語に合うように，（　）内から適切なものを選び，記号
を〇で囲みなさい。

☐(1) 私はこの美しい歌を以前に聞いたことがあります。

I've （ ア hear　イ heard　ウ hearing ） this beautiful song
before.

□(2) マコトは去年の冬に札幌にいきました。

Makoto ( ア went　イ goes　ウ has been ) to Sapporo last winter.

□(3) 彼は北海道で1度もスープカレーを食べたことがありません。

He's ( ア has never　イ never　ウ ever ) had soup curry in Hokkaido.

□(4) 私はあなたにその曲を聴くことをおすすめします。

I recommend ( ア for you　イ to you　ウ you to ) listen to the song.

**2** 日本語に合うように，＿＿＿に入る適切な語を書きなさい。

□(1) 何かこの問題についてよい考えはありますか。

Do you have ＿＿＿＿＿＿＿ ＿＿＿＿＿＿＿ ＿＿＿＿＿＿＿
for this problem?

□(2) 私たちと一緒に行くのはどうですか。

＿＿＿＿＿＿＿ ＿＿＿＿＿＿＿ ＿＿＿＿＿＿＿ go with us?

□(3) "桃色"はピンクのことですか。

＿＿＿＿＿＿＿ ＿＿＿＿＿＿＿ ＿＿＿＿＿＿＿ that "*momoiro*"
is pink?

□(4) ピラフはチャーハンのようなものです。

Pilaf is ＿＿＿＿＿＿＿ ＿＿＿＿＿＿＿ ＿＿＿＿＿＿＿ fried rice.

**3** 日本語に合うように，（　）内の語句を並べかえなさい。

□(1) そのチームでジョンは何をしたのですか。

( the / John / do / what / in / did / team )?

＿＿＿＿＿＿＿＿＿＿＿＿＿＿＿＿＿＿＿＿＿＿＿＿＿ ?

□(2) 私の先生はその本を読むようにすすめてくれました。

( teacher / to / me / recommended / my / read ) the book.

＿＿＿＿＿＿＿＿＿＿＿＿＿＿＿＿＿＿＿ the book.

□(3) あなたは今までにバイオリンを演奏したことがありますか。

( violin / you / played / have / ever / the )?

＿＿＿＿＿＿＿＿＿＿＿＿＿＿＿＿＿＿＿＿＿＿＿＿＿ ?

□(4) アキコは家族とニューヨークに2回行ったことがあります。

Akiko has ( her family / New York / twice / to / been / with ).

Akiko has ＿＿＿＿＿＿＿＿＿＿＿＿＿＿＿＿＿＿＿＿＿

＿＿＿＿＿＿＿＿＿＿＿＿＿＿＿ .

27

ぴたトレ
**1**
要点チェック

**Daily Life 2**

時間 **15分**
解答 p.5

〈新出語・熟語 別冊p.7〉

教科書の
重要ポイント | **電話での表現**

教科書 p.30

▼ 電話の理由を伝えるときの表現

・I'm calling you to tell you about dinner at the restaurant.
〔私はレストランでの夕食についてあなたに知らせるために電話しています。〕

▼ 「〜する必要がある」と要望を述べる表現。

・I need to know your passport number to book our airplane tickets.
〔私は航空券を予約するのにあなたのパスポート番号を知る必要があります。〕

▼ 「〜すべきである」と提案する表現

・He should go there in a hurry.
〔彼はそこに急いで行くべきです。〕

▼ 「〜をしたい」と伝えるときの表現

・I'd like to tell you about our club activities.
〔私はあなたに私たちのクラブ活動について伝えたいです。〕

▼ 「いいえ，まだです」と答えるときの表現

・Have you done your homework yet? — No, not yet.
〔あなたはもう宿題をしてしまいましたか。—いいえ，まだです。〕

▼ 要件を伝え終わったときの表現

・That's all for now. 〔これで終わりです(以上です)。〕

▼ 話題を変えるときの表現

・By the way, where is Tim? 〔ところで，ティムはどこですか。〕

▼ 「〜したらすぐに」と伝えるときの表現

・Let me know when she comes back.
〔彼女が帰ったらすぐに私に知らせてください。〕

I'd like to 〜 は I would like toの略だね。would likeは wantに書きかえることができるね。

ナルホド！

Words & Phrases | **次の英語は日本語に，日本語は英語にしなさい。**

☐(1) buffet （　　　　　　　　　　）

☐(2) Singapore （　　　　　　　　　　）

☐(3) starlight （　　　　　　　　　　）

☐(4) 裕福な ＿＿＿＿＿＿＿＿＿＿

☐(5) パスポート ＿＿＿＿＿＿＿＿＿＿

☐(6) 天国 ＿＿＿＿＿＿＿＿＿＿

**1** 日本語に合うように，（ ）内から適切なものを選び，記号を○で囲みなさい。

☐(1) タカシは旅行のためホテルを予約する必要があります。

Takashi （ ア likes イ needs ウ wants ）to book a hotel for his trip.

☐(2) あなたは英語を学ぶために留学すべきです。

You （ ア will イ may ウ should ）study abroad to learn English.

☐(3) あなたが帰ったらすぐに私に電話してください。

Please call me back （ ア if イ when ウ at ）you get back.

☐(4) 私はもうすでにとても素敵なドレスを買ってしまいました。

I have （ ア already イ yet ウ just ）bought a really nice dress.

**注目!**

call の意味

**1**(3)call には「よぶ」という意味のほかに，「電話をする」という意味がある。

**2** 日本語に合うように，＿＿＿に入る適切な語を書きなさい。

☐(1) エリックはもうそれをやり終えましたか。―いいえ，まだです。

Has Eric done it yet? — ＿＿＿＿＿＿＿, not ＿＿＿＿＿＿＿.

☐(2) 私はあなたにルーシーを紹介したいです。

＿＿＿＿＿＿ ＿＿＿＿＿＿ ＿＿＿＿＿＿ introduce Lucy to you.

☐(3) これで終わりです。

＿＿＿＿＿＿ ＿＿＿＿＿＿ ＿＿＿＿＿＿ now.

**テストによく出る!**

「もう〜しましたか。」の疑問文の答え方

**2**(1)No, I haven't. 以外にもう1通りある。

**3** 日本語に合うように，（ ）内の語句を並べかえなさい。

☐(1) あなたは一番よいものを誕生日プレゼントに選ぶことができます。

（ choose / best / can / you / the / one ）for your birthday present.

＿＿＿＿＿＿＿＿＿＿＿＿ for your birthday present.

☐(2) 訓練にはランニングと水泳が含まれます。

（ includes / the / running / swimming / and / training ）.

＿＿＿＿＿＿＿＿＿＿＿＿＿＿.

☐(3) あなたがジェーンからの手紙を受け取ったらすぐに私に教えてね。

Let me know （ get / when / Jane / you / a / from / letter ）.

Let me know ＿＿＿＿＿＿＿＿＿＿＿.

☐(4) 私たちは美しい夜景を見て楽しむつもりです。

We will （ beautiful / enjoy / the / seeing / night view ）.

We will ＿＿＿＿＿＿＿＿＿＿＿＿.

**⚠ ミスに注意**

**3**(3)未来のことであっても，when の後ろの文では will は使わず動詞の現在形にするよ！

① **正しいものを4つの選択肢の中から選びなさい。**

☐(1) My father has (　　) prepared our family trip for this summer.

　　ア already　　イ yet　　ウ before　　エ been

疑問文と否定文では yet の意味はちがうよ。

☐(2) Shota and I (　　) played tennis yet.

　　ア hasn't　　イ has　　ウ haven't　　エ have

☐(3) He's never (　　) dinner at the French restaurant.

　　ア has　　イ had　　ウ have　　エ will have

☐(4) John (　　) a baseball game with my brother last night.

　　ア has seen　　イ sees　　ウ saw　　エ seen

② **日本語に合うように，＿＿＿に入る適切な語を書きなさい。**

☐(1) タカシはもう宿題を終えてしまいましたか。

　　＿＿＿＿＿＿＿ Takashi ＿＿＿＿＿＿＿ his homework ＿＿＿＿＿＿＿?

☐(2) あなたは今までにホワイトさんと話をしたことがありますか。

　　＿＿＿＿＿＿＿ you ＿＿＿＿＿＿＿ ＿＿＿＿＿＿＿ with Mr. White?

☐(3) 彼女はきのうこのカメラを買ったのですか。

　　＿＿＿＿＿＿＿ she ＿＿＿＿＿＿＿ this camera ＿＿＿＿＿＿＿?

☐(4) 彼は一度もバドミントンをしたことがありません。

　　He's ＿＿＿＿＿＿＿ ＿＿＿＿＿＿＿ badminton.

③ **日本語に合うように，（　）内の語を並べかえなさい。**

☐(1) 私はそのバスはすでに出発してしまったと思います。

　　I think ( already / left / bus / has / the ).

　　I think ＿＿＿＿＿＿＿＿＿＿＿＿＿＿＿＿＿＿＿＿＿.

☐(2) 彼女は海で泳ぐことをこわがっていません。

　　She ( of / in / is / swimming / afraid / not ) the sea.

　　She ＿＿＿＿＿＿＿＿＿＿＿＿＿＿＿＿＿ the sea.

☐(3) 私はそのようなとてもおいしい食べ物を食べたことがありません。

　　I ( had / delicious / haven't / such / food ).

　　I ＿＿＿＿＿＿＿＿＿＿＿＿＿＿＿＿＿＿＿＿＿.

---

ヒント　② (3)現在完了形か過去形か見極める。
　　　　③ (3)「そのような〜」は such 〜 を用いる。

30

❹ 書く✎ （　）内の語数で次の日本語を英語に直しなさい。

□(1) あなたは何回大阪に行ったことがありますか。（8語）

_____ ?

□(2) 彼は全くその本を読みませんでした。（7語）

_____ .

❺ 読む📖 次の会話文を読んで，あとの問いに答えなさい。

*Tina :* You found my camera!  Thank you so much.  ①So you (　　) (　　) (　　) the tram?

*Kota :* ②It's no big deal.  I'm just happy you didn't lose your photos.

*Eri :* Look at the sunset!

*Kota :* Wow. I've never seen ③(そのような) a beautiful sunset.

□(1) 下線部①が「それであなたは路面電車に追いついたのですか。」という意味になるように，
（　）に入る適切な語を3語で書きなさい。

①_____

□(2) 下線部②の英語を日本語にしなさい。

②(_____)

□(3) 下線部③に入る適切な語を書きなさい。　　　　③_____

❻ 話す🔊 次の問題を読んで，あとの問いに答えなさい。解答の答え合わせのあと，
発音アプリの指示に従って，問題文と解答を声に出して読みなさい。 [アプリ]

　In Japan, it is difficult to find halal food.  So Muslims in Japan don't eat halal food?  Yes, they do.  Halal marks help us.  If a food product has a halal mark on it, I know it is a halal food.  I'm happy to see food products with halal marks are increasing in Japan.

(注)it is difficult to ~　~することは難しい　　halal food　ハラルフード(イスラム教で食べてよいとされている食べ物)　　Muslims　イスラム教徒　　mark　マーク

□(1) Do Muslims in Japan eat halal food?

　　—_____

□(2) What helps Muslims find halal food?

　　—_____

ヒント　❹(2)「全く~ない」はnot ~ at allを用いる。

31

❶ 下線部の発音が同じものには○を，そうでないものには×を，解答欄に書きなさい。　6点

(1) alr<u>ea</u>dy
　　d<u>ea</u>l

(2) w<u>oo</u>den
　　ch<u>oo</u>se

(3) p<u>er</u>son
　　n<u>er</u>vous

❷ 最も強く発音する部分の記号を解答欄に書きなさい。　6点

(1) rec - om - mend
　　ア　　イ　　ウ

(2) per - fect
　　ア　　イ

(3) re - port
　　ア　　イ

❸ 日本語に合うように，＿＿に入る適切な語を書きなさい。　20点

よく出る (1) あなたのおじさんは英語を勉強したことがありますか。—いいえ，一度もありません。

　　＿＿＿＿ your uncle ＿＿＿＿ English? — No, ＿＿＿＿.

(2) 私たちはその島を去年の夏に訪れました。

　　＿＿＿＿ ＿＿＿＿ ＿＿＿＿ ＿＿＿＿ last summer.

(3) メアリーと私は音楽祭でギターを弾いたことがありません。

　　Mary and I ＿＿＿＿ ＿＿＿＿ the guitar at the music festival.

(4) あなたは何をしてしまったのですか。

　　＿＿＿＿ ＿＿＿＿ ＿＿＿＿ ＿＿＿＿?

❹ 日本語に合うように，（　）内の語句を並べかえなさい。　15点

(1) 彼女はジェームズの弟を見かけたことがありません。

　　( seen / hasn't / James's / she / brother ).

(2) 私はその有名なお寺を訪問したいです。

　　( visit / to / like / temple / the / I'd / famous ).

(3) あなたは今までに富士山の絵を描いたことはありますか。

　　( Mt. Fuji / you / painted / have / a picture / ever / of )?

❺ 次の会話文を読んで，あとの問いに答えなさい。　29点

*Kaori:*　Have you ever been to Kyoto?

*Alex:*　①( 　 ), ( 　 ) ( 　 ). I have never been there. How about you?

*Kaori:*　I went there last fall. It was great!

*Alex:*　Good! What is famous in Kyoto?

*Kaori:*　②<u>Kyoto is ( 　 )( 　 ) its old temples.</u> I went to *Kinkaku-ji*.
　　　　Have you ever seen that?

*Alex:*　Yes, I have. I saw it on the Internet. It is covered with gold leaf, right?

成績評価の観点　知…言語や文化についての知識・技能　表…外国語表現の能力

*Kaori:* Exactly!  It looked gorgeous.

... Oh, wait!  ③( yet / homework / haven't / finished / I / my ).

I need to do it quickly.  I'm sorry, Alex, I'll tell you about Kyoto more next time.

*Alex:* OK.  I hope you can finish it soon.  ④I thought that was (　　)(　　)(　　).

*Kaori:* Thank you.  Let me ask you about famous things in your city next time.  Bye.

(注)gold leaf　金箔　　gorgeous　豪華な

(1) 下線部①の（　）に入る語を書きなさい。

(2) 下線部②の（　）に入る語を書きなさい。

(3) 下線部③の（　）内の語を正しく並べかえなさい。

(4) 下線部④が「私はそれが大したことないと思いました。」という文になるように，（　）に入る適切な語を書きなさい。

点UP **6** 書く！ **次のようなとき英語で何と言うか，（　）内の語数で書きなさい。** 表 24点

(1) 水をこわがる必要はないと相手に伝えるとき。（8語）

(2) 急ぐよう相手に伝えるとき。（2語）

(3) そのような失礼なことはしてはいけないと相手に言うとき。（6語）

| ❶ | (1) | | (2) | | (3) | | ❷ | (1) | | (2) | | (3) | |
|---|---|---|---|---|---|---|---|---|---|---|---|---|---|
| | | 2点 | | 2点 | | 2点 | | | 2点 | | 2点 | | 2点 |

| ❸ | (1) | | | (2) | |
|---|---|---|---|---|---|
| | | | 5点 | | 5点 |
| | (3) | | | (4) | |
| | | | 5点 | | 5点 |

| ❹ | (1) | .  5点 |
|---|---|---|
| | (2) | .  5点 |
| | (3) | ?  5点 |

| ❺ | (1) | | (2) | |
|---|---|---|---|---|
| | | 5点 | | 8点 |
| | (3) | | .  8点 |
| | (4) | | 8点 |

| ❻ | (1) | 表 8点 |
|---|---|---|
| | (2) | 表 8点 |
| | (3) | 表 8点 |

▶ 表 の印がない問題は全て 知 の観点です。

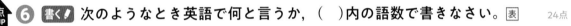

ぴたトレ
**1**
要点チェック

# Unit 3 Lessons From Hiroshima (Part 1)

時間
**15**分

解答
p.7

〈新出語・熟語 別冊p.8〉

教科書の
重要ポイント 「(ずっと)～しています」の文 教科書 pp.31 ～ 33

## The dome has been like this <u>for</u> over 70 years.
〔ドームは70年以上ずっとこのよう(な状態)です。〕

## How long have you been a volunteer?
〔あなたはどのくらいの期間ボランティアをしていますか。〕

## — I've been a volunteer <u>since</u> 2000. 〔私は2000年からずっとボランティアをしています。〕

現在完了形(継続)の文では過去から今まである状態が続いていることを言うこともできる。
for ～「～の間」，since ～「～以来」などを使って，期間を表すことがよくある。
ここでは「(ずっと)～している」という意味。

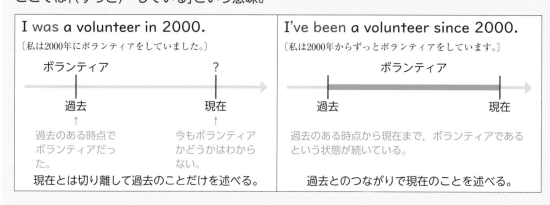

| I was a volunteer in 2000. | I've been a volunteer since 2000. |
| --- | --- |
| 〔私は2000年にボランティアをしていました。〕 | 〔私は2000年からずっとボランティアをしています。〕 |

左表：ボランティア／過去／? 現在／過去のある時点でボランティアだった。／今もボランティアかどうかはわからない。／現在とは切り離して過去のことだけを述べる。

右表：ボランティア／過去／現在／過去のある時点から現在まで，ボランティアであるという状態が続いている。／過去とのつながりで現在のことを述べる。

「どのくらいの間～していますか」は〈How long＋have[has]＋主語＋過去分詞～?〉の形で表す。

<u>How long</u> <u>have you been</u> a volunteer? 〔あなたはどのくらいの期間ボランティアをしていますか。〕
「どのくらいの間」 疑問文の語順

for：期間を表す。「～の間」→例 for two weeks(2週間)，for five months(5か月間)
since：ある過去の一点を起点とする。「～から，～以来」
→例 since yesterday(昨日から)，since last week(先週から)

ナルホド!

Words & Phrases 次の英語は日本語に，日本語は英語にしなさい。

□(1) anyone (　　　　　　　　　)　　□(4) knowの過去分詞 ＿＿＿＿＿＿＿＿＿

□(2) since (　　　　　　　　　)　　□(5) 長い間，久しく ＿＿＿＿＿＿＿＿＿

□(3) peace (　　　　　　　　　)　　□(6) 思い出させる ＿＿＿＿＿＿＿＿＿

**1** 日本語に合うように，（ ）内から適切なものを選び，記号を〇で囲みなさい。

注目!
前置詞
**1**「～の間」か「～から」でforとsinceを使い分ける。

□(1) ジョンは10年間日本に住んでいます。

John has lived in Japan ( ア for　イ before　ウ since ) 10 years.

□(2) 私たちは2010年からカナダに滞在しています。

We have stayed in Canada ( ア for　イ since　ウ in ) 2010.

**2** 例にならい，それぞれの絵に合う「（ずっと）～しています」の文を完成させなさい。

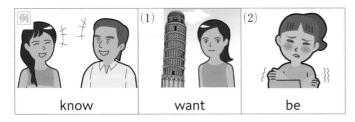

| 例 know | (1) want | (2) be |

例 **We have known each other for three years.**

□(1) Miyuki _____ _____ to visit Italy for a long time.

□(2) My sister _____ _____ sick for a week.

**3** （ ）内の指示に従って，英文を書きかえなさい。

⚠ミスに注意
**3**(2)現在完了形の疑問文では，whenは使えないので注意しよう！

□(1) Keiko lives in France.　（「この前の夏から」という意味を加えて）

_____

□(2) Bob has known her <u>for two years</u>.　（下線部をたずねる疑問文に）

_____

□(3) How long have you lived here?　（「10年間」と答える文に）

_____

**4** 日本語に合うように，（ ）内の語句を並べかえなさい。

テストによく出る!
How longの
疑問文への答え方
**3**(3)For two days.「2日間です。」やSince last night.「昨晩です。」のように，Yes/Noではなく具体的な期間を答える。

□(1) 私は夢に向かって努力したいです。

( to / for / my dream / I'd / work / like ).

_____.

□(2) その写真は彼に去年の夏を思い出させます。

The photo ( him / summer / reminds / last / of ).

The photo _____.

35

ぴたトレ
**1**
要点チェック

**Unit 3 Lessons From Hiroshima (Part 2)**

時間 **15**分

解答 p.7

〈新出語・熟語 別冊p.8〉

教科書の
重要ポイント 「(ずっと)〜し続けています」の文 教科書pp.34〜35

## I've been thinking about our trip to Hiroshima.

〔私は広島への私たちの旅行についてずっと考え続けています。〕

過去から今までにある動作や行動が続いていることを言いたいときは、現在完了進行形
〈have[has]＋been＋動詞の〜ing形〉を使う。この形は、基本的に「動作」を表す動詞で使う。

I 've been thinking about our trip to Hiroshima.
have　be動詞の過去分詞　動詞の〜ing形

期間をたずねる疑問文は、〈How long＋have[has]＋主語＋been 〜ing?〉にする。

It has been raining for three days. 〔雨は3日間ずっと降り続いています。〕
How long has it been raining? 〔雨は何日降り続いていますか。〕

継続を表す現在完了進行形は、過去に始まった動作や行動が「ずっと続いている(今も続いている)」、「これからもたぶん続くだろう」という意味を含むことが多い。

現在完了進行形で使えない動詞(know, have(持っている、飼っている)など)に注意。
私は何年も彼を知っています。

○ I have known him for many years.
× I have been knowing him for many years.

Words & Phrases 次の英語は日本語に、日本語は英語にしなさい。

☐(1) realize （　　　　　　）　☐(5) 半分の ＿＿＿＿＿

☐(2) create （　　　　　　）　☐(6) よりよい ＿＿＿＿＿

☐(3) especially （　　　　　）　☐(7) 若い ＿＿＿＿＿

☐(4) century （　　　　　　）　☐(8) 1時間 ＿＿＿＿＿

**1** 日本語に合うように、（ ）内から適切なものを選び、記号を〇で囲みなさい。

☐(1) ケンは2時間勉強し続けています。

Ken has been （ ア studied イ studying ウ to study ） for
two hours.

36

(2) 私たちは 5 時からずっと食べたり飲んだりし続けています。

We ( ア have been イ are ウ was ) eating and drinking since 5:00 p.m.

(3) どのくらいの間彼らは眠っていますか。

How ( ア many イ much ウ long ) have they been sleeping?

**2** 例にならい，それぞれの絵に合う「（ずっと）～し続けています」の文を完成させなさい。

例 **My father has been working since this morning.**

(1) They ＿＿＿＿＿ ＿＿＿＿＿ ＿＿＿＿＿ baseball for an hour.

(2) John ＿＿＿＿＿ ＿＿＿＿＿ ＿＿＿＿＿ the Internet since noon.

**3** 日本語に合うように，（　）内の語句を並べかえなさい。

(1) 私の母はしばしば私に学校生活についての質問をします。

My mother ( asks / about / often / questions / me ) my school life.

My mother ＿＿＿＿＿＿＿＿＿＿＿＿＿＿＿＿＿ my school life.

(2) 彼女は将来医者になるということを固く決心しています。

( be / determined / she / a doctor / is / to ) in the future.

＿＿＿＿＿＿＿＿＿＿＿＿＿＿＿＿＿ in the future.

(3) 貧しい人々を助けるために私たちに何ができますか。

( do / poor / help / what / we / to / people / can )?

＿＿＿＿＿＿＿＿＿＿＿＿＿＿＿＿＿ ?

(4) あなたはどのくらいの間ずっと彼女を待ち続けているのですか。

( you / long / waiting / how / been / have ) for her?

＿＿＿＿＿＿＿＿＿＿＿＿＿＿＿＿＿ for her?

注目!

現在完了形と現在完了進行形の違い

現在完了形は継続的な動作，現在完了進行形は今まさにその動作が続けて行われているときに使う。

テストによく出る!

冠詞

**2** (1)hourの前にはaではなくanを置く。

⚠ミスに注意

**3** (1)oftenやsometimesなど，頻度を表す語句はbe動詞の後や一般動詞の前に置くよ！

Unit 3

37

ぴたトレ **1**

要点チェック

Unit 3 Lessons From Hiroshima (Part 3)

時間 **15**分

解答 p.8

〈新出語・熟語 別冊p.8〉

教科書の
重要ポイント 「(人が)…するのは〜です」の文  教科書 pp.36〜37

## It's important <u>for us</u> to learn about the past.

〔私たちが過去について学ぶことは大切です。〕

## It's also important to think about creating a peaceful world.

〔平和な世界を作りあげることを考えることも大切です。〕

〈It is 〜(for＋人)＋to＋動詞の原形〉で「(人が)…するのは〜です」という意味になる。
このitは形式上の主語で、〈to＋動詞の原形〉の内容を示す。

| It | is | important | for us | to learn about the past |.
|---|---|---|---|---|
| 主語 | be動詞 | 大切な | for＋人 | to＋動詞の原形 |

＝ To learn about the past is important for us.と書きかえることもできるが、主語が
「To learn about the past」と長くなってしまうため、形式上のitを主語にした形が好ま
れる。

▼ 〈to＋動詞の原形〉の動作や行動をする人を示す場合、直前に〈for＋人〉を入れる。
(人)は「〜を、〜に」を表す形になる。

| 〜は | 〜を〔に〕 | 〜は | 〜を〔に〕 |
|---|---|---|---|
| I | me | it | it |
| you | you | we | us |
| he | him | they | them |
| she | her | George | George |

ナルホド！

Words & Phrases  次の英語は日本語に、日本語は英語にしなさい。

□(1) peaceful （            ）

□(2) necessary （            ）

□(3) impossible （            ）

□(4) though （            ）

□(5) however （            ）

□(6) 食事，料理　_____

□(7) 戦争　_____

□(8) 〜を伝える　_____

**1** 日本語に合うように，（　）内から適切なものを選び，記号を○で囲みなさい。

□(1) 彼にとって英語を話すのは簡単です。

It is easy （ ア to　イ for　ウ as ） him to speak English.

□(2) あなたにとって走ることはおもしろいですか。

Is it interesting for （ ア you　イ your　ウ yours ） to run?

□(3) 私にとって早起きするのは大切です。

It's important for （ ア me　イ my　ウ I ） to get up early.

**2** 例にならい，それぞれの絵に合う「（人が）…するのは～です」の文を完成させなさい。

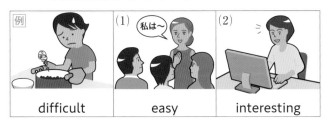

例 **It is difficult for him to cook.**

□(1) It is _____ _____ me to speak Japanese.

□(2) It is _____ _____ her _____ use
the Internet.

**3** 日本語に合うように，（　）内の語句を並べかえなさい。

□(1) 状況はますます良くなっています。

( better / getting / the situation / is ).

_____.

□(2) 寒かったけれど，天気は良かったです。

( was / it / weather / though / , / the / cold ) was good.

_____ was good.

□(3) スージーにもそのことを伝えておきます。

( pass / Susie / I'll / that / on / to ), too.

_____, too.

□(4) 私の兄は年々優しくなりました。

My brother ( year / became / year / kinder / by ).

My brother _____.

□(5) 冬に山を登ることは危険です。

( dangerous / to / winter / is / climb / in / it / mountains ).

_____

_____.

**ぴたトレ 1**
要点チェック

## Unit 3 Lessons From Hiroshima (Goal)

時間 **15分**
解答 p.8

〈新出語・熟語 別冊p.8〉

教科書の重要ポイント **感想を発表する文** 教科書 pp.38〜39

▼ 「〜を思い浮かべる」という表現
・I think of something happy before sleeping.
〔私は寝る前に何か幸せなことを思い浮かべます。〕

▼ 「(知識など)を〜へ伝える」という表現
・I became a coach to pass down these skills to people.
〔私はこれらの技術を人々へ伝承するためにコーチになりました。〕

▼ 何かに気が付いたときの表現
・I found that she couldn't read Japanese.
〔私は彼女が日本語を読めないということに気づきました。〕

▼ 「〜なしで」という表現
・I went to school without eating breakfast yesterday.
〔私はきのう，朝食を食べずに(食べることなしに)学校に行きました。〕

▼ 理由を説明するときの表現
・It is because I was free. 〔私は暇だったからです。〕

▼ 何に感動したのか伝えるときの表現
・I'm impressed by his book. 〔私は彼の本に感動しました。〕

▼ 「(人が)…するのは〜だ」という表現
・It is difficult for me to get up early. 〔私にとって早起きすることは難しいです。〕

▼ 「育てる」という表現
・They were brought up in the countryside. 〔彼らは田舎で育てられました。〕

pass 〜 on to …
「…に〜を伝える」,
pass down 〜 to …
「…に〜を伝える」
は同じ意味でも語
順が違うね。

because は 2 つの文を
つなぐ接続詞だから,
Because I was free. だ
けでは表せないよ。

ナルホド!

**Words & Phrases** 次の英語は日本語に，日本語は英語にしなさい。

☐(1) collect (             )

☐(2) without (             )

☐(3) personal (             )

☐(4) pain (             )

☐(5) bring の過去分詞 ＿＿＿＿＿＿

☐(6) 金，金銭 ＿＿＿＿＿＿

☐(7) アメリカ人 ＿＿＿＿＿＿

☐(8) 育てる ＿＿＿＿＿＿

**1** 日本語に合うように，（　）内から適切なものを選び，記号を○で囲みなさい。

☐(1) 私はアメリカで生まれて育ちました。

I was born and brought ( ア up　イ on　ウ with ) in the U.S.

☐(2) あなたの姉は2時間ずっと映画を見続けていますか。

( ア Have　イ Has　ウ Is ) your sister been watching movies for two hours?

☐(3) 私は今朝からずっと音楽を聴き続けています。

I have ( ア listening　イ been listened　ウ been listening ) to music since this morning.

☐(4) 私は誰かが私をよんでいることに気づいた。

I found that someone ( ア is calling　イ was calling　ウ calls ) me.

**2** 日本語に合うように，＿＿＿に入る適切な語を書きなさい。

☐(1) 私たちにとって規則に従うのは大切です。

It is ＿＿＿＿＿＿＿ ＿＿＿＿＿＿＿ us to follow the rules.

☐(2) 彼女は彼の努力に感動しました。

She ＿＿＿＿＿＿ ＿＿＿＿＿＿ ＿＿＿＿＿＿ his effort.

☐(3) 私たちは水なしでは生きられません。

We can't live ＿＿＿＿＿＿ ＿＿＿＿＿＿.

☐(4) 私は次の世代に相撲を伝承したいです。

I want to ＿＿＿＿＿＿ ＿＿＿＿＿＿ sumo to the next generation.

**3** 日本語に合うように，（　）内の語句を並べかえなさい。

☐(1) 私たちには十分な時間があるからです。

( is / have / it / enough time / we / because ).

＿＿＿＿＿＿＿＿＿＿＿＿＿＿＿＿＿＿＿＿＿.

☐(2) 私の友人は私の苦しみを自分の苦しみとして感じてくれました。

My friend ( as / sensed / her / my / own / pain ).

My friend ＿＿＿＿＿＿＿＿＿＿＿＿＿＿＿＿＿＿.

☐(3) 彼にとって自転車に乗ることはわくわくします。

( exciting / him / it / is / for / to / ride ) a bike.

＿＿＿＿＿＿＿＿＿＿＿＿＿＿＿＿＿ a bike.

☐(4) 彼は「さようなら」を言わずにここを去りました。

( "Goodbye" / he / here / without / left / saying ).

＿＿＿＿＿＿＿＿＿＿＿＿＿＿＿＿＿＿＿.

**⚠ ミスに注意**

**1** (1)意味が似ているけれど，grow upは「育てる」ではなく「育つ」だから使い方に注意しよう！

**テストによく出る!**

時制

**1** (4)「よぶ」という動作は「気づく」という動作と同じときにされているので，時制を合わせる。

**注目!**

前置詞

**3** (4)「〜なしで」という意味のwithoutは前置詞なので，後ろに(動)名詞を置く。

Unit3

教科書の
重要ポイント
**現在完了形／現在完了進行形のまとめ** 教科書 pp.40〜41

過去とつながりのある現在の状態を伝えたいとき，現在完了形または現在完了進行形を使う。

▼ 現在完了形　〈have[has]＋動詞の過去分詞〉

(1) 動作や行動が終わっている　〈完了：〜したところです，〜してしまいました〉

I have already[just] made dinner.
〔私はすでに[ちょうど]夕食を作ってしまいました[作ったところです]。〕

Have you made dinner yet?〔あなたはもう夕食を作ってしまいましたか。〕

— Yes, I have. / No, I haven't. / No, not yet.
〔はい，作ってしまいました。／いいえ，作っていません。／いいえ，まだです。〕

I haven't made dinner yet.〔私はまだ夕食を作っていません。〕

(2) 動作や行動を現在までに経験している　〈経験：〜したことがあります〉

I have seen the picture.〔私はその絵を見たことがあります。〕

Have you ever seen the picture?〔あなたはこれまでにその絵を見たことがありますか。〕

— Yes, I have. / No, I haven't. / No, never.
〔はい，あります。／いいえ，ありません。／いいえ，一度もありません。〕

I have never seen the picture.〔私は一度もその絵を見たことがありません。〕

(3) ある状態が現在まで続いている　〈継続：(ずっと)〜しています〉

Ken has known Mary for 5 years.〔ケンは5年間ずっとメアリーを知っています。〕

How long has Ken known Mary?〔どれくらいの期間，ケンはメアリーを知っていますか。〕

— (He has known her) For 5 years. / Since he was ten.
〔5年間です。／10歳のときからです。〕

▼ 現在完了進行形　〈have[has] been＋動詞の-ing形〉
動作や行動が現在まで続いている　〈(ずっと)〜し続けています〉

It has been raining for a week.〔1週間ずっと雨が降り続いています。〕

How long has it been raining?〔どれくらいの期間，ずっと雨が降り続いていますか。〕

— (It has been raining) For a week. / Since Tuesday.
〔1週間です。／火曜日からです。〕

**Words & Phrases** 次の英語は日本語に，日本語は英語にしなさい。

☐(1) once（　　　　　）　　☐(3) knowの過去分詞 _____

☐(2) never（　　　　　）　　☐(4) beの過去分詞 _____

42

**1** 日本語に合うように，（　）内から適切なものを選び，記号を〇で囲みなさい。

テストによく出る！

使い分け

現在完了形では，語によってはどの文で使えるのか決まっているものがある。
肯定文のみ→already, just
疑問文のみ→ever
否定文のみ→never
疑問文・否定文→yet

☐(1) 彼女は3時間数学を勉強しています。

She has been studying math（ ア for　イ since　ウ in ）3 hours.

☐(2) あなたはどのくらいの間その体育館にいますか。

How（ ア much　イ many　ウ long ）have you been in the gym?

☐(3) 私はすでにボブにEメールを送りました。

I've（ ア never　イ already　ウ yet ）sent an e-mail to Bob.

**2** 日本語に合うように，＿＿＿に入る適切な語を書きなさい。

注目！

期間を表す言葉

for many years「何年も」やfor a long time「長い間」なども文末でよく使われる。

☐(1) 彼らは以前，そのレストランで夕食を食べたことがあります。

They have ＿＿＿＿＿＿＿＿ dinner at the restaurant ＿＿＿＿＿＿＿＿.

☐(2) もう鳥に餌をあげましたか。

＿＿＿＿＿＿＿＿ ＿＿＿＿＿＿＿＿ fed the bird ＿＿＿＿＿＿＿＿?

☐(3) 私はまだ彼女への手紙を書き終えていません。

I ＿＿＿＿＿＿＿＿ ＿＿＿＿＿＿＿＿ writing a letter to her ＿＿＿＿＿＿＿＿.

**3** 日本語に合うように，（　）内の語句を並べかえなさい。

⚠ ミスに注意

**3**⑴⑷副詞(latelyやyet)は，文末に置くことに注意しよう！

☐(1) 最近，私は中華料理を(ずっと)食べていません。

( had / Chinese dish / I / lately / haven't / a ).

＿＿＿＿＿＿＿＿＿＿＿＿＿＿＿＿＿＿＿＿.

☐(2) 私は来週の私たちの職業体験についてずっと考えています。

( been / our / thinking / work experience / I've / about ) next week.

＿＿＿＿＿＿＿＿＿＿＿＿＿＿＿ next week.

☐(3) 私たちは一度もそこを訪れたことがありません。

( never / we / visited / have / there ).

＿＿＿＿＿＿＿＿＿＿＿＿＿＿＿＿＿＿＿＿.

☐(4) もう服を着がえてしまいましたか。

( clothes / have / yet / your / changed / you )?

＿＿＿＿＿＿＿＿＿＿＿＿＿＿＿＿＿＿＿?

☐(5) ベンはちょうど15歳になったところです。

( just / fifteen / Ben / has / old / years / become ).

＿＿＿＿＿＿＿＿＿＿＿＿＿＿＿＿＿＿＿＿.

Active Grammar 1

過去分詞を使う受け身の文，現在完了形，現在完了進行形の文は混同しやすいので復習しておこう。

**① 正しいものを４つの選択肢の中から選びなさい。**

☐(1) I've (　　) that singer's book before.

　　ア read　　イ to read　　ウ reading　　エ been reading

☐(2) This castle (　　) about 300 years ago.

　　ア built　　イ was built　　ウ was building　　エ has built

☐(3) It (　　) sunny since last week.

　　ア is　　イ was　　ウ would been　　エ has been

☐(4) The little girl has been (　　).

　　ア cry　　イ cried　　ウ crying　　エ cries

**② 日本語に合うように，＿＿に入る適切な語を書きなさい。**

☐(1) ホワイトさんは先週からずっと忙しいです。

　　Mr. White ＿＿＿＿＿＿＿ ＿＿＿＿＿＿＿ busy since last week.

☐(2) 彼女は今日，長い間ずっと英語を勉強しています。

　　She has ＿＿＿＿＿＿＿ ＿＿＿＿＿＿＿ English for a long time today.

☐(3) 私にとって赤ちゃんの世話をすることは難しかったです。

　　＿＿＿＿＿＿＿ ＿＿＿＿＿＿＿ hard for me ＿＿＿＿＿＿＿ take care of a baby.

**③ 日本語に合うように，（　）内の語を並べかえなさい。**

☐(1) ドームは70年間以上このよう(な状態)です。

　　The dome ( like / has / for / this / over / been ) 70 years.

　　The dome ＿＿＿＿＿＿＿＿＿＿＿＿＿＿＿＿ 70 years.

☐(2) 私は日本に何年もの間ずっと興味があります。

　　I've ( Japan / in / been / for / interested ) many years.

　　I've ＿＿＿＿＿＿＿＿＿＿＿＿＿＿＿＿ many years.

☐(3) しかしながら，そのことについて考えるだけでは十分ではありません。

　　( thinking / not / it / however / about / , / is ) enough.

　　＿＿＿＿＿＿＿＿＿＿＿＿＿＿＿＿ enough.

☐(4) 彼の絵は私にとって大きな刺激になりました。

　　His picture ( inspiration / a / for / became / me / big ).

　　His picture ＿＿＿＿＿＿＿＿＿＿＿＿＿＿＿＿.

ヒント　② (2)「状態」の継続を表す現在完了形か，「動作」の継続を表す現在進行形にするか見極める。
　　　　③ (3)コンマがあるのでhoweverの置かれる位置に注意する。

44

**4** 書く✐ （　）内の語数で次の日本語を英語に直しなさい。

☐(1) どれくらいの間あなたはオーストラリアにいるのですか。（7語）

＿＿＿＿＿＿＿＿＿＿＿＿＿＿＿＿＿＿＿＿＿＿＿＿＿＿＿＿＿＿

☐(2) 彼女は昨晩からずっとその本を読んでいます。（9語）

＿＿＿＿＿＿＿＿＿＿＿＿＿＿＿＿＿＿＿＿＿＿＿＿＿＿＿＿＿＿

☐(3) その試合で勝つために私たちに何ができるでしょうか。（8語）

＿＿＿＿＿＿＿＿＿＿＿＿＿＿＿＿＿＿＿＿＿＿＿＿＿＿＿＿＿＿

**5** 読む📖 次の英文を読んで，あとの問いに答えなさい。

①I was born and (　　　) (　　　) in Hiroshima, and I learned about the A-bombing at school.　However, when my daughter asked me some questions about it, I ②(～であるとわかった) that I couldn't answer in my own words.　③I decided to learn about the A-bombing of Hiroshima again.　西村宏子　ヒロシマの記憶を継ぐ人 インタビューより

☐(1) 下線部①が「私は広島で生まれ育ちました」という意味になるように，（　　　）に入る適切な
語を書きなさい。　　　　　　　　①＿＿＿＿＿＿＿＿＿＿＿＿＿＿＿＿

☐(2) 下線部②の（　）内の日本語を英語にしなさい。　　　②＿＿＿＿＿＿＿＿＿＿＿＿

☐(3) 下線部③の理由はなぜですか。日本語で答えなさい。
　　③（　　　　　　　　　　　　　　　　　　　　　　　　　　　　　　　　　　）

**6** 話す🗣 次の問題を読んで，あとの問いに答えなさい。解答の答え合わせのあと，
　　発音アプリの指示に従って，問題文と解答を声に出して読みなさい。 アプリ

　　In Nara, "Deer Crossings" have been saving deer since 2016.　They produce ultrasonic sound when railroads are busy.　Deer dislike the sound and keep away from the railroads.　Thanks to the crossings, deer are not hit by trains anymore.

(注)crossing 踏切　　save ～を救う　　ultrasonic 超音波の　　railroad 線路
　　dislike ～を嫌う　　keep away from ～に近づかない　　anymore これ以上

☐(1) How have "Deer Crossings" been saving deer?

　　— ＿＿＿＿＿＿＿＿＿＿＿＿＿＿＿＿＿＿＿＿＿＿＿＿＿＿＿＿＿

☐(2) When deer hear the ultrasonic sound, what do they do?

　　— ＿＿＿＿＿＿＿＿＿＿＿＿＿＿＿＿＿＿＿＿＿＿＿＿＿＿＿＿＿

ヒント　**4**(1)「どれくらいの間…」はHow long …?で表すことができる。
　　　　**4**(3)「試合に勝つ」はwin the gameで表すことができる。

ぴたトレ
**3**
確認テスト

# Unit 3 ～
# Active Grammar 1

時間 30分 ／100点  合格 70点  解答 p.10

教科書 pp.31 ～ 41

❶ 下線部の発音が同じものには〇を，そうでないものには×を，解答欄に書きなさい。　　6点

(1) m<u>o</u>ney
b<u>o</u>mb

(2) rem<u>i</u>nd
ch<u>i</u>ldhood

(3) y<u>o</u>ung
h<u>ou</u>r

❷ 最も強く発音する部分の記号を解答欄に書きなさい。　　6点

(1) re - mind - er
　　ア　　イ　　ウ

(2) cen - tu - ry
　　ア　　イ　　ウ

(3) cre - ate
　　ア　　イ

❸ 日本語に合うように，＿＿に入る適切な語を書きなさい。　　20点

(1) 私たちは伝統文化を次の世代に伝えるべきです。

We ＿＿＿ ＿＿＿ traditional cultures ＿＿＿ to the next generation.

(2) どのような種類のボランティア活動をしたことがありますか。

＿＿＿ ＿＿＿ of volunteer activities ＿＿＿ you ＿＿＿?

(3) 彼はいつも町のために何か必要なことを考えます。

He always ＿＿＿ ＿＿＿ something ＿＿＿ for his town.

(4) ユミが馬に乗るのはむずかしいことです。

＿＿＿ ＿＿＿ for Yumi ＿＿＿ ＿＿＿ a horse.

❹ 各組の文がほぼ同じ意味になるように，＿＿に入る適切な語を書きなさい。　　15点

(1) { Miho left here a minute ago.
{ Miho ＿＿＿ ＿＿＿ ＿＿＿ here.

差がつく (2) { Taku was playing baseball three hours ago. He is still playing baseball without a rest.
{ Taku ＿＿＿ ＿＿＿ ＿＿＿ baseball ＿＿＿ three hours.

(3) { I came to Singapore last Sunday. I'm still here.
{ I ＿＿＿ ＿＿＿ in Singapore ＿＿＿ last Sunday.

❺ 次の会話文を読んで，あとの問いに答えなさい。　　29点

*Beth* : Hi, Nancy. I'll show you a photo of my trip.

*Nancy* : Oh, hi, Beth. ①<u>Where have you been?</u>

*Beth* : In the U.K. It was my first trip abroad.

*Nancy* : That's wonderful. Was it exciting for you to visit there?

*Beth* : Yes, it was. I visited the biggest museum in the U.K. Look at this photo. ②<u>This monument was made 120 years ago.</u>

*Nancy* : Really? I'm impressed.

*Beth :* I also visited a very old city in the U.K. It is a famous place for one of the greatest writers in the U.K. He ( ③ ) there in his childhood. ④He ( ) ( ) ( ) books since he was 20 years old. Many children read his books to learn the history of their country.

*Nancy :* ⑤( for / to / it's / us / important / learn ) our own country's history.

(1) 下線部①を和訳しなさい。

(2) 下線部②をpeopleを主語にして書き換えなさい。

(3) ( ③ )に入る最も適切なものを1つ選び，記号を書きなさい。

ア lives　　イ living　　ウ lived

(4) 下線部④の（ ）に適切な語を入れて，文を完成させなさい。

(5) 下線部⑤の（ ）内の語を正しく並べかえなさい。

**点UP ⑥ 書く✎ 次のようなとき英語で何と言うか，（ ）内の語を使って書きなさい。** 表 24点

(1) どれくらいの期間，ずっと暑いのかたずねたいとき。(hot)

(2) 人々のために働くということを堅く決心した，と伝えるとき。(determine)

(3) 自分たちにとって毎日朝食を食べることは必要だと伝えたいとき。(necessary)

| ❶ | (1) | | (2) | | (3) | | ❷ | (1) | | (2) | | (3) | |
|---|-----|--|-----|--|-----|--|---|-----|--|-----|--|-----|--|
| | | 2点 | | 2点 | | 2点 | | | 2点 | | 2点 | | 2点 |

| ❸ | (1) | | (2) | |
|---|-----|--|-----|--|
| | | 5点 | | 5点 |
| | (3) | | (4) | |
| | | 5点 | | 5点 |

| ❹ | (1) | |
|---|-----|--|
| | | 5点 |
| | (2) | |
| | | 5点 |
| | (3) | |
| | | 5点 |

| ❺ | (1) | |
|---|-----|--|
| | | 7点 |
| | (2) | |
| | | 7点 |
| | (3) | (4) | |
| | 3点 | | 7点 |
| | (5) | our own country's history. |
| | | 5点 |

| ❻ | (1) | 表 8点 |
|---|-----|------|
| | (2) | 表 8点 |
| | (3) | 表 8点 |

▶ 表 の印がない問題は全て 知 の観点です。

# ぴたトレ 1

**要点チェック**

## Let's Read 1 ①

時間 **15分**

解答 p.11

〈新出語・熟語 別冊p.9〉

**教科書の重要ポイント** | 日記に見られるさまざまな表現 ① | 教科書 pp.42～43

- ▼ 「～に起こる，生じる」ということを表す表現
  - ・I was worried, "What happened to you?"
    〔私は「あなたに何が起こったのだろう」と心配していました。〕
- ▼ 何かが続くことを表す表現
  - ・Please go on talking. 〔話を続けてください。〕
- ▼ 「初めて」生じた出来事を述べる表現
  - ・I saw such an expensive car for the first time.
    〔私はそのような高価な車を初めて見ました。〕
- ▼ 「ついに，ようやく」ということを表す表現
  - ・The rain stopped at last. 〔雨はようやく止みました。〕
- ▼ 「すぐに」ということを表す表現
  - ・Run away from here right away. 〔すぐにここから逃げなさい。〕
- ▼ 「～の直前」ということを表す表現
  - ・It was just before I came home. 〔私が家に帰る直前のことでした。〕
- ▼ 「人に～をあげる」という表現
  - ・My father gave his watch to my brother. 〔私の父は私の兄に彼の腕時計をあげました。〕
- ▼ 感想や気持ちを述べる表現
  - ・What beautiful music he played!
    〔なんて美しい音楽を彼は演奏したのだろう！〕
- ▼ おもしろかったと感想を述べる表現
  - ・It was a lot of fun. 〔それはとてもおもしろかったです。〕

> 「人に物をあげる」は give＋人＋物＝give＋物＋to人と書きかえることができるね。

**Words & Phrases** 次の英語は日本語に，日本語は英語にしなさい。

☐(1) fire （                     ）　　☐(5) dig （                     ）

☐(2) thick （                     ）　　☐(6) 橋 _____

☐(3) glass （                     ）　　☐(7) 騒音 _____

☐(4) branch （                     ）　　☐(8) 煙 _____

**1** 日本語に合うように，（　）内から適切なものを選び，記号を〇で囲みなさい。

□(1) 私は大阪に汽車で行きましたが，それは遅れました。

I went to Osaka by train, but it was（ ア delay　イ delayed　ウ delaying ）.

□(2) ヒロシはジャガイモを植えるのに穴を掘りましたか。

Did Hiroshi（ ア dig　イ dug　ウ has dug ）holes to plant potatoes?

□(3) 私の姉は留学することをようやく決めました。

My sister decided to study abroad（ ア for　イ with　ウ at ）last.

**2** 日本語に合うように，____に入る適切な語を書きなさい。

□(1) 私の母は私に「すぐに昼食を食べなさい」と言いました。

My mother said to me, "Eat your lunch _____ _____."

□(2) そのとき，私は初めて彼に会いました。

I saw him _____ _____ _____ _____ then.

□(3) トモミは「ケイトはいつ戻ってくるのだろう」と心配しました。

Tomomi _____ _____, "When will Kate come back?"

**3** 日本語に合うように，（　）内の語句を並べかえなさい。

□(1) エミはそのネコに食べ物を与えました。

Emi ( food / to / gave / some / the cat ).

Emi _____.

□(2) ジョンは私にその本はとてもおもしろいと言いました。

John ( fun / told / a lot of / was / me / the book ).

John _____.

□(3) 来年から彼の妹は小学校に通います。

From next year, ( school / commute / to / his sister / elementary / will ).

From next year, _____
_____.

□(4) 私がその箱を開ける直前のことでした。

( just / the box / it / I / was / opened / before ).

_____.

Let's Read 1

**⚠ ミスに注意**

**1**(1)delayは「遅れる」ではなく，「～を遅らせる」という意味。だから，「遅らせられた」と受け身の文で考えることができるよ！

**注目!**

**3**(1)foodは「食べ物」としては不可算名詞だが，「特定の種類の食べ物」を表すときにはfoodsと可算名詞になることもある。

**テストによく出る!**

時制

**3**(2)「～と言いました」と過去形の文である場合，that以下の動詞も過去形にする。

ぴたトレ
**1**
要点チェック

Let's Read 1 ②

時間
**15分**

解答
p.11

〈新出語・熟語 別冊p.9〉

教科書の
重要ポイント | 日記に見られるさまざまな表現 ② | 教科書 pp.44〜45

▼ 何をいくらで買ったのか表す表現

・I bought three pens for 500 yen.
〔私はペンを3本500円で買いました。〕

▼ 「〜を片づける」を使った表現

・After the big event, we tidied up the park.
〔大きな行事のあと，私たちは公園を片づけました。〕

▼ 「びしょぬれになる」を使った表現

・It rained outside, and my cat got wet through.
〔外は雨でした，そして私のネコはびしょぬれになりました。〕

▼ 「外出する」を使った表現

・Let's go out this weekend! 〔今週末は外出しましょう！〕

▼ 「一袋の〜」を使った表現

・I have a packet of candies in my bag. 〔私はカバンの中に一袋のアメを持っています。〕

▼ さまざまな日付の表現

・On the tenth of June, my uncle will go to China. 〈the＋日＋of＋月〉の順。
〔6月10日に私のおじは中国に行きます。〕

・My birthday is September 24. 〈月＋日〉の順。
〔私の誕生日は9月24日です。〕

▼ 「〜の途中で」という表現

・On my way back home, it rained.
〔私の帰宅途中，雨が降りました。〕

一袋の中にはアメがいくつか入っているはずだよね。
a packet ofの後ろの名詞は，可算名詞の場合は複数形にしよう。

ナルホド!

**Words & Phrases** 次の英語は日本語に，日本語は英語にしなさい。

☐(1) average （　　　　　　　　）　　☐(6) 成績，評定 ＿＿＿＿＿＿＿＿

☐(2) toy （　　　　　　　　）　　☐(7) すばらしい ＿＿＿＿＿＿＿＿

☐(3) road （　　　　　　　　）　　☐(8) 飛行機 ＿＿＿＿＿＿＿＿

☐(4) opponent （　　　　　　　　）　　☐(9) 終わる ＿＿＿＿＿＿＿＿

☐(5) bait （　　　　　　　　）　　☐(10) ぬか ＿＿＿＿＿＿＿＿

**1** 日本語に合うように，（　）内から適切なものを選び，記号を〇で囲みなさい。

☐(1) あなたはもうキッチンを片づけてしまいましたか。

Have you tidied ( ア up　イ down　ウ away ) the kitchen yet?

☐(2) 私はピーターに会うために昼食のあとに外出しました。

I went ( ア for　イ out　ウ at ) to see Peter after lunch.

☐(3) 11月30日に彼は15歳になります。

He will be 15 years old on ( ア thirtieth of November イ November thirtieth　ウ the thirtieth in November ).

**2** 日本語に合うように，＿＿＿に入る適切な語を書きなさい。

☐(1) 私はきのうびしょぬれになったので，かぜをひいています。

I have a cold because I ＿＿＿＿＿＿ ＿＿＿＿＿＿ ＿＿＿＿＿＿ yesterday.

☐(2) 私の母は1袋のクッキーを買いました。

My mother bought ＿＿＿＿＿＿ ＿＿＿＿＿＿ ＿＿＿＿＿＿ cookies.

☐(3) 私の弟は私の部屋を乗っ取っています。

My brother is ＿＿＿＿＿＿ ＿＿＿＿＿＿ my room.

**3** 日本語に合うように，（　）内の語句を並べかえなさい。

☐(1) 夏休みに私はいとこと，かくれんぼをして遊びました。

( cousin / I / with / hide-and-seek / my / played ) during summer vacation.

＿＿＿＿＿＿＿＿＿＿＿＿＿＿＿＿＿＿＿＿＿＿＿

during summer vacation.

☐(2) 私は1,000円もらい，ペンとノートを500円で買いました。

I received ( a pen and / for / 1,000 yen / 500 yen / bought / and / a notebook ).

I received ＿＿＿＿＿＿＿＿＿＿＿＿＿＿＿＿＿＿＿

＿＿＿＿＿＿＿＿＿＿＿＿＿＿＿＿＿＿＿＿＿＿＿.

☐(3) その新しい道路は運転するのにはすばらしかった。

( to / road / excellent / new / drive / was / the / on ).

＿＿＿＿＿＿＿＿＿＿＿＿＿＿＿＿＿＿＿＿＿＿＿.

☐(4) 彼は図書館へ行く途中，ブラウン先生に会いました。

( on / library / way / to / his / the ), he met Mr. Brown.

＿＿＿＿＿＿＿＿＿＿＿＿＿＿＿＿＿, he met Mr. Brown.

注目!

前置詞

**1**(3)日付や時間などを表すときに使う前置詞のin, on, atは，in July, on Monday, at 11:00 のようにin→on→at の順に，時間の幅が短くなっている。

Let's Read 1

⚠ミスに注意

**3**(2)何をもらって，いくらで何を買っているのか語順に注意しよう！

テストによく出る!

「～の途中」

**3**(4)誰が行く途中なのかということに気を付けて，代名詞の形を決める。

# You Can Do It! 1

**教科書の重要ポイント**　過去，現在を比較するさまざまな文(復習)　教科書 pp.48〜49

▼ 過去から現在に続く表現　(現在完了形／現在完了進行形)

・I have lived in Tokyo for more than 20 years.
〔私は東京に20年以上住んでいます。〕

・Tom has been playing a computer game for more than two hours.
〔トムはコンピューターゲームを2時間以上し続けています。〕

▼ 未来についての表現

・The world will be changing for the next 10 years.
〔世界は次の10年間，変化し続けるでしょう。〕

▼ 「〜ほど…ではない」という表現

・She is not so young as she looks.
〔彼女は見た目ほど若くはありません。〕

▼ 順を追った表現

・First, wash and cut the vegetables. Next, boil them.
And last, eat with rice.
〔最初に野菜を洗って切ります。次にそれらをゆでます。最後にご飯と一緒にいただきます。〕

> many は可算名詞，much は不可算名詞に使うよ。A lot of は可算名詞，不可算名詞のどちらにも使うことができるよ。不可算名詞は量が多くても単数扱いをするのに気を付けよう。

▼ 「多くの」を表す表現

・There are many books in the bookcase.　〔その本棚には本がたくさん入っています。〕
　　　　複数形　　　　　可算名詞

・There is much water in the pool.　〔そのプールには水がたくさん入っています。〕
　　　　単数扱い　　　不可算名詞

▼ 2つのものを比較する表現

・It is much hotter today than yesterday.　〔今日は昨日よりもずっと暑いです。〕

▼ 「〜させてください」という表現

・Let me go there.　〔そこに行かせてください。〕

▼ 何の手段なのか説明する表現

ナルホド!

・I study English as a means of communication.
〔私は意思疎通の手段として英語を勉強しています。〕

**Words & Phrases**　次の英語を日本語にしなさい。

□(1) traffic (　　　　　　　　　)　　　□(2) crossing (　　　　　　　　　)

**1** 日本語に合うように，（　）内から適切なものを選び，記号を○で囲みなさい。

☐(1) 私は大阪で生まれてそこで育ちました。

I was born in Osaka, and grew （ ア up　イ in　ウ of ） there.

☐(2) ほとんどの店の看板は英語で書かれています。

Most of the shop signs are （ ア write　イ wrote

ウ written ） in English.

☐(3) 川沿いの花を見てごらん。

Look at the flowers （ ア near　イ along　ウ across ） the river.

**2** 日本語に合うように，＿＿＿に入る適切な語を書きなさい。

☐(1) 彼は中国の家の歴史についてずっと学び続けています。

He has ＿＿＿＿＿＿ ＿＿＿＿＿＿ the history of houses in China.

☐(2) 私にその試合の規則について説明させてください。

＿＿＿＿＿＿ ＿＿＿＿＿＿ explain about rules of the match.

☐(3) そのテストは聞いていたほど難しくはありません。

The exam is ＿＿＿＿＿＿ ＿＿＿＿＿＿ hard
＿＿＿＿＿＿ I heard.

☐(4) ジムは2週間以上ずっと忙しいです。

Jim has been busy for ＿＿＿＿＿＿ ＿＿＿＿＿＿ two weeks.

**3** 日本語に合うように，（　）内の語句を並べかえなさい。

☐(1) 私はその都市は現在よりもずっと大きくなると思います。

I think ( much / will / the city / than / be / now / bigger ).

I think ＿＿＿＿＿＿＿＿＿＿＿＿＿＿＿＿＿
＿＿＿＿＿＿＿＿＿＿＿＿＿＿＿＿＿＿.

☐(2) その公園にはあまり多くの人はいませんでした。

( people / there / park / in / weren't / the / many ).

＿＿＿＿＿＿＿＿＿＿＿＿＿＿＿＿＿.

☐(3) 昔，人々は照明の手段としてたいまつを使用していました。

( a means / used / of / people / torches / as ) light many years ago.

＿＿＿＿＿＿＿＿＿＿＿＿＿＿＿ light
many years ago.

☐(4) (電車で)まもなく京都駅に止まります。

( Kyoto Station / at / be / we / stopping / will ).

＿＿＿＿＿＿＿＿＿＿＿＿＿＿＿＿＿.

> **注目!**
>
> 「～の」の表し方
>
> **2**(1)(2)「～の」と所有格を作る場合，その名詞が生き物であれば「's」で表し，生き物以外であればofを使って表す。

> **テストによく出る!**
>
> not＋manyの訳し方
>
> **3**(2)not＋many「あまり～ない」という意味で，すべてではなく一部を否定する意味になる。

> **⚠ミスに注意**
>
> **3**(4)willの後が進行形になっているときは，自分の意志とは関係なく「(自然な成り行きで)～することになる」という意味がある。be動詞を原形にしよう！

**1** 正しいものを4つの選択肢の中から選びなさい。

どんな意味の文になるのかを考えながら正しいものを選ぼう。

☐(1) Why is Makoto (　　) Micky by his friends?

　　ア calls　　イ to call　　ウ calling　　エ called

☐(2) Takashi has (　　) his e-mail in English.

　　ア writes　　イ writing　　ウ wrote　　エ written

☐(3) It's hard for him (　　) songs in front of many people.

　　ア sings　　イ to sing　　ウ singing　　エ sang

☐(4) I'll (　　) you at Shibuya Crossing on Sunday.

　　ア see　　イ saw　　ウ been seeing　　エ have seen

**2** 日本語に合うように，＿＿＿に入る適切な語を書きなさい。

☐(1) 私といとこは熊本で生まれました。

　　My cousin and I ＿＿＿＿＿＿＿ ＿＿＿＿＿＿＿ in Kumamoto.

☐(2) この市は次の10年間で大きく変わるでしょう。

　　This city will change a lot ＿＿＿＿＿＿＿ ＿＿＿＿＿＿＿ ＿＿＿＿＿＿＿ 10 years.

☐(3) 恐ろしいことが彼に起こっています。

　　Something terrible has ＿＿＿＿＿＿＿ ＿＿＿＿＿＿＿ him.

☐(4) ニックはその写真を初めて見ました。

　　Nick saw the picture ＿＿＿＿＿＿＿ ＿＿＿＿＿＿＿ ＿＿＿＿＿＿＿ ＿＿＿＿＿＿＿.

**3** 日本語に合うように，（　）内の語句を並べかえなさい。

☐(1) 先週末，道路にはあまり多くの交通量はありませんでした。

　　There was ( traffic / road / not / on / much / the ) last weekend.

　　There was ＿＿＿＿＿＿＿＿＿＿＿＿＿＿＿＿＿＿＿＿＿＿ last weekend.

☐(2) 彼は学校に行く手段として自転車を使います。

　　He uses ( of / a / his bike / means / as / commuting ) to school.

　　He uses ＿＿＿＿＿＿＿＿＿＿＿＿＿＿＿＿＿＿＿＿＿＿ to school.

☐(3) ジャックのお母さんが彼に電話するとすぐに彼は外出しました。

　　( out / away / went / when / right / Jack ) his mother called him.

　　＿＿＿＿＿＿＿＿＿＿＿＿＿＿＿＿＿＿＿＿＿＿ his mother called him.

ヒント　**3**(1)not ～ much[many]で「あまり～ない」という意味。
　　　　**3**(2)as a means of ～ で「…の手段として」という意味。

**4** 書く✍ （ ）内の語数で次の日本語を英語に直しなさい。

□(1) ここではきのうから雨が降り続いています。（7語）

_____

□(2) あなたの部屋を片づけなさい。（4語）

_____

□(3) 彼のスピーチは1時間続きました。（7語）

_____

**5** 読む📖 次の文章を読んで，あとの問いに答えなさい。

　　Today was a happy day for me.　From today, I am going to commute to Nichū. I went to Hiroshima on the 6:50 a.m. steam train.　①(不運にも), it was delayed.　I was worried, "②What will happen to me?"　When I arrived at Nichū, the ceremony was already going on.

□(1) 下線部①の（ ）内の日本語を英語にしなさい。　　　　　　①_____

□(2) 下線部②の英語を日本語にしなさい。
　　②(　　　　　　　　　　　　　　　　　　　　　　　　　　　　　　　　　　　)

□(3) 次の選択肢から正しいものを1つ選び，記号に○をつけなさい。
　　ア 筆者は中学校生活を不安に思っていた。
　　イ 乗っていた汽車が遅れていた。　　ウ 筆者は式の開始に間に合った。

**6** 読む📖 次の文章を読んで，あとの問いに答えなさい。

　　Today we received our grades.　My average was "excellent" and I was very happy.　I received 10 yen and bought a toy-plane part (a winder) for five yen. Tomorrow we will work at road cleaning in the east of Shin-Ohashi.

□(1) Why was he very happy?
　　— _____

□(2) What did he buy for 5 yen?
　　— _____

**5 6** From the Diary of Kawamoto Itsuyoshi　河本冀美日記(1945年4月4日，8月1日)より
　　〔原典〕From the Diary of Kawamoto Itsuyoshi　広島テレビ放送 編著「いしぶみ」㈱ポプラ社刊より
　　〔英文〕From the Diary of Kawamoto Itsuyoshi　広島テレビ放送 編，クレアモント康子，ローマン・ローゼンバウム訳 ISHIBUMI ㈱ポプラ社刊より

ヒント　**4**(1)「雨が降る」という動詞はrain。「(ずっと)～続けている」という文なので，現在完了進行形にする。

ぴたトレ
1
要点チェック

Unit 4 AI Technology and Language (Part 1)

時間 **15**分

解答 p.12

〈新出語・熟語 別冊p.10〉

教科書の
重要ポイント 「〜する[である]もの」という文 教科書 pp.51〜53

<u>Smartphones</u> which respond to voice commands are common these days.

〔音声の指示に反応するスマートフォンは近頃ではよく見られます。〕

〈(もの)＋which＋(be)動詞 〜〉は「〜する[である]（もの）」という意味を表す。
whichを使うと，直前の名詞がどんなものかという説明を加えることができる。
このwhichは関係代名詞と呼ばれ，名詞に続く文の主語になっている。

| Smartphones | which respond to voice commands | are common these days. |

「スマートフォン」　　　　　　　動詞　　　　　　　　　　　　動詞

主語

| Smartphones | are common these days. 〔スマートフォンは近頃ではよく見られます。〕

共通　　　　　　　　　　　　　　　　この共通部分をwhichがつないで1つの文にしている。

| They | respond to voice commands. 〔それら（スマートフォン）は音声の指示に反応します。〕

whichが直前の名詞をどんな何なのかを詳しく説明している。

These are | trains |. 〔これらは電車です。〕

| They | leave for Osaka. 〔それらは大阪行きです。〕

⇒These are | trains | which leave for Osaka. 〔これらは大阪行きの電車です。〕

| The book | was interesting. 〔その本はおもしろかったです。〕

| It | is read by many people. 〔それは多くの人に読まれています。〕

⇒| The book | which is read by many people was interesting.
〔多くの人に読まれているその本はおもしろかったです。〕

関係「代名詞」だから，名詞を言いかえた代名詞がwhichにかわっているんだね。

ナルホド！

Words & Phrases 次の英語は日本語に，日本語は英語にしなさい。

☐(1) skin （　　　　　　　　）　　　☐(4) よく見られる _____

☐(2) quite （　　　　　　　　）　　　☐(5) 住所 _____

☐(3) machine （　　　　　　　　）　　☐(6) 柔らかい _____

56

**1** 日本語に合うように，（　）内から適切なものを選び，記号を○で囲みなさい。

**⚠ミスに注意**

**1** 動詞の主語にあたる単語が単数のときは動詞に3単元のsがつくので主語に注意しよう！

□(1) いすの上で眠っているネコはカオリのペットです。

　　The cat（ ア which　イ which has　ウ which is ）sleeping on the chair is Kaori's pet.

□(2) 人々を助けるロボットは役立ちます。

　　Robots which（ ア help　イ helps　ウ helping ）people are useful.

□(3) 世界中で話されている言語は英語です。

　　A language which（ ア speak　イ is spoken　ウ spoke ）in the world is English.

**2** 例にならい，それぞれの絵に合う「～する[である]もの」の文を完成させなさい。

**テストによく出る!**

whichの前に入るもの

**2** whichの前に入るのは必ず名詞だが，固有名詞は入らない。

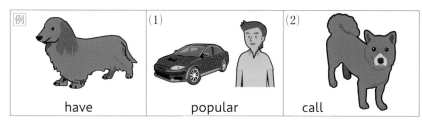

| 例 | (1) | (2) |
|---|---|---|
| have | popular | call |

例 **This is a dog which has short legs.**

□(1) He will buy a car ＿＿＿＿＿＿ is ＿＿＿＿＿＿ in Japan.

□(2) I have a dog ＿＿＿＿＿ ＿＿＿＿＿ ＿＿＿＿＿ "Pochi."

**3** 日本語に合うように，（　）内の語句を並べかえなさい。

**注目!**

「進歩を遂げてきている」の表し方

**3**(1) 過去から現在に向けて「進歩を遂げ続けてきている」ので現在完了形を使って表す。

□(1) 最近AI技術は大いなる進歩を遂げてきました。

　　( progress / has / great / AI technology / made ) lately.

　　＿＿＿＿＿＿＿＿＿＿＿＿＿＿＿＿＿＿＿ lately.

□(2) 私たちはちょうどよい考えを思いつきました。

　　( with / just / up / have / come / we ) a good idea.

　　＿＿＿＿＿＿＿＿＿＿＿＿＿＿＿＿＿ a good idea.

□(3) 彼はいつも私のEメールにすぐに反応してくれます。

　　( to / always / e-mail / responds / my / he ) quickly.

　　＿＿＿＿＿＿＿＿＿＿＿＿＿＿＿＿＿ quickly.

□(4) その機械は彼が荷物を配達するのを助けます。

　　( helps / machine / the / deliver / him / packages ).

　　＿＿＿＿＿＿＿＿＿＿＿＿＿＿＿＿＿＿＿.

ぴたトレ
**1**
要点チェック

**Unit 4 AI Technology and Language (Part 2)**

時間 **15**分

解答 p.13

〈新出語・熟語 別冊p.10〉

教科書の重要ポイント 「～する（人）」という文 教科書 pp.54～55

## I have <u>an uncle</u> who runs a Japanese restaurant.

〔私には日本レストランを経営するおじがいます。〕

〈（人）＋who＋(be)動詞＋～〉は「～する［～である］（人）」という意味を表す。
whoを使うと，直前の名詞がどんな人かという説明を加えることができる。
このwhoは関係代名詞とよばれ，名詞に続く文の主語になっている

| an uncle | who runs a Japanese restaurant 〔日本レストランを経営するおじ〕
　　　　　　　　動詞

I have | an uncle |.　　　　　　　　　　　〔私にはおじがいます。〕
　　　共通
　　　　　　　　　　　　　　　　　　この共通部分をwhoがつないで1つの文にしている。
He | runs a Japanese restaurant.　　〔彼は日本レストランを経営しています。〕

どの言葉をwhoに変えるのか気を付ける。

Kazuki is | a student |.　〔カズキは学生です。〕

He | studies very hard.　〔彼はとても熱心に勉強しています。〕

⇒Kazuki is | a student | who studies very hard.　〔カズキはとても熱心に勉強する学生です。〕

関係代名詞は固有名詞の後ろにはくっつかないよ。

The woman | is my mother.　〔その女性は私の母です。〕

She | was working at the hospital.　〔彼女は病院で働いていました。〕

⇒ The woman | who was working at the hospital is my mother.
〔病院で働いていたその女性は私の母です。〕

ナルホド！

**Words & Phrases** 次の英語は日本語に，日本語は英語にしなさい。

☐(1) navigation （　　　　　　　　）　　☐(4) （ひょっとして）～かもしれない ＿＿＿＿＿＿

☐(2) phrase （　　　　　　　　）　　☐(5) 外国の，外国人の ＿＿＿＿＿＿

☐(3) disagree （　　　　　　　　）　　☐(6) もはや，これ以上 ＿＿＿＿＿＿

**1** 日本語に合うように，（ ）内から適切なものを選び，記号を〇で囲みなさい。

テストによく出る!
**動詞の形**
**1** 主語が複数かどうかや時制に気を付けて，関係代名詞の後ろの動詞の形を決める。

□(1) 野球をしているその生徒たちはとても活動的です。

The students who ( ア is  イ are  ウ have ) playing baseball are very active.

□(2) アリスは３年間日本語を学んでいる生徒です。

Alice is a student who ( ア studies  イ has studied ウ have studied ) Japanese for 3 years.

□(3) ジョンは日本の歴史に興味があるその女の子と話したいです。

John would like to talk with the girl ( ア who is イ who has  ウ which is ) interested in Japanese history.

**2** 例にならい，それぞれの絵に合う「～する[である]人」の文を完成させなさい。

⚠ ミスに注意
**2** (1) 2枚のレンズを使うメガネは1本でもglassesと複数形で表す。他にもscissorsやpantsなどがあるよ！

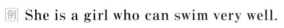

例 **She is a girl who can swim very well.**

□(1) The cook _____ _____ glasses is my friend.

□(2) The boys _____ _____ _____ tennis are my classmates.

**3** 日本語に合うように，（ ）内の語句を並べかえなさい。

注目!
personとpeople
**3** (3) personは「人」，peopleは「人々」という意味になる。

□(1) 私たちはこれ以上食べたくありません。

( don't / anymore / want / eat / we / to ).

_____.

□(2) 私はあなたの意見に賛成です。

( with / opinion / I / your / agree ).

_____.

□(3) 彼らには彼らを励ましてくれる人が必要です。

( who / need / them / a person / encourages / they ).

_____.

Unit 4

ぴたトレ
**1**
要点チェック

**Unit 4 AI Technology and Language** (Part 3)

時間 **15**分

解答 p.13

〈新出語・熟語 別冊p.10〉

教科書の
重要ポイント 「〜する（もの・人）」という文 教科書 pp.56〜57

## It's an experience that will broaden your world view.

〔それはあなたの世界観を広げる経験です。〕

〈（もの・人）＋that＋(be)動詞＋〜〉は「〜する（もの・人）」という意味を表す。

thatを使うと，直前の名詞がどんなものや人かという説明を加えることができる。

このthatは関係代名詞とよばれ，名詞に続く文の主語になっている。

It's an experience that will broaden your world view .
　　　　　　　　　　動詞　　　　　　　　　　　　　　　　　　　〔それはあなたの世界観を広げる経験です。〕

It's an experience .
　　　　　　　　　　　　　　　　　　　　　　　　　　〔それは経験です。〕
　　　共通　　　　　　　　　　　　　　　　　　　この共通部分をthatがつないで1つの文にしている。
It will broaden your world view .
　　　　　　　　　　　　　　　　　　　　　　　　　〔それはあなたの世界観を広げるでしょう。〕

thatはものであればwhichに，人であればwhoに書きかえることができる。

Kazu has a cellphone that was made in Korea. 〔カズは韓国製の携帯電話を持っています。〕
＝Kazu has a cellphone which was made in Korea.

Megan has a sister that lives in China. 〔メーガンには中国に住んでいる姉がいます。〕
＝Megan has a sister who lives in China.

〔ナルホド!〕

Words & Phrases 次の英語は日本語に，日本語は英語にしなさい。

□(1) hint 　（　　　　　　　　　）　　□(4) 急速に 　＿＿＿＿＿＿＿＿＿

□(2) exchange （　　　　　　　　　）　　□(5) 理解，知識 ＿＿＿＿＿＿＿＿＿

□(3) raise 　（　　　　　　　　　）　　□(6) 広げる 　＿＿＿＿＿＿＿＿＿

**1** 日本語に合うように，（　）内から適切なものを選び，記号
を〇で囲みなさい。

□(1) 私に話しかけてきたそのアメリカ人はとても親切でした。
The American（ ア that speak　イ who spoke
ウ has spoken ）to me was very kind.

⚠ミスに注意

**1**(1)「〜した」「〜された」
「〜する」など，文の意
味を見極めて関係代名
詞の後の動詞を決めよ
う！

☐(2) ホワイトさんは彼の心を動かしたいくつかの歌を聞きました。

Ms. White heard some songs ( ア who were moved

イ that were moved　ウ that moved ) his heart.

☐(3) メリッサはダンスが上手な女の子です。

Melissa is a girl ( ア that are　イ who is　ウ which is )

good at dancing.

**2** 例にならい，それぞれの絵に合う「～する[である]（もの・人）」の文を完成させなさい。

テストによく出る！

thatとwhichと
whoの使い分け

**2**（もの）なら〈（もの）＋
that[which]＋(be)
動詞＋～〉，（人）なら
〈（人）＋that[who]＋
(be)動詞＋～〉の形に
する。

例 **This is the eraser that is used by Ken.**

☐(1) John is the boy ＿＿＿＿＿＿ is ＿＿＿＿＿＿ in the park.

☐(2) She's playing the guitar ＿＿＿＿＿＿ ＿＿＿＿＿＿ very ＿＿＿＿＿＿.

注目！

coolの意味

**2**(2)形容詞coolは「かっ
こいい」と「涼しい」の
2つの意味がある。

**3** 日本語に合うように，（　）内の語句を並べかえなさい。

☐(1) 外国語を学ぶことは私たちが外国の人々と友達になる手助けをします。

( make / helps / foreign languages / friends / us / learning ) with foreign people.

＿＿＿＿＿＿＿＿＿＿＿＿＿＿＿＿＿＿＿＿＿＿＿

＿＿＿＿＿＿＿＿＿＿＿＿＿＿＿＿ with foreign people.

☐(2) リサが提起した意見は難しかったです。

( that / raised / Lisa / difficult / the point / by / was / was ).

＿＿＿＿＿＿＿＿＿＿＿＿＿＿＿＿＿＿＿＿＿＿＿

＿＿＿＿＿＿＿＿＿＿＿＿.

☐(3) この本を持っていればあなたの人生の役に立ちますよ。

( useful / be / this book / for / will / your life ) if you have it.

＿＿＿＿＿＿＿＿＿＿＿＿＿＿＿＿＿＿＿＿＿＿＿

if you have it.

61

# Unit 4 AI Technology and Language (Goal)

## 教科書の重要ポイント　自分の意見を述べるときの文（復習）　教科書pp.58〜59

▼ 嫌だという気持ちを述べる表現
- He hates to wait for you.
  〔彼はあなたを待つことを嫌だと思っています。〕

> hate は like の対義語なので would hate to〜「〜したくない」も would like to〜「〜したい」の対義語だね。

▼ 「〜だと思う／おそらく〜だろう」と述べる表現
- I think (that) learning foreign languages won't be necessary in the future.
  〔私は将来外国語を学ぶ必要はなくなるだろうと思います。〕
- I suppose (that) visiting that small village is not so bad.
  〔私はその小さな村を訪問するのはそれほど悪くないだろうと思います。〕

▼ 条件を述べる表現
- If you go to Okinawa, you can enjoy nice scenery.
  〔あなたが沖縄に行けば，すてきな景色を楽しめます。〕

▼ 「〜に頼る，〜に依存する」という表現
- Please depend on me if you need some help.
  〔助けが必要であれば，私に頼ってくださいね。〕

▼ 「〜がみんな…というわけではない」という表現
- Not all of them are happy.　〔彼らがみんな幸せというわけではない。〕

▼ 「〜の人々」という表現
- Those who came from other countries were interested in Japanese culture.
  〔他の国から来た人々は日本文化に興味がありました。〕

▼ 「〜に時間を費やす」という表現
- He spends most of his time on playing soccer.
  〔彼はほとんどの時間をサッカーをすることに費やしています。〕

ナルホド！

**Words & Phrases**　次の英語は日本語に，日本語は英語にしなさい。

☐(1) proper （　　　　　　　　）

☐(2) suppose （　　　　　　　　）

☐(3) directly （　　　　　　　　）

☐(4) 〜をひどく嫌う _____

☐(5) 〜を思い出す _____

☐(6) 頼る，依存する _____

**1** 日本語に合うように，（　）内から適切なものを選び，記号を○で囲みなさい。

☐(1) 彼はいつも私を頼りにします。

He always depends（ ア on　イ with　ウ at ）me.

☐(2) マイクは直接あなたと話したいと思っています。

Mike wants to speak directly（ ア of　イ for　ウ with ）you.

☐(3) 準備に時間をかけすぎないでください。

Don't spend too much time（ ア in　イ on　ウ over ）preparation.

**2** 日本語に合うように，＿＿＿に入る適切な語を書きなさい。

☐(1) あなたが一生懸命やれば，成功します。

＿＿＿＿＿＿ you work ＿＿＿＿＿＿, you will succeed.

☐(2) スポーツは楽しむだけのものではありません。

Playing sports is ＿＿＿＿＿ ＿＿＿＿＿ ＿＿＿＿＿ fun.

☐(3) さまざまな言語を翻訳する機器はとても役に立ちます。

The device ＿＿＿＿＿ ＿＿＿＿＿ various languages is very useful.

☐(4) 私は虫を見るのが嫌です。

I ＿＿＿＿＿ ＿＿＿＿＿ see bugs.

⚠ ミスに注意

**2**(3)この文の主語は various languages ではなく The device なので be 動詞は is にするよ！

Unit 4

**3** 日本語に合うように，（　）内の語句を並べかえなさい。

☐(1) 子供たちがみんなカレーが好きというわけではありません。

( children / curry / all / like / not ).

＿＿＿＿＿＿＿＿＿＿＿＿＿＿＿＿＿＿.

☐(2) 西郷隆盛は鹿児島出身の偉大な人です。

Saigo Takamori is ( from / who / a / person / great / is ) Kagoshima.

Saigo Takamori is ＿＿＿＿＿＿＿＿＿＿＿＿ Kagoshima.

☐(3) 他人を助ける人々は他人に好かれます。

( others / who / liked / those / help / are ) by others.

＿＿＿＿＿＿＿＿＿＿＿＿＿＿＿ by others.

☐(4) ＡＩ技術を適切な方法で使うのは大切なことです。

It's important ( proper / a / use / AI technology / to / way / in ).

It's important ＿＿＿＿＿＿＿＿＿＿＿＿＿＿＿.

注目!

部分否定

**3**(1)完全に否定するのではなく，「～とは限らない」と表現するものを部分否定と呼ぶ。

テストによく出る!

〈for＋人〉は省略可能

**3**(4)It is ～＋(for＋人) to＋動詞の原形「(人にとって)…することは～である」の for＋人は省くことができる。

63

**①** 正しいものを4つの選択肢の中から選びなさい。

☐(1) Who is the student (　　) in the musical?

　　ア who is performed　　イ who performs　　ウ which performs　　エ performed

☐(2) Rugby is a sport (　　) played in winter.

　　ア who is　　イ who that　　ウ which is　　エ which

☐(3) He is a popular teacher (　　) is the tallest in our school.

　　ア who　　イ it　　ウ which　　エ that he

☐(4) I'd like to read a book (　　) will broaden my world view.

　　ア who　　イ which it　　ウ that　　エ that it

> 関係代名詞の先行詞が何かをよく考えて答えてみよう。

**②** 日本語に合うように，＿＿＿に入る適切な語を書きなさい。

☐(1) 携帯電話はコミュニケーションに役立ちます。

　　Cellphones are ＿＿＿＿＿＿ ＿＿＿＿＿＿ communication.

☐(2) マキにはオーストラリアに住んでいる友人がいます。

　　Maki has a ＿＿＿＿＿＿ ＿＿＿＿＿＿ ＿＿＿＿＿＿ in Australia.

☐(3) 彼はなぜ泳ぐのが嫌いなのですか。

　　Why does he ＿＿＿＿＿＿ ＿＿＿＿＿＿ ＿＿＿＿＿＿?

☐(4) 彼女はいつも最高のアイデアを思いつきます。

　　She always ＿＿＿＿＿＿ ＿＿＿＿＿＿ ＿＿＿＿＿＿ the best idea.

**③** 日本語に合うように，（　）内の語を並べかえなさい。

☐(1) 私はそれを支持する人々に反対です。

　　( people / with / I / the / who / disagree ) support it.

　　＿＿＿＿＿＿＿＿＿＿＿＿＿＿＿＿＿＿＿＿＿ support it.

☐(2) サムの犬は彼の声にすぐに反応します。

　　Sam's dog ( away / voice / responds / his / right / to ).

　　Sam's dog ＿＿＿＿＿＿＿＿＿＿＿＿＿＿＿＿＿＿.

☐(3) 近ごろスマートフォンは大きな進歩を遂げてきています。

　　( progress / have / big / made / smartphones ) lately.

　　＿＿＿＿＿＿＿＿＿＿＿＿＿＿＿＿＿＿＿＿＿ lately.

ヒント　❸(1)「〜する人々」は関係代名詞のwhoを使って表す。
　　　　❸(2)「すぐに」はright awayで表す。

●名詞の後ろから説明を加えるさまざまな表現が問われるでしょう。
⇒関係代名詞のwho，which，thatの使い方を確認しましょう。
⇒どの部分がどの先行詞になる名詞を後ろから説明しているのかを確認しましょう。

**④ 書く✍ （ ）内の指示に従って，次の日本語を英語に直しなさい。**

□(1) 私は彼女に話しかけたその少年(the boy)を知っています。

（関係代名詞whoを使って8語で）

_____

□(2) 彼によって作られたそのロボット(the robot)は大きいです。

（関係代名詞whichを使って9語で）

_____

□(3) 私は長い耳を持ったウサギ(a rabbit)を飼っています。

（関係代名詞thatを使って8語で）

_____

**⑤ 読む📖 次の文章を読んで，あとの問いに答えなさい。**

　Translation software also uses AI technology. ①It can ( ) ( ) ( ) the best translation by using AI technology. ②(それは当たり前になりつつあります。) In the near future, AI will ( ③ ) us communicate with people all over the world quite easily.

□(1) 下線部①が「AI技術を使うことによって，最適な訳を見つけることができます。」という意味になるように，（ ）に入る適切な語を書きなさい。

　①_____ _____ _____

□(2) 　下線部②の( )内の日本語を4語の英語にしなさい。

　②_____ _____ _____ .

□(3) ( ③ )に入る適切な語を書きなさい。　　　③_____

**⑥ 話す🗣 次の問題を読んで，あとの問いに答えなさい。解答の答え合わせのあと，発音アプリの指示に従って，問題文と解答を声に出して読みなさい。**

　These photos show the first humans to land on the moon. Three astronauts went to the moon on Apollo 11 in 1969. They wore special suits that protected them in space. You may know the famous words, "One small step for a man, one giant leap for mankind."

(注)moon 月　wore wear(〜を着ている)の過去形

□(1) In 1969, what happened?

　—_____

□(2) What did the astronauts wear?

　—_____

ぴたトレ **3**

確認テスト

Unit 4

時間 30分 ／100点

合格 70点

解答 p.15

教科書 pp.51 〜 59

❶ 下線部の発音が同じものには〇を，そうでないものには×を，解答欄に書きなさい。

6点

(1) ma<u>ch</u>ine

　　 <u>t</u>ouch

(2) <u>r</u>aise

　　 p<u>ai</u>n

(3) supp<u>ose</u>

　　 u<u>se</u>ful

❷ 最も強く発音する部分の記号を解答欄に書きなさい。

6点

(1) re - mem - ber

　 ア　イ　ウ

(2) com - mon

　 ア　イ

(3) any - more

　 ア　イ

❸ 日本語に合うように，＿＿に入る適切な語を書きなさい。

20点

(1) 私は彼は気分がすぐれないので来ないと思います。

　 I ＿＿＿＿ ＿＿＿＿ he will come ＿＿＿＿ he doesn't feel well.

(2) そのソフトウェアは私たちが他の人たちと意思疎通するのを助けます。

　 The software ＿＿＿＿ us ＿＿＿＿ ＿＿＿＿ other people.

(3) 生徒たちがみんなその意見に賛成というわけではありません。

　 ＿＿＿＿ ＿＿＿＿ students ＿＿＿＿ with the opinion.

(4) 私はつまらない人間になりたくありません。

　 I ＿＿＿＿ ＿＿＿＿ ＿＿＿＿ be a boring person.

❹ 各組の文がほぼ同じ意味になるように，＿＿に適切な語を入れなさい。

18点

(1) The white cat is mine.  The cat is drinking milk.
　　 The white cat ＿＿＿＿ ＿＿＿＿ ＿＿＿＿ milk is mine.

(2) This is a drone. It was on TV.
　　 This is a drone ＿＿＿＿ ＿＿＿＿ ＿＿＿＿ TV.

(3) Look at the person.  He delivers packages.
　　 Look at the person ＿＿＿＿ ＿＿＿＿ ＿＿＿＿.

❺ 次の会話文を読んで，あとの問いに答えなさい。

26点

*Ben* : I want to be a basketball player.

*Mayu* : That's great.  You play it very well.

*Ben* : Thank you.  How about you, Mayu?

*Mayu* : A doctor.  I went to Hokkaido last year, remember?

*Ben* : Yes.  ①( lives / have / a grandfather / there / you / who ), right?

*Mayu* : Yes.  Actually, my grandfather ②( be ) a doctor and he runs a clinic.

*Ben* : Have you been to his clinic?

　　成績評価の観点　知…言語や文化についての知識・技能　表…外国語表現の能力

*Mayu :* I've been there once. I ( ③ ) there for the first time last year.

*Ben :* How was it?

*Mayu :* Well, my grandfather worked very hard. He always ( ④ ) people smile. He was loved by everyone. ⑤<u>(    ) (    ) (    )</u> by him. So, I want to be a doctor like him.

(1) 下線部①の（　）内の語句を正しく並べかえなさい。

(2) 下線部②の（　）内の語を正しい形に変化させて，文を完成させなさい。

(3) （　③　）に入る最も適切なものを１つ選び，記号を書きなさい。

　　ア go　　イ went　　ウ have been

(4) （　④　）の（　）に適切な語を入れて，文を完成させなさい。

差がつく (5) 下線部⑤が「私は彼に感動しました」という意味になるように，（　）に適切な語を入れて，文を完成させなさい。

点UP ❻ 書く✎ **次のようなとき英語で何と言うか，（　）内の指示に従って書きなさい。** 表 24点

(1) 多くの人々に愛されるような人になりたいと言うとき。（関係代名詞を使って12語で）

(2) 他人に依存してはいけないと注意するとき。（dependを使って５語で）

(3) 飛ぶことができない鳥は何かたずねるとき。（関係代名詞を使って７語で）

Unit 4

| ❶ | (1) | | (2) | | (3) | | ❷ | (1) | | (2) | | (3) | |
|---|---|---|---|---|---|---|---|---|---|---|---|---|---|
| | | 2点 | | 2点 | | 2点 | | | 2点 | | 2点 | | 2点 |

| ❸ | (1) | | (2) | |
|---|---|---|---|---|
| | | | | 5点 |
| | (3) | | (4) | |
| | | 5点 | | 5点 |

| ❹ | (1) | |
|---|---|---|
| | | 6点 |
| | (2) | |
| | | 6点 |
| | (3) | |
| | | 6点 |

| ❺ | (1) | | | , right? |
|---|---|---|---|---|
| | | | | 7点 |
| | (2) | | (3) | | (4) | |
| | | 3点 | | 4点 | | 6点 |
| | (5) | |
| | | 6点 |

| ❻ | (1) | | 表 8点 |
|---|---|---|---|
| | (2) | | 表 8点 |
| | (3) | | 表 8点 |

▶ 表 の印がない問題は全て 知 の観点です。

67

ぴたトレ
**1**
要点チェック

Let's Read 2 ①

時間 **15分**
解答 p.16

〈新出語・熟語 別冊p.11〉

教科書の
重要ポイント ロボットについての説明に見られる表現① 教科書 pp.60〜61

▼ 種類をたずねるときの表現

What kind(s) of sports do you like?

〔あなたはどんな種類の(どのような)スポーツが好きですか。〕

kindで聞く場合は一つで回答，kindsで聞く場合には複数回答させるようなニュアンスがあるよ。

▼ 「ますます〜だ」を使った表現

Mr. Carter has become more and more nervous.

〔カーターさんはますます緊張してしまいました。〕

▼ 「〜する人もいれば…する人もいる」という表現

Some people studied English, some people studied math,

and some people studied history.

〔英語を勉強する人がいれば，数学を勉強する人もいて，歴史を勉強する人もいました。〕

▼ 受け身を使った表現

The activity is supported by a lot of volunteers.

〔その活動は多くのボランティアの人々に支えられています。〕

ますます〜を表すmore and moreは，比較級でerをつける形容詞の場合，taller and tallerのような形にするよ。

▼ 「〜を実現する」という表現

The plan will make my dream come true.

〔その計画は私の夢を実現させるでしょう。〕

▼ 「何度も何度も」という表現

He asked me the same question again and again.

〔彼は何度も何度も私に同じ質問をしてきました。〕

▼ 「さまざまな」という表現

There are a variety of plants in a jungle.

〔ジャングルにはさまざまな植物があります。〕

ナルホド！

Words & Phrases 次の英語は日本語に，日本語は英語にしなさい。

☐(1) character （　　　　　　　　）　　☐(4) 〜を想像する ＿＿＿＿＿＿＿＿

☐(2) international （　　　　　　　　）　　☐(5) 危険な ＿＿＿＿＿＿＿＿

☐(3) human （　　　　　　　　）　　☐(6) 〜を向上させる ＿＿＿＿＿＿＿＿

**1** 日本語に合うように，（　）内から適切なものを選び，記号を○で囲みなさい。

テストによく出る！
前置詞
**1**(2)inside「内側に，内部に」，up「上へ」，above「(〜より)上に[の]」という意味があるので使い分ける。

□(1) 私は「京都」という言葉を聞いたとき，神社を思い浮かべました。

When I heard the word "Kyoto", I thought ( ア out　イ of　ウ on ) shrines.

□(2) 飛行機が雲の上を飛んでいます。

A plane is flying ( ア inside　イ up　ウ above ) the clouds.

□(3) 野球の試合を見ることは彼を楽しくさせます。

Watching baseball games ( ア making　イ make　ウ makes ) him happy.

**2** 日本語に合うように，＿＿＿に入る適切な語を書きなさい。

⚠️ミスに注意
**2**(3)一番好きな種類について聞いているので，要求されている回答がいくつなのか考えよう。

□(1) その小さな男の子はますます活発になりました。

The little boy has got ＿＿＿＿＿＿ ＿＿＿＿＿＿ ＿＿＿＿＿＿ active.

□(2) そのロボットは人々が立ち上がることを助けます。

The robot ＿＿＿＿＿＿ ＿＿＿＿＿＿ ＿＿＿＿＿＿ up.

□(3) あなたはどのような映画が一番好きですか。

＿＿＿＿＿＿ ＿＿＿＿＿＿ ＿＿＿＿＿＿ movie do you like the best?

□(4) ロボットは災害現場のような危険な場所でも働くことができます。

Robots can also work in dangerous places ＿＿＿＿＿＿ ＿＿＿＿＿＿ disaster sites.

**3** 日本語に合うように，（　）内の語句を並べかえなさい。

注目！
be able to 〜
**3**(2)「〜することができる」という be able to 〜は can と書きかえられるが，will などの助動詞がある場合は can は使えない。

□(1) あなたの夢は実現するでしょう。

( true / dream / will / your / come ).

＿＿＿＿＿＿＿＿＿＿＿＿＿＿＿＿＿＿＿.

□(2) 何度も何度も練習することによって，あなたはそれをできるようになりますよ。

( and / by / again / again / practicing ), you'll be able to do it.

＿＿＿＿＿＿＿＿＿＿＿＿＿＿＿＿, you'll be able to do it.

□(3) 彼女はさまざまな果物を使ってこのケーキを作りました。

She made ( with / fruits / of / this cake / variety / a ).

She made ＿＿＿＿＿＿＿＿＿＿＿＿＿＿＿＿.

Let's Read 2

## Let's Read 2 ②

| 教科書の重要ポイント | ロボットについての説明に見られる表現② | 教科書 pp.62〜63 |
| --- | --- | --- |

▼ 「〜のうちの1つ(人)」の言い方

One of the children in the kindergarten was playing with toys.

〔幼稚園の子どものうちの1人はおもちゃで遊んでいました。〕

▼ 2つ以上の単語をつなげた形容詞

Brian's three-year-old sister is very cute.

〔ブライアンの3歳の妹はとてもかわいいです。〕

ハイフンがあると形容詞として使えるんだね。year にsをつけないよう気を付けよう。

▼ 「〜を…と関係させる(つなぐ)」という表現

The Internet can connect us with people from all over the world.

〔インターネットは私たちを世界中の人々とつなぐことができます。〕

▼ 「〜と友だちになる，〜と親しくする」を使った表現

I want to make friends with Katy.

〔私はケイティーと友達になりたいです。〕

▼ 「〜がある」を使った表現

He has met a lot of people with severe physical disabilities.

〔彼は重度の身体障がいのある多くの人々と出会っています。〕

▼ 「このように」という表現

In this way, English is very useful.

〔このように，英語はとても役に立ちます。〕

▼ 願望を述べるときの表現

I wish I could go with you.

〔私があなたと一緒に行けたらいいのに。〕

ナルホド!

**Words & Phrases** 次の英語は日本語に，日本語は英語にしなさい。

☐(1) autumn （　　　　　　　）

☐(2) movement （　　　　　　　）

☐(3) connect （　　　　　　　）

☐(4) society （　　　　　　　）

☐(5) 〜を思うように操る ＿＿＿＿＿＿＿

☐(6) 病気，疾病 ＿＿＿＿＿＿＿

☐(7) 助言，忠告 ＿＿＿＿＿＿＿

☐(8) 体 ＿＿＿＿＿＿＿

**1** 日本語に合うように，（ ）内から適切なものを選び，記号を〇で囲みなさい。

テストによく出る！
「～の中の1つ（人）」
**1**(1)主語が「～のうちの1つ（人）」なので動詞は単数形になる。

☐(1) 私のクラスの男子生徒の1人はとても背が高いです。

One of（ ア the boy　イ the boys　ウ boy ）in my class is very tall.

☐(2) 私がそこに行くことができたらいいのに。

I wish I（ ア will　イ can　ウ could ）go there.

☐(3) ヨウコはニューヨークに6歳のいとこがいます。

Yoko has a（ ア six years old　イ six-year-old
ウ six-years-old ）cousin in New York.

**2** 日本語に合うように，＿＿＿に入る適切な語を書きなさい。

☐(1) 富士山に登るのはずっと彼にとっての夢です。

Climbing Mt. Fuji ＿＿＿＿＿＿＿＿ ＿＿＿＿＿＿＿＿ a dream for him.

☐(2) このように，科学技術はすごく発達してきています。

＿＿＿＿＿＿＿＿ ＿＿＿＿＿＿＿＿ ＿＿＿＿＿＿＿＿, technology has made great progress.

☐(3) この機械を発明した人は私のおじです。

The person ＿＿＿＿＿＿＿＿ ＿＿＿＿＿＿＿＿ this
＿＿＿＿＿＿＿＿ is my uncle.

注目！
**trip と travel**
**3**(1)tripと同じように「旅行」という意味のtravelがあるが，tripは国内など短期間の旅行，travelは海外など長期間の旅行について使う。

**3** 日本語に合うように，（ ）内の語を並べかえなさい。

☐(1) これは私にとって初めての京都への旅行です。

( the / for / first / this / me / trip / is ) to Kyoto.

＿＿＿＿＿＿＿＿＿＿＿＿＿＿＿＿＿＿＿ to Kyoto.

☐(2) 私の友達のおかげで，私は私の犬を見つけることができました。

( could / I / my / to / friends / find / thanks / , ) my dog.

＿＿＿＿＿＿＿＿＿＿＿＿＿＿＿＿＿ my dog.

☐(3) 私はもっと多くの人々と親しくなりたいです。

( want / friends / more / with / make / people / to / I ).

＿＿＿＿＿＿＿＿＿＿＿＿＿＿＿＿＿.

☐(4) 彼女にとってその機器なしで他の人々とつながるのは難しいです。

( for / with / it's / her / to / connect / difficult / herself )
other people without the device.

⚠ミスに注意
**3**(4)「connect～with...」で「～を…と関係させる，つなげる」という意味。connectの後ろに来る語に注意しよう。

＿＿＿＿＿＿＿＿＿＿＿＿＿＿＿＿＿
other people without the device.

Let's Read 2

71

ぴたトレ
**1**
要点チェック

**Daily Life 3**

時間 **15分**
解答 p.16

〈新出語・熟語 別冊p.11〉

教科書の
重要ポイント **ポスターで使われるさまざまな表現** 教科書 p.64

▼ タイトルの見出し表現(主要な単語または語句を表示する)

Park Volunteer 〔公園のボランティア活動〕

International Speech Contest 〔国際スピーチコンテスト〕

▼ 日時, 場所の表示(日付, 時間, 場所を簡潔に表記する)

Saturday, June 21 / 9 a.m. – 3 p.m. / At Asahi City Hall
〔6月21日, 土曜日, 午前9時~午後3時, アサヒ市民ホールにて〕

▼ 要点の表記(箇条書きにする)

Listen to young people's voices. 〔若者の声を聴きましょう。〕

Bring your camera. 〔カメラを持参してください。〕

▼ 天候や条件の表示

Rain or Shine 〔晴雨にかかわらず(雨天決行)〕

No event if it rains. 〔雨天時中止。〕

All ages are welcome! 〔年齢問わず大歓迎!〕

▼ 連絡先の表現

For more detailed information, contact Ben Clark at (089)765 4321.
〔詳細は, ベン・クラーク(089)765 4321まで連絡してください。〕

▼ 「そうすれば~」という表現

Do your best, and you will succeed. 〔最善を尽くしなさい, そうすればあなたは成功しますよ。〕

▼ 「遠慮なく~する」という表現

Please feel free to ask me any questions. 〔遠慮せず, どんな質問でも私に聞いてください。〕

▼ 「~の一員でいる, ~の一部分である」という表現

I am part of the volunteer club. 〔私はボランティア部の一員です。〕

▼ 「効果を上げる, 差をつける」という表現

Practice hard to make a difference. 〔差をつけるために熱心に練習しなさい。〕

▼ 「~ではなく…」という表現

I want to live in Kyoto, not Tokyo. 〔私は東京ではなく京都に住みたいです。〕

**Words & Phrases** 次の英語は日本語に, 日本語は英語にしなさい。

☐(1) ocean ( )

☐(3) 健康 _____

☐(2) north ( )

☐(4) ~を救う _____

# 1 日本語に合うように，（ ）内から適切なものを選び，記号を〇で囲みなさい。

☐(1) 料理教室が5月12日にあります。

There is a cooking class ( ア on イ at ウ in ) May 12.

☐(2) イベントでは年齢問わずすべての人が大歓迎です。

All ( ア old イ ages ウ person ) are welcome at the event.

☐(3) その犬は私の家族の一員です。

The dog is ( ア a part of イ parts of ウ part of ) my family.

☐(4) エリックは牛乳ではなくお茶を欲しがっています。

Eric wants ( ア milk, not tea イ tea, not milk ウ tea, no milk ).

## ⚠ミスに注意

1 (1)5月12日という特定の日付の前に入る前置詞がどれか気を付けよう。

# 2 日本語に合うように， ＿＿ に入る適切な語を書きなさい。

☐(1) 遠慮なく彼に手助けを頼んでください。

Please ＿＿＿＿＿＿ ＿＿＿＿＿＿ ＿＿＿＿＿＿ ask him for help.

☐(2) 北海道は日本の北にあります。

Hokkaido is in the ＿＿＿＿＿＿ ＿＿＿＿＿＿ Japan.

☐(3) 雨でも晴れでも，私はタカシとキャンプに行きます。

＿＿＿＿＿＿ ＿＿＿＿＿＿ ＿＿＿＿＿＿, I'll go camping with Takashi.

☐(4) アフリカの子供たちを幸せにするための解決策は何でしょうか。

What is the ＿＿＿＿＿＿ to ＿＿＿＿＿＿ the children in Africa happy?

## 注目!

「～しに行く」
という表現

2 (3)go ~ingで「～しに行く」という表現。go shopping「買い物に行く」やgo fishing「釣りに行く」などがある。

Daily Life3

# 3 日本語に合うように，（ ）内の語句を並べかえなさい。

☐(1) 前向きでいなさい，そうすればそれができるでしょう。

( do / positive / it / you / be / and / can / , ).

＿＿＿＿＿＿＿＿＿＿＿＿＿＿＿＿＿＿＿＿＿.

☐(2) 汚れてもよい服を持ってきてください。

Please ( clothes / dirty / bring / get / that / can ).

Please ＿＿＿＿＿＿＿＿＿＿＿＿＿＿＿＿＿＿＿.

☐(3) 地球を救うために私たちのグループに参加しませんか。

( our group / why / join / save / you / to / don't ) the earth?

＿＿＿＿＿＿＿＿＿＿＿＿＿＿＿＿＿ the earth?

## テストによく出る!

勧誘する表現

3 (3)人に「～しませんか，～してはいかがですか」と勧誘する表現にはLet's ～., Why don't you ～?, Shall we ～?, How about ～? などがある。How aboutの後ろには(動)名詞がくる。

**ぴたトレ**

**2**

練習

Let's Read 2 ~
Daily Life 3

時間 **20**分

解答 p.17

教科書 pp.60 ~ 64

**①** 正しいものを４つの選択肢の中から選びなさい。

動詞の形は，前にある
語を見て決めよう。

☐(1) The factory has been (　) drones for 8 years.

　　ア make　　イ makes　　ウ made　　エ making

☐(2) These are robots (　) people with disabilities.

　　ア which help　　イ which helps　　ウ who help　　エ who helps

☐(3) One of my (　) as an astronaut.

　　ア friend works　　イ friends works　　ウ friend work　　エ friends work

☐(4) The robot is (　) to help humans in many areas.

　　ア use　　イ used　　ウ using　　エ has used

**②** 日本語に合うように，＿＿に入る適切な語を書きなさい。

☐(1) 私は世界中の人々と友達になろうとしています。

　　I try to ＿＿＿＿＿＿ ＿＿＿＿＿＿ ＿＿＿＿＿＿ people all over the world.

☐(2) その機械は農夫がいろいろな仕事をする手助けをします。

　　The machine helps farmers do ＿＿＿＿＿＿ ＿＿＿＿＿＿ ＿＿＿＿＿＿ jobs.

☐(3) 一生懸命勉強すれば，あなたの夢は実現するでしょう。

　　If you study hard, your ＿＿＿＿＿＿ will ＿＿＿＿＿＿ ＿＿＿＿＿＿.

☐(4) 私は日本の一員なので，日本の文化を知りたいです。

　　I want to know about Japanese culture because I ＿＿＿＿＿＿ ＿＿＿＿＿＿
　　＿＿＿＿＿＿ Japan.

**③** 日本語に合うように，（　）内の語句を並べかえなさい。

☐(1) 私が全て食べられたらいいのに。

　　( everything / wish / eat / could / I / I ).

　　_____.

☐(2) このあたりに来ることがあれば，遠慮なく私たちを訪問してください。

　　If you come around here, ( us / to / feel / visit / please / free ).

　　If you come around here, _____.

☐(3) その汚染問題の解決策を見つけることは私たちにとって重要です。

　　( to / important / a solution / us / find / it's / for ) to the pollution problem.

　　_____

　　to the pollution problem.

74

**4** 書く！ （　）内の語数で次の日本語を英語に直しなさい。

□(1) 何度も何度もそれを試してみましょう。（6語）

_____

□(2) 急ぎなさい，そうすればその電車に乗ることができますよ。（9語）

_____

□(3) その花はますます美しくなりました。（7語）

_____

**5** 読む📖 次の英文を読んで，あとの問いに答えなさい。

　In the modern world, people are supported by robots that have ①(様々な) shapes, sizes, and roles. ②Scientists are continuing to invent (　　)(　　)(　　) useful robots.  Now, let's look at some examples.  ③How do robots make people's dreams come true?

□(1) 下線部①の日本語を3語の英語にしなさい。①_____

□(2) 下線部②が「科学者たちはますます役に立つロボットを発明し続けています」という意味になるように，（　）に入る適切な語を書きなさい。②_____

□(3) 下線部③の英語を日本語にしなさい。
　③(　　　　　　　　　　　　　　　　　　　　　　　　　　　　　　　　　　　　　)

**6** 読む📖 次の英文を読んで，あとの問いに答えなさい。

*Sora :*　My uncle uses an assistance dog.  Sometimes he is not allowed to enter a shop or a restaurant with his dog.  Assistance dogs are not pets, but partners for people with disabilities.  They never make trouble because they are well trained.  I want more people to know about assistance dogs.

(注)assistance dog　補助犬　　　allow to　～を許す　　　partner　パートナー

□(1) Who uses an assistance dog?

　—_____

□(2) What are assistance dogs for people with disabilities?

　—_____

ヒント　**4** (1)「何度も何度も」はagain and againを使って表す。(2)「～しなさい，そうすれば…」は命令文の後にandを使って表す。
(3)「ますます～」はmore and more～を使って表す。

Let's Read 2 ～ Daily Life 3

75

## ぴたトレ 1

**要点チェック**

# Unit 5 Plastic Waste (Part 1)

時間 **15分**

解答 p.17

〈新出語・熟語 別冊p.12〉

**教科書の重要ポイント** 「～が…する（もの）」という文 　　教科書 pp.65～67

## This is <u>a graph</u> (which) I found on a website.

〔これは私がウェブサイトで見つけたグラフです。〕

---

〈(もの) ＋ (which) ＋主語＋動詞＋～〉は「～が…する（もの）」という意味を表す。
関係代名詞のwhichが，名詞に続く文の目的語になる場合がある。目的語になる関係代名詞はよく省略される。

**This is a graph.** 〔これはグラフです。〕
　　　　共通　　　　　　　　この共通部分をwhichでつないで１つの文にする。

**I found it on a website.** 〔私はそれをウェブサイトで見つけました。〕
　　　　　　　　前に移動

This is ｜a graph｜ (which) I found ┈┈┈┈ on a website .
　　　「グラフ」　　　主語 動詞　　　　　　「私がウェブサイトで見つけた」
　　　　　　名詞を後ろから修飾している

完全な文と不完全な文の違いをおさえよう。

〈(もの) ＋ (which) ＋主語＋動詞＋～〉の〈主語＋動詞＋～〉の部分は，「～を[に]」
に当たるものを表す名詞が欠けた不完全な文になる。

ナルホド！

---

**Words & Phrases** 次の英語は日本語に，日本語は英語にしなさい。

□(1) shocking （　　　　　　　　　） 　　□(5) ～を投げる ＿＿＿＿＿＿＿＿

□(2) familiar （　　　　　　　　　） 　　□(6) 汚い ＿＿＿＿＿＿＿＿

□(3) amount （　　　　　　　　　） 　　□(7) ～につき ＿＿＿＿＿＿＿＿

□(4) environment （　　　　　　　） 　　□(8) ひどい ＿＿＿＿＿＿＿＿

**1** 日本語に合うように，（　）内から適切なものを選び，記号を〇で囲みなさい。

□(1) これは私がそこで見た景色です。

This is the scenery （ ア who　イ which　ウ when ) I saw there.

□(2) 私の祖父が建てた家は今ではとても古いです。

The house which my grandfather （ ア built is　イ built was　ウ builds is ) very old now.

**⚠ミスに注意**

**1**(2)「建てた」のと「古い」のは違う時制なので，それぞれの動詞の形に気を付けよう。

□(3) これは私の姉が好きなケーキ屋さんです。

This is a cake shop （ ア which is my sister

イ who is my sister　ウ my sister ） likes.

**テストによく出る!**

関係代名詞の省略

❶〈関係代名詞＋主語＋
動詞＋〜〉は省略でき
るが，〈関係代名詞＋
(be)動詞＋〜〉は省略
できない。

**2** 例にならい，それぞれの絵に合う「〜が…するもの」の文を完成させなさい。

| 例 | (1) | (2) |
|---|---|---|
| carry | write | see |

例 **The bag which the woman is carrying is heavy.**

□(1) This is the letter ＿＿＿＿＿＿ Emi ＿＿＿＿＿＿ to me last week.

□(2) The stars ＿＿＿＿＿＿ we ＿＿＿＿＿＿ yesterday ＿＿＿＿＿＿ beautiful.

**3** 日本語に合うように，（　）内の語句を並べかえなさい。

□(1) ここにはたくさんのゴミがあります。しかし実際のところ，ここにはそれらを捨ててはいけません。

There's much waste here. But actually, ( away / them / mustn't / we / here / throw ).

But actually, ＿＿＿＿＿＿＿＿＿＿＿＿＿＿＿＿＿＿＿
＿＿＿＿＿＿＿＿＿＿＿＿＿＿＿＿＿＿＿＿＿＿＿.

**注目!**

ゴミを表す語

❸(1)ゴミには trash,
garbage や waste など
があるが，trash は紙
くずなど，garbage は
生ごみなど，waste は
工場などで何かを作っ
たりするときに出たご
みを指す。

□(2) これらは日本人が食べるために使う棒です。

These are ( which / use / eat / Japanese people / to / sticks ).

These are ＿＿＿＿＿＿＿＿＿＿＿＿＿＿＿＿＿＿＿
＿＿＿＿＿＿＿＿＿＿＿＿＿＿＿＿＿＿＿＿＿＿＿.

□(3) プラスチックが分解されるにはたくさんの時間がかかります。

( to / time / down / it / much / break / takes ) plastic.

＿＿＿＿＿＿＿＿＿＿＿＿＿＿＿＿＿＿＿＿ plastic.

□(4) 私たちが寝ているとき，私たちの脳はどうなるでしょう。

( when / what / to / our brain / happens / sleep / we )?

＿＿＿＿＿＿＿＿＿＿＿＿＿＿＿＿＿＿＿＿＿＿＿?

ぴたトレ
**1**
要点チェック

# Unit 5 Plastic Waste (Part 2)

時間 **15分**

解答 p.18

〈新出語・熟語 別冊p.12〉

教科書の
重要ポイント 「〜が…する(もの・人)」という文 教科書 pp.68〜69

## The movement (that) they started spread through social media.

〔彼らが始めたその活動はソーシャルメディアを通じて広がりました。〕

〈(もの・人)+ (that)+主語+動詞+〜〉は「〜する(もの・人)」という意味を表す。
関係代名詞のthatが,名詞に続く文の目的語になる場合がある。目的格の関係代名詞はよく省略される。

The movement spread through social media. 〔その活動はソーシャルメディアを通して広がりました。〕

共通 この共通部分をthatでつないで1つの文にする。

They started it. 〔彼らがそれを始めました。〕

前に移動

The movement (that) they started ____ spread through social media.
「その活動」 主語 動詞 「ソーシャルメディアを通して広がった」

名詞を後ろから修飾している。 「彼らが始めた」

〈(もの)+ (that)+主語+動詞+〜〉の〈主語+動詞+〜〉の部分は,
「〜を[に]」に当たるものを表す名詞が欠けた不完全な文になる。

ナルホド!

Words & Phrases 次の英語は日本語に,日本語は英語にしなさい。

☐(1) social （　　　　　　　） ☐(5) じゃあね ＿＿＿＿＿＿＿＿＿

☐(2) planet （　　　　　　　） ☐(6) 傘 ＿＿＿＿＿＿＿＿＿

☐(3) lend （　　　　　　　） ☐(7) 再利用する ＿＿＿＿＿＿＿＿＿

☐(4) properly （　　　　　　　） ☐(8) 〜を禁止する ＿＿＿＿＿＿＿＿＿

**1** 日本語に合うように,（　）内から適切なものを選び,記号を〇で囲みなさい。

☐(1) これは私が毎日読む本です。

This is the book ( ア that is イ that I ウ that ) read every day.

☐(2) ジェーンが撮った写真はすばらしいです。

The photo ( ア that イ who ウ is which ) Jane took is great.

テストによく出る!

語順

**1**「〜する」「〜した」によって,どのような動詞を続ければよいか見極める。関係代名詞は省略することもできるので注意!

□(3) ジョンはアメリカのテレビで見た空手を学びたいと思っています。

John would like to learn the karate ( ア who he　イ which
ウ he ) watched on TV in America.

**2** 例にならい，それぞれの絵に合う「～が…するもの」の文を
完成させなさい。

| 例 watch | (1) take | (2) read |

例 **The TV program that I watch is interesting.**

□(1) The train _____ we _____ every day is so
crowded.

□(2) The newspaper _____ I'm _____ now
_____ very difficult.

**3** 日本語に合うように，（　）内の語句を並べかえなさい。

□(1) 彼には常に行動を起こす力があります。

( action / he / take / power / to / has / always ).

_____.

□(2) 幼い子供たちを見捨ててはいけません。

( up / don't / children / give / little / on ).

_____.

□(3) おととい，アレックスはあなたに傘を貸してくれたのですか。

Did Alex ( yesterday / before / the / you / day / lend / an
umbrella )?

Did Alex _____

_____?

□(4) おわかりでしょうが，ビニール袋は環境に悪いのです。

( are / plastic / for / you / bags / see / bad / , ) the
environment.

_____

the environment.

⚠ミスに注意

**3**(3)「おととい」を「あ
さって」＝ the day
after tomorrowと混
同しないように注意し
よう！

注目！

**see の意味**

**3**(4) see には「わかる，
理解する」「～を見る」
「～に会う」「～にみて
もらう」の他にも，
「～かを確かめる」
「～に見送る」など様々
な意味がある。

Unit 5

# Unit 5 Plastic Waste (Part 3)

| 教科書の重要ポイント | 「～が…する（もの・人）」という文 | 教科書 pp.70～71 |

## This is **an article** I found.

〔これは私が見つけた記事です。〕

名詞の後ろに文〈主語＋動詞＋～〉を直接置いてつなげると，「～が…する（もの・人）」という意味を表す。

どんなものや人かという説明をされる名詞は，後ろに置かれた文の目的語になる。

前に移動

This is │an article│ │I found │ ▢ ． 〔これは私が見つけた記事です。〕
「記事」　　　主語　動詞

名詞を後ろから修飾している（後置修飾）　「私が見つけた」

このfoundの主語はIだよ。

This is **an article.** 〔これは記事です。〕

共通　　an articleはI foundの目的語になっている。

I found **it.** 〔私はそれを見つけました。〕
　　　　目的語

〈主語＋動詞＋～〉の部分は，「～を[に]」に当たるものを表す名詞が欠けた不完全な文になる。

ナルホド!

**Words & Phrases** 次の英語は日本語に，日本語は英語にしなさい。

☐(1) material （　　　　　）　　☐(5) 主要な ＿＿＿＿＿＿＿

☐(2) cotton （　　　　　）　　☐(6) 努力 ＿＿＿＿＿＿＿

☐(3) reuse （　　　　　）　　☐(7) ボトル，びん ＿＿＿＿＿＿＿

☐(4) environmental （　　　　　）　　☐(8) ～を減少させる ＿＿＿＿＿＿＿

**1** 日本語に合うように，（　）内から適切なものを選び，記号を〇で囲みなさい。

☐(1) 北海道は多くの人々が訪れる人気のある場所です。

Hokkaido is a popular place ( ア many people visit
イ visited many people ウ to visit many people ).

テストによく出る!

動詞の見極め

**1** 名詞の後ろの主語や，現在形，過去形などの時制に気をつけて動詞を選ぶ。

☐(2) これは私のおばが私に書いた手紙です。

This is the letter（ ア writing my aunt

イ my aunt is writing　ウ my aunt wrote ）to me.

☐(3) あの人は私がきのうテレビで見たミュージシャンです。

That is the musician（ ア I have seen　イ I saw

ウ I was seeing ）on TV yesterday.

**2** 例 にならい，それぞれの絵に合う「～が…する（もの・人）」
の文を完成させなさい。

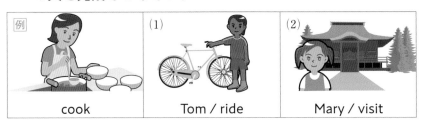

| 例 | (1) | (2) |
|---|---|---|
| cook | Tom / ride | Mary / visit |

例 **We ate dinner Mika's mother cooked.**

☐(1) I like the bicycle ＿＿＿＿＿＿＿ is ＿＿＿＿＿＿＿.

☐(2) Where is the temple ＿＿＿＿＿＿＿ ＿＿＿＿＿＿＿
yesterday?

**3** 日本語に合うように，（　）内の語句を並べかえなさい。

☐(1) お金だけでなく時間も重要です。

( important / money / well / time / is / as / as ).

＿＿＿＿＿＿＿＿＿＿＿＿＿＿＿＿＿＿＿＿＿＿＿＿＿＿＿.

☐(2) この花をあの赤い花と取り替えていただけますか。

Could you ( red / this / that / replace / flower / one / with )?

Could you ＿＿＿＿＿＿＿＿＿＿＿＿＿＿＿＿＿＿＿＿＿?

☐(3) このアイスクリームは北海道産の牛乳で作られています。

( milk / from / is / this / made / ice cream ) from Hokkaido.

＿＿＿＿＿＿＿＿＿＿＿＿＿＿＿＿＿ from Hokkaido.

☐(4) 私たちは野生動物を保護するため努力するでしょう。

We will ( protect / an / to / effort / wildlife / make ).

We will ＿＿＿＿＿＿＿＿＿＿＿＿＿＿＿＿＿＿＿＿＿.

☐(5) 寝たいので，明かりを消してもらえますか。

I want to sleep, ( off / so / turn / can / the light / you )?

I want to sleep, ＿＿＿＿＿＿＿＿＿＿＿＿＿＿＿＿＿＿＿?

**⚠ ミスに注意**

**3**(2)oneは代名詞で，ある表現を言いかえたものであるので，どの名詞を言いかえているのかに注意して位置を決めよう！

**注目!**

wildlifeの意味

**3**(4)wildlife「野生生物」は不可算名詞。これだけで集合体として扱われる。

# Unit 5 Plastic Waste (Goal)

**教科書の重要ポイント** 感想を伝え合う表現（復習）　　教科書 pp.72〜73

▼ 何かを学んだことを述べるときの表現

He found that his father was a great person.
〔彼は彼の父が偉大な人だとわかりました。〕

▼ 感想について話し合う表現

We want to discuss the traffic problems in this city.
〔私たちはこの都市の交通問題について話し合いたいと思います。〕

▼ 前の内容を受けて，結果どうなったかを表す表現

We clean the beach every day. As a result,

many people joined our team.
〔私たちは毎日海辺を掃除しました。結果として，多くの人々が私たちのチームに加わりました。〕

▼ 「〜を拾い上げる」という表現

We picked up plastic bags on the beach.
〔私たちは海辺のビニール袋を拾い上げました。〕

▼ 「〜を重点的に取り扱う，〜に集中する」という表現

Our team focuses on air pollution.
〔私たちのチームは大気汚染を重点的に取り扱っています。〕

▼ 前の内容を受けて，代わりのものについて述べる表現

I couldn't be a player. Instead, I could be a coach.
〔私は選手になることはできませんでした。代わりに，私はコーチになることができました。〕

▼ 「〜でさえ」という表現

Even kids can make a difference.
〔子供たちでさえ変化をもたらすことができます。〕

discuss の後ろにaboutをつけないようにしよう。

**Words & Phrases** 次の英語は日本語に，日本語は英語にしなさい。

☐(1) success （　　　　　　　　　）

☐(2) signature （　　　　　　　　　）

☐(3) campaign （　　　　　　　　　）

☐(4) 〜を集める ＿＿＿＿＿＿＿＿

☐(5) 〜を解決する ＿＿＿＿＿＿＿＿

☐(6) 皇太子妃 ＿＿＿＿＿＿＿＿

**1** 日本語に合うように，（　）内から適切なものを選び，記号を○で囲みなさい。

□(1) あなたは来週，その話題について学校で話し合うつもりですか。

Are you going to （ ア talk　イ discuss　ウ speak ） the topic at school next week?

□(2) ルーシーはアメリカやロシアのような大きな国について学びました。

Lucy learned about the big countries, such （ ア on　イ up　ウ as ） America and Russia.

□(3) この森林では，木の伐採が30年間禁止されています。

Cutting trees （ ア are banned　イ has banned　ウ has been banned ） for 30 years in this forest.

**2** 日本語に合うように，＿＿＿に入る適切な語を書きなさい。

□(1) 私が公園で見た女の子はたった３歳か４歳でした。

The girl ＿＿＿＿＿＿ ＿＿＿＿＿＿ ＿＿＿＿＿＿ in the park was only three or four years old.

□(2) 彼らは次の会議では世界人口を重点的に取り扱うでしょう。

They will ＿＿＿＿＿＿ ＿＿＿＿＿＿ the world's population at the next meeting.

□(3) ゴミを見つけたら拾ってください。

Please ＿＿＿＿＿＿ ＿＿＿＿＿＿ trash if you find it.

**3** 日本語に合うように，（　）内の語句を並べかえなさい。

□(1) 私たちはソーシャルメディアを通して優秀な選手を集めました。

We ( players / social media / gathered / through / excellent ).

We ＿＿＿＿＿＿＿＿＿＿＿＿＿＿＿＿＿＿＿＿.

□(2) 結果として，彼らは私たちに「ごめんなさい」と言いました。

( sorry / they / us / as / said / , / to / a result ).

＿＿＿＿＿＿＿＿＿＿＿＿＿＿＿＿＿＿＿＿.

□(3) その俳優が演じた公演は大いに成功しました。

The play ( performed / success / a great / was / the actor ).

The play ＿＿＿＿＿＿＿＿＿＿＿＿＿＿＿＿＿＿

＿＿＿＿＿＿＿＿＿＿＿＿＿＿＿＿＿＿＿＿.

□(4) 彼でさえそれを見たら泣くでしょう。

( it / will / if / even / cry / he / he / sees ).

＿＿＿＿＿＿＿＿＿＿＿＿＿＿＿＿＿＿＿＿.

**テストによく出る!**

「（ずっと）～されている」の表し方

**1**(3)「ずっと～している」は現在完了形，「～される」は受け身なので，それをあわせた形だと考える。

**⚠ミス に注意**

**2**(1)「私が公園で見た女の子」を the girl who I saw in the park としないよう注意しよう！

**注目!**

いろいろな「集める」

**3**(1)gatherは「散らばっているものを寄せ集める」，collectは「興味があるものを収集する」というニュアンスを持つ。

ぴたトレ 1
要点チェック

Daily Life 4

時間 15分
解答 p.19

〈新出語・熟語 別冊p.12〉

## 教科書の重要ポイント　ニュースにでてくる表現（復習）

教科書 p.74

▼ 「〜として知られている」という表現

Japan was formerly known as Ninja country.

〔日本はかつては忍者の国として知られていました。〕

▼ 理由について述べる表現

One of the reasons is its different culture.

〔その理由の1つは異なった文化です。〕

▼ 問題が起こった原因を表す表現

The sea-level rise is caused by climate change.

〔海面上昇は気候変動によって引き起こされています。〕

That was the cause of the trouble.

〔それが問題の原因でした。〕

> cause は名詞では「原因」，動詞では「〜を引き起こす」という意味だよ。

▼ 「年々〜になる」を表す表現

The temperature becomes higher and higher year by year.

〔気温は年々高くなっています。〕

▼ 同じ表現を省略している表現

Some students are playing outside, but most of them are not.

〔外で遊んでいる生徒もいますが，ほとんどの生徒はそうしていません。〕

▼ 「AとBを間違える」という表現

I sometimes mistake salt for sugar when I drink coffee.

〔私はコーヒーを飲むとき，ときどき塩を砂糖と間違えます。〕

▼ 「最後には…になる」という表現

We weren't paying attention, so we ended up in an accident.

〔私たちは注意していなかったので，最後には事故になってしまいました。〕

ナルホド!

**Words & Phrases** 次の英語は日本語に，日本語は英語にしなさい。

☐(1) digest （　　　　　　　　）

☐(2) lung （　　　　　　　　）

☐(3) rain forest （　　　　　　　）

☐(4) 製品，生産物　_____

☐(5) 呼吸する　_____

☐(6) 聴衆，観客　_____

**1** 日本語に合うように，（　）内から適切なものを選び，記号を〇で囲みなさい。

□(1) 彼女は私にとっての太陽のようなものです。

She is ( ア such as　イ a kind of　ウ like ) the sun to me.

□(2) 北海道は雪国として知られています。

Hokkaido is known ( ア to　イ as　ウ by ) a snowy area.

□(3) 彼は聴衆に貧しい人々を救うようお願いしました。

He asked his audience ( ア to save　イ save　ウ saving )
poor people.

**2** 日本語に合うように，＿＿＿に入る適切な語を書きなさい。

□(1) 彼は嫌いな食べ物はよく消化されないだろうと思っています。

He thinks food ＿＿＿＿＿＿ he doesn't like will not be
＿＿＿＿＿＿ well.

□(2) その科学者は聴衆に，気候変動が海面上昇に影響すると言いました。

The scientist ＿＿＿＿＿＿ ＿＿＿＿＿＿ the audience
＿＿＿＿＿＿ climate change affects sea-level rise.

□(3) 私たちが汚れた空気を吸い込むと，肺は傷つくでしょう。

Our lungs will be hurt when we ＿＿＿＿＿＿
＿＿＿＿＿＿ dirty air.

**3** 日本語に合うように，（　）内の語句を並べかえなさい。

□(1) 彼を彼の弟と間違えないようにしてください。

( him / don't / for / mistake / his brother ).

＿＿＿＿＿＿＿＿＿＿＿＿＿＿＿＿＿＿＿＿.

□(2) バスに乗ることは二酸化炭素を削減するための良い方法です。

To take a bus ( reduce / way / a / $CO_2$ / to / good / is ).

To take a bus ＿＿＿＿＿＿＿＿＿＿＿＿＿＿＿＿.

□(3) その地域の水質汚染は人々が海に廃棄するゴミによって起こっています。

The water pollution in the area ( that / caused / away /
throw / is / by / people / the waste ) in the sea.

The water pollution in the area ＿＿＿＿＿＿＿＿＿

＿＿＿＿＿＿＿＿＿＿＿＿＿＿＿＿＿＿＿＿＿＿＿

in the sea.

⚠ ミスに注意

**2**(2)「人に～を言う」は
tell＋人＋that ～,
say to＋人＋that ～
で表す。語数に注意しよう！

注目!

ハイフンのはたらき
**2**(2)sea-level のように
名詞と名詞をハイフン
(-)でつなぐと，後ろの
名詞を修飾する形容詞
になる。

テストによく出る!

cause の用法
**3**(3)「～によって…が起こる」というときは「～によって…が引き起こされる」と受け身の形で考える。

Daily Life 4

ぴたトレ
**2**
練習

# Unit 5 ～
# Daily Life 4

時間 **20**分

解答 p.19

教科書 pp.65 ～ 74

**1** 正しいものを4つの選択肢の中から選びなさい。

□(1) The children (　　) my grandmother met yesterday were very kind.

　　ア when　　イ that　　ウ which　　エ what

□(2) Masami picked (　　) some shells at the beach.

　　ア on　　イ to　　ウ with　　エ up

□(3) I have a brother (　　) will be nine years old next month.

　　ア who　　イ which　　ウ what　　エ this

□(4) Our coach replaced me (　　) Yoshiki because I hurt my leg.

　　ア up　　イ with　　ウ in　　エ to

> 関係代名詞が修飾しているのがものか，人かよく考えよう。

**2** 日本語に合うように，＿＿に入る適切な語を書きなさい。

□(1) この部屋でゴミを捨ててはいけません。

　　Don't ＿＿＿＿＿＿＿ waste ＿＿＿＿＿＿＿ in this room.

□(2) 母はいつも私にテレビを見たあとはスイッチを消すべきだと言います。

　　My mother always says that I ＿＿＿＿＿＿＿ ＿＿＿＿＿＿＿ ＿＿＿＿＿＿＿ the

　　TV after I watch it.

□(3) おととい，私は彼を見かけました。

　　I saw him the day ＿＿＿＿＿＿＿ ＿＿＿＿＿＿＿.

**3** 日本語に合うように，（　）内の語句を並べかえなさい。

□(1) この表では日本が1位で，カナダが2位になっています。

　　In this table, ( Canada / Japan / ranks / and / ranks / first / second ).

　　In this table, ＿＿＿＿＿＿＿＿＿＿＿＿＿＿＿＿＿＿＿＿＿.

□(2) この会社が作る製品はとても耐久性があります。

　　The products ( durable / which / are / this company / makes / very ).

　　The products ＿＿＿＿＿＿＿＿＿＿＿＿＿＿＿＿＿＿＿＿＿.

□(3) もし私たちが解決できなければ，この問題はどうなるでしょうか。

　　If we cannot solve it, ( happens / what / to / problem / this )?

　　If we cannot solve it, ＿＿＿＿＿＿＿＿＿＿＿＿＿＿＿＿＿＿＿?

---

ヒント **1** (1)ここに入る関係代名詞はもともとどの位置にあった代名詞が形を変えているのか考える。

**3** (2)areとmakesの主語はそれぞれ違うので，どの主語につけるか考える。

定期テスト
予報

●名詞に続く文の目的語になる関係代名詞の使い分けが問われるでしょう。
⇒「～が…するもの」と説明が加えられているときはwhich、「～が…するもの(人)」のときはthat
が使われ、この関係代名詞は省略が可能なので、ない場合は補って考えましょう。

**④ 書く✎** ( )内の語数で次の日本語を英語に直しなさい。

□(1) これらの服はプラスチックびん(ペットボトル)から作られています。( 7 語)

_____

□(2) この機械は10年間ずっと使われています。( 8 語)

_____

**⑤ 読む📖** 次の英文を読んで、あとの問いに答えなさい。

*Tina :* ①This is an article I found. It's about companies that have started to reduce plastic waste. ②A major coffee shop chain has ( ) plastic straws ( ) paper straws.

□(1) 下線部①を 7 語のほぼ同じ意味の英語にしなさい。

① _____

□(2) 下線部②が「主要なコーヒーチェーン店はプラスチック製のストローを紙製のストローと取り替えています」という意味になるように、( )に入る適切な語を書きなさい。

② _____  _____

**⑥ 話す🗣** 次の問題を読んで、あとの問いに答えなさい。解答の答え合わせのあと、発音アプリの指示に従って、問題文と解答を声に出して読みなさい。 [アプリ]

One day, Kase Saburo visited a center to teach origami to Vietnamese children. When he first came into the room, the children were afraid of him and kept silent.

Kase soon took out origami paper and folded a lot of origami. The children were surprised and very pleased. He began to teach them how to fold origami. At the end of the class, the children made paper planes and flew them together. Kase hoped they could live in peace.

(注)fold ～を折る　pleased 喜んで　at the end of ～ ～の終わりに　flew flyの過去形

□(1) How were the children when Kase started folding a lot of origami?

— _____

□(2) What did the children make at the end of the class?

— _____

ヒント　④(1)「服」はclothesといつでも複数形。(2)「ずっと～されている」は現在完了形の受け身を使って表す。

87

Unit 5 ～ Daily Life 4

❶ 下線部の発音が同じものには○を，そうでないものには×を，解答欄に書きなさい。　6点

(1) r<u>i</u>se
　　 s<u>i</u>ngle

(2) so<u>ci</u>al
　　 cu<u>sh</u>ion

(3) m<u>y</u>stery
　　 rec<u>y</u>cle

❷ 最も強く発音する部分の記号を解答欄に書きなさい。　6点

(1) um - brel - la
　　 ア　　イ　　ウ

(2) ar - ti - cle
　　 ア　　イ　　ウ

(3) in - stead
　　 ア　　イ

❸ 日本語に合うように，＿＿＿に入る適切な語を書きなさい。　20点

(1) プラスチックはすぐに分解されない素材です。

Plastic is a material ＿＿＿ doesn't ＿＿＿ ＿＿＿ quickly.

(2) アカネが友達と植えた花はきれいです。

The flowers ＿＿＿ Akane planted with her friends ＿＿＿ ＿＿＿.

(3) 私たちはたった15歳ですが，変化をもたらすための強い力を持っています。

We ＿＿＿ ＿＿＿ ＿＿＿, but we have much power to make a difference.

(4) 私はピアノばかりでなくギターも弾けるようになりたい。

I want to be able to play the guitar ＿＿＿ ＿＿＿ ＿＿＿ the piano.

❹ 各組の文がほぼ同じ意味になるように，＿＿＿に適切な語を入れなさい。　18点

(1) { This is a camera. Lucas bought it.
　　{ This is a camera ＿＿＿ ＿＿＿ ＿＿＿.

(2) { This is food. We eat it in January in Japan.
　　{ This is ＿＿＿ ＿＿＿ ＿＿＿ eat in January in Japan.

(3) { Mr. Brook is a teacher. Everyone likes him.
　　{ Mr. Brook is a ＿＿＿ ＿＿＿ ＿＿＿ likes.

❺ 読む📖 次の英文を読んで，あとの問いに答えなさい。　26点

　①<u>My father (　　) (　　) (　　) everything.</u> He makes things easily and fixes most things. He always works very hard, but spends time with us every night. So, my family is always happy. He (　②　) me very well when there is something I don't know. When we had a new dog, we decided to make a doghouse together. He taught me the best way to ③( like / a / my dog / doghouse / which / nice /

成績評価の観点　知…言語や文化についての知識・技能　表…外国語表現の能力

would / make ).  For me, he is the best man in the world.

I still don't know about my future.  But I'd like to be a man (  ④  ) my father.
So, I want to study hard and ⑤( 　 ) ( 　 ) the things ( 　 ) I should learn now.

(1) 下線部①が「私の父はなんでも得意です」という意味になるように，（ ）に適切な語を入れて，文を完成させなさい。

(2) （ ② ）に入る最も適切なものを1つ選び，記号を書きなさい。

　　ア is taught　　イ teaches　　ウ was teaching

(3) 下線部③の（ ）内の語を正しく並べかえなさい。

(4) （ ④ ）に入る最も適切な英語を書きなさい。

(5) 下線部⑤の（ ）に「今，学ぶべきことに集中する」という意味になるように適切な語を入れて，文を完成させなさい。

**点UP ❻ 書く✍ 次のようなとき英語で何と言うか，（ ）内の語数で書きなさい。** 表　　24点

(1) 行動を起こしたらどうかと相手に問うとき。（5語）

(2) 近くにある辞書について，友達がきのう貸してくれたものだと説明するとき。（10語）

(3) 写真を指して，日本人が豆から作る食べ物だと説明するとき。（9語）

| ❶ | (1) | | (2) | | (3) | | ❷ | (1) | | (2) | | (3) | |
|---|---|---|---|---|---|---|---|---|---|---|---|---|---|
| | | 2点 | | 2点 | | 2点 | | | 2点 | | 2点 | | 2点 |

| ❸ | (1) | | (2) | |
|---|---|---|---|---|
| | | 5点 | | 5点 |
| | (3) | | (4) | |
| | | 5点 | | 5点 |

| ❹ | (1) | | (2) | |
|---|---|---|---|---|
| | | 6点 | | 6点 |
| | (3) | | | |
| | | 6点 | | |

| ❺ | (1) | | (2) | |
|---|---|---|---|---|
| | | 6点 | | 3点 |

(3) He taught me the best way to

.

7点

| | (4) | | (5) | |
|---|---|---|---|---|
| | | 4点 | | 6点 |

| ❻ | (1) | 表 8点 |
|---|---|---|
| | (2) | 表 8点 |
| | (3) | 表 8点 |

▶ 表 の印がない問題は全て 知 の観点です。

Unit 5 ～ Daily Life 4

89

ぴたトレ
1
要点チェック

Unit 6 The Chorus Contest (Part 1)

時間 **15**分

解答 p.21

〈新出語・熟語 別冊p.13〉

教科書の
重要ポイント 「〜している（もの・人）」という文 教科書 pp.75〜77

## There are <u>two people</u> playing one piano.
〔1台のピアノをひいている2人の人がいます。〕

名詞の後ろに動詞の-ing形を置くと，どんなものや人かという説明を加えることができる。
現在進行形と同じように「〜している」という意味になる。

名詞を後ろから修飾している

There are 　two people 　playing one piano　. 〔1台のピアノをひいている2人の人がいます。〕

There are <u>two people</u>.　They <u>are playing</u> one piano. 〔2人の人がいます。彼らは1台のピア
この文がもとになっている　　　　　　　　　　　　　　ノをひいています。〕

動詞の-ing形の前に関係代名詞＋be動詞を補って次のように書きかえることができる。
　The woman reading a book is my sister.
＝The woman who[that] is reading a book is my sister. 〔本を読んでいるその女性は私の姉[妹]です。〕
　The dog running in the park is mine.
＝The dog which[that] is running in the park is mine. 〔公園を走っている犬は私のものです。〕

ナルホド!

Words & Phrases 次の英語は日本語に，日本語は英語にしなさい。

☐(1) matter （　　　　　　　）　　☐(5) 〜している間に ＿＿＿＿＿＿

☐(2) woman （　　　　　　　）　　☐(6) 〜まで（ずっと） ＿＿＿＿＿＿

☐(3) beside （　　　　　　　）　　☐(7) 少数の，いくつかの ＿＿＿＿＿＿

☐(4) trouble （　　　　　　　）　　☐(8) 手首 ＿＿＿＿＿＿

**1** 日本語に合うように，（　）内から適切なものを選び，記号
を〇で囲みなさい。

☐(1) 今，ジャックとサッカーをしているあの男の子を見てよ。
　Look at that boy （ ア playing　イ played　ウ was playing ）
　soccer with Jack now.

□(2) 私の兄はメガネをかけている男の子です。

My brother is the boy （ ア wears　イ wearing

ウ who wearing ） glasses.

□(3) 図書館で勉強している生徒は私の同級生です。

The student （ ア has studied　イ who study　ウ studying ）

in the library is my classmate.

**注目!**

wearの意味

**1**(2)wearは「〜を身に着けている」という状態を表す動詞。「靴をはく」「メガネをかける」などはwearを使う。

**2** 日本語に合うように，＿＿に入る適切な語を書きなさい。

□(1) ビデオを見ているその人はブラウンさんです。

The person ＿＿＿＿＿＿ a ＿＿＿＿＿＿ is Mr. Brown.

□(2) ソファの上で音楽を聞いているこの少女はキャシーです。

This girl ＿＿＿＿＿＿ to ＿＿＿＿＿＿ on the sofa is

Cathy.

□(3) 水を飲んでいるあの白い犬はエリのです。

That white dog ＿＿＿＿＿＿ ＿＿＿＿＿＿ is Eri's.

□(4) そこに立っている男の子はこのクラスで一番背が高いです。

The boy ＿＿＿＿＿＿ there is the ＿＿＿＿＿＿ in this

class.

□(5) ケーキを一切れいかがですか。

Would you like ＿＿＿＿＿＿ ＿＿＿＿＿＿ ＿＿＿＿＿＿

cake?

□(6) 私に考えがあります。

I have ＿＿＿＿＿＿ ＿＿＿＿＿＿.

**3** 日本語に合うように，（　）内の語句を並べかえなさい。

□(1) 私はカバンの中に少しの本を持っています。

( my / a few / I / bag / books / in / have ).

＿＿＿＿＿＿＿＿＿＿＿＿＿＿＿＿＿＿＿＿.

□(2) いすの下で眠っているネコはタマです。

( chair / the cat / Tama / under / the / sleeping / is ).

＿＿＿＿＿＿＿＿＿＿＿＿＿＿＿＿＿＿＿＿.

□(3) 今まであなたに何があったのですか。

( you / until / to / happened / now / what )?

＿＿＿＿＿＿＿＿＿＿＿＿＿＿＿＿＿＿＿＿?

□(4) もし困ったことになったら私に知らせてください。

( know / you / let / trouble / me / in / if / are ).

＿＿＿＿＿＿＿＿＿＿＿＿＿＿＿＿＿＿＿＿.

**テストによく出る!**

「少し」を表す表現

**3**(1)fewの後ろには可算名詞の複数形，littleの後ろには不可算名詞をつける。

**⚠ミスに注意**

**3**(3)byは「〜までに」という期限，untilは「〜まで(ずっと)」という期間を表すよ。使い分けに注意しよう！

Unit 6

**ぴたトレ 1**
要点チェック

**Unit 6 The Chorus Contest (Part 2)**

時間 **15分**

解答 p.21

〈新出語・熟語 別冊p.13〉

| 教科書の<br>重要ポイント | 「～された（もの・人）」という文 | 教科書 pp.78～79 |

## They're wearing <u>T-shirts</u> designed by Tina.

〔彼らはティナによってデザインされたTシャツを着ています。〕

名詞の後ろに過去分詞を置くと，どんなものや人かという説明を加えることができる。
受け身の文と同じように「～された」という意味になる。

名詞を後ろから修飾している

They're wearing | T-shirts | designed by Tina | . 〔彼らはティナによってデザインされたTシャツ
を着ています。〕

They're wearing T-shirts. They were designed by Tina.
この文がもとになっている

〔彼らはTシャツを着ています。それらはティナによってデザインされました。〕

過去分詞の前に関係代名詞＋be動詞を補って次のように書きかえることができる。

I have a book written by Natsume Soseki.
＝I have a book which[that] was written by Natsume Soseki.
〔私は夏目漱石によって書かれた本を持っています。〕

She is a woman called "Brain."
＝She is a woman who[that] is called "Brain."
〔彼女は「秀才」と呼ばれている女性です。〕

ナルホド！

**Words & Phrases** 次の英語は日本語に，日本語は英語にしなさい。

☐(1) poem （　　　　　　　　）　　☐(5) 独唱・ソロ _____

☐(2) heal （　　　　　　　　）　　☐(6) ～をデザインする _____

☐(3) tale （　　　　　　　　）　　☐(7) ～を招く，招待する _____

☐(4) conductor （　　　　　　　　）　　☐(8) Tシャツ _____

**1** 日本語に合うように，（　）内から適切なものを選び，記号
を○で囲みなさい。

☐(1) これはメアリーによって書かれた詩です。

This is a poem （ ア writes　イ wrote　ウ written ）by Mary.

□(2) マックスとよばれている犬は私のおじの犬です。

The dog ( ア which called　イ called　ウ was called )

Max is my uncle's dog.

□(3) リッキーは空手コンテストに招待された生徒です。

Ricky is a student ( ア invites　イ invited　ウ was inviting )

to the karate contest.

## 2 日本語に合うように，＿＿＿に入る適切な語を書きなさい。

□(1) あちらはアニメ作家として知られている男性です。

That is the man ＿＿＿＿＿＿＿＿＿ as an animator.

□(2) 英語は多くの国で話されている言語です。

English is a ＿＿＿＿＿＿ ＿＿＿＿＿＿ in many countries.

□(3) あなたはキャシーによって作られたケーキを食べましたか。

Did you eat the ＿＿＿＿＿＿ ＿＿＿＿＿＿ ＿＿＿＿＿＿

Cathy?

□(4) 日本製の車はとても人気があります。

Cars ＿＿＿＿＿＿ ＿＿＿＿＿＿ ＿＿＿＿＿＿ are very

popular.

□(5) 彼女によって書かれた手紙は私を幸せにしました。

The ＿＿＿＿＿＿ ＿＿＿＿＿＿ ＿＿＿＿＿＿ her made

me happy.

## 3 日本語に合うように，（　）内の語句を並べかえなさい。

□(1) 私はその台風によってケガをした人たちがいるということを知り
ました。

I found out ( were / some / hurt / the typhoon / there / by
/ people ).

I found out ＿＿＿＿＿＿＿＿＿＿＿＿＿＿＿＿＿＿＿＿＿

＿＿＿＿＿＿＿.

□(2) ロシアで作られたマトリョーシカは人気のあるおみやげです。

( souvenirs / Russia / are / made / popular / matryoshka
dolls / in ).

＿＿＿＿＿＿＿＿＿＿＿＿＿＿＿＿＿＿＿＿＿＿＿＿＿＿＿

＿＿＿＿＿＿＿.

□(3) あなたのおじによってデザインされた家はとても広いですか。

( designed / large / is / your / very / the house / uncle / by )?

＿＿＿＿＿＿＿＿＿＿＿＿＿＿＿＿＿＿＿＿＿＿＿＿＿＿＿

＿＿＿＿＿＿＿?

# Unit 6 The Chorus Contest (Part 3)

〈新出語・熟語 別冊p.13〉

| 教科書の重要ポイント | 「なぜ～か」「いつ～か」という文 | 教科書 pp.80～81 |

**Tell us why you're leaving.** 〔あなたがなぜ去るのか私たちに教えてください。〕

**Do you know when you're leaving?** 〔あなたはいつ出発するのか知っていますか。〕

---

疑問文が別の文の一部に組み込まれると，〈疑問詞＋主語＋動詞〉という語順になる。

間接疑問文はknow, tell, ask, rememberなどと一緒に使われることが多い。

**Tell us** <u>why</u> <u>you</u> <u>are leaving</u>. 〔あなたがなぜ去るのか私たちに教えてください。〕
　　　　「なぜ」主語　　動詞

**Do you know** <u>when</u> <u>you</u> <u>are leaving</u>? 〔あなたはいつ出発するのか知っていますか。〕
　　　　　　　「いつ」主語　　動詞

whyやwhen以外の疑問詞も〈疑問詞＋主語＋動詞〉の形をとることができる。

疑問詞の後の並びや動詞の形に注意する。

- I can't remember. What did she say?
  → I can't remember <u>what</u> <u>she</u> <u>said</u>.
  〔私は彼女が何と言ったのか思い出せません。〕
- Can you ask Jack? Where will he go?
  → Can you ask Jack <u>where</u> <u>he</u> <u>will go</u>?
  〔ジャックがどこに行くつもりなのか聞いてくれますか。〕
- I want to know. What time is it now?
  → I want to know <u>what time</u> <u>it</u> <u>is</u> now.
  〔私は今が何時なのか知りたいです。〕
- Do you know? Who broke the window?
  → Do you know <u>who</u> <u>broke</u> the window?
  〔あなたは誰が窓を割ったのか知っていますか。〕

このwhoは主語になっているから，順番は変わらないね。

\ナルホド!/

---

**Words & Phrases** 次の英語は日本語に，日本語は英語にしなさい。

☐(1) unbelievable（　　　　　　　）　　☐(3) 変な，いつもと違う ＿＿＿＿＿＿＿

☐(2) beginning（　　　　　　　）　　☐(4) 知らせ，新情報 ＿＿＿＿＿＿＿

**1** 日本語に合うように，（ ）内から適切なものを選び，記号を〇で囲みなさい。

テストによく出る！

主語になる
whatやwho

**1**(3)whatやwhoなど，「何」「誰」というように代名詞として主語になるものがある。

□(1) 私はタクマがいつ沖縄から戻ってきたのかを知っていました。

I knew ( ア what イ when ウ why ) Takuma came back from Okinawa.

□(2) ジョージは彼が何をしているのかを教えてくれました。

George told me what ( ア is he イ he is ウ he was ) doing.

□(3) あなたは誰がそれを書いたのか知っていますか。

Do you know ( ア that who wrote イ who wrote that
ウ which wrote that )?

**2** 日本語に合うように，＿＿＿に適切な語を書きなさい。

注目！

誕生日をたずねる表現

**2**(3)「あなたの誕生日はいつですか。」はWhen is your birthday?と言う。

□(1) あなたがなぜ上手に日本語を話すことができるのか私に教えてください。

Please tell me ＿＿＿＿＿＿ ＿＿＿＿＿＿ can speak Japanese well.

□(2) 私はあなたがきのう何を買ったのか知りたいです。

I want to know ＿＿＿＿＿ ＿＿＿＿＿ ＿＿＿＿＿ yesterday.

□(3) あなたは彼女の誕生日がいつなのか知っていますか。

Do you know when ＿＿＿＿＿ ＿＿＿＿＿ ＿＿＿＿＿?

**3** 日本語に合うように，（ ）内の語句を並べかえなさい。

⚠ ミスに注意

**3**(1)名詞のrainは不可算名詞なので，a rainとしないよう注意。動詞のrainは「雨が降る」，形容詞のrainyは「雨の」という意味だよ。

□(1) 私たちはひどい雨が原因でその日に遠足へ行けませんでした。

We couldn't go on ( rain / field trip / because / a / of / heavy ).
We couldn't go on ＿＿＿＿＿＿＿＿＿＿＿＿.

□(2) 来月に，私の友達が大阪から東京へ引っ越します。

My friend will ( to / from / Osaka / move / Tokyo ) next month.
My friend will ＿＿＿＿＿＿＿＿＿ next month.

□(3) 彼は劇の初めにセリフを忘れてしまいました。

He blew his lines ( of / play / beginning / at / the / the ).
He blew his lines ＿＿＿＿＿＿＿＿＿＿.

□(4) どちらのカバンが私のものなのかわかりません。

( don't / bag / is / which / I / mine / know ).
＿＿＿＿＿＿＿＿＿＿＿＿.

Unit 6

ぴたトレ
**1**
要点チェック

# Unit 6 The Chorus Contest (Goal)

時間
**15**分

解答
p.22

〈新出語・熟語 別冊p.13〉

| 教科書の<br>重要ポイント | 場面や状況を説明する文（復習） | 教科書 pp.82 ～ 83 |

▼ 説明するときの表現

Let me describe my favorite Japanese food.

〔私の好きな和食の特徴を述べさせてください。〕

▼ 前の名詞を後ろから詳しく説明する表現

Do you know the vegetable called mizuna?

〔あなたは水菜とよばれる野菜を知っていますか。〕

You can see a little girl smiling in the picture.

〔あなたは絵の中に微笑んでいる幼い女の子を見ることができます。〕

▼ 「～の左／右側には…」と説明するときの表現

On the left / right side of the map, there is a famous Japanese restaurant.

〔地図の左／右側には，有名な日本食レストランがあります。〕

▼ 自分の意見を述べるときの表現

We have always wanted to make sushi.

〔私たちはいつも寿司を作りたいと思っていました。〕

▼ 理由を述べるときの表現

This is why I love Japanese food.

〔これが私が和食を大好きな理由です。〕

理由を説明するときの This is why ～. と That is why ～. は同じ意味だよ。It is why ～. は使わないよ。

▼ 「～を笑う」という表現

He laughed at me. 〔彼は私を笑いました。〕

ナルホド！

**Words & Phrases** 次の英語は日本語に，日本語は英語にしなさい。

□(1) describe (　　　　　　　　)　　　□(4) サル ＿＿＿＿＿＿＿＿＿

□(2) ear (　　　　　　　　)　　　□(5) 芸術作品 ＿＿＿＿＿＿＿

□(3) bite (　　　　　　　　)　　　□(6) カエル ＿＿＿＿＿＿＿＿

**1** 日本語に合うように，（　）内から適切なものを選び，記号を○で囲みなさい。

□(1) 川のそばで遊んでいるサルが見えますか。

Can you see the monkey ( ア plays イ playing
ウ is playing ) by the river?

⚠ミスに注意

**1** 現在進行形の文か，後置修飾の文なのか見極めよう。

□(2) 木にとまっている鳥がいます。

There is a bird ( ア sitting  イ is sitting  ウ sits ) on the tree.

□(3) 公園で小さな犬が女の子の前で走っています。

A small dog ( ア run  イ running  ウ is running ) in front of a girl in the park.

テストによく出る!

場所を表す前置詞

1 around「～の周りで，あたりで」, on「～の上で」, in「～の中で」, in front of「～の前で」 by「～のそばで」

**2** 日本語に合うように，＿＿＿に入る適切な語を書きなさい。

□(1) あそこで馬に乗っている男の子を見てごらん。

Look at the boy ＿＿＿＿＿＿ ＿＿＿＿＿＿ a horse over there.

□(2) 私は誰が私の後ろにいるのか知りませんでした。

I didn't know who was ＿＿＿＿＿＿ ＿＿＿＿＿＿.

□(3) お母さんから逃げている男の子が見えますね。

You can see the boy ＿＿＿＿＿＿ ＿＿＿＿＿＿ from his mother.

**3** 日本語に合うように，（  ）内の語句を並べかえなさい。

□(1) 野球の試合を見ている何人かの人たちがいました。

( were / people / there / several / watching ) the baseball game.

＿＿＿＿＿＿＿＿＿＿＿＿＿＿＿＿＿＿＿

the baseball game.

注目!

lie の -ing 形

3 (2) lie は「横たわる」という意味で, -ing 形は lying となる。

□(2) 草の上に横になっているウサギはかわいいです。

( is / on / the rabbit / cute / grass / lying / the ).

＿＿＿＿＿＿＿＿＿＿＿＿＿＿＿＿＿.

□(3) 彼女はそのお年寄りたちを世話している看護師です。

( a / of / she / taking / is / care / nurse ) the old people.

＿＿＿＿＿＿＿＿＿＿＿＿＿＿ the old people.

□(4) 私にリー博士によって発明されたその機器の特徴を説明させてください。

( invented / describe / let / me / the device ) by Dr. Lee.

＿＿＿＿＿＿＿＿＿＿＿＿＿＿ by Dr. Lee.

□(5) 私のことを笑っている人がいたので悲しかったです。

I was sad because ( at / someone / laughing / was / me / there ).

I was sad because ＿＿＿＿＿＿＿＿＿＿＿＿

＿＿＿＿＿＿.

Unit 6

97

教科書の重要ポイント **3年生で習ったさまざまな後置修飾の文のまとめ** 教科書 pp.84～85

▼ 「後置修飾」は名詞の後ろに説明を追加する言い方。

① 名詞の後ろに語句を置いて説明を追加する

▼ 〈動詞の-ing形〉を使う表現

| The person | + | speaking English | is my teacher.

〔英語を話している人は私の先生です。〕

▼ 過去分詞を使う表現

Everyone likes | the T-shirt | + | designed | by Tina.

〔みんなティナによってデザインされたT-シャツが好きです。〕

② 名詞の後ろに文を置いて説明を追加する

▼ 文(主語＋動詞)を使う表現

I'll show you | a book | + | I bought | yesterday.

〔きのう，私が買った本を見せてあげましょう。〕

▼ 関係代名詞which, that(目的語)を使う表現

These are | the pictures | + | (that) | + | Kota painted |.

〔これらは，コウタが描いた絵です。〕

▼ 関係代名詞which, who, that(主語)を使う表現

This is | a robot | + | which | + | can clean rooms |.

〔これは，部屋を掃除できるロボットです。〕

I have | a cousin | + | who | + | is a tennis player |.

〔私には，テニス選手のいとこがいます。〕

my aunt in America「アメリカにいるおば」というように前置詞を使ったり，something to drink「飲み物」というように不定詞を使ったりして後置修飾することもできるね。

省略できる関係代名詞と省略できない関係代名詞に注意しよう。

ナルホド！

---

**1** 日本語に合うように，（　）内から適切なものを選び，記号を○で囲みなさい。

☐(1) 英語で書かれた本は私にとって難しいです。

Books（ ア written by　イ written in　ウ written for ）

English are difficult for me.

☐(2) これは私の兄にもらったギターです。

This is the guitar（ ア gives　イ gave　ウ given ）to me

by my brother.

☐(3) 私が撮った写真を見たいですか。

Do you want to see the picture I（ ア take　イ took

ウ taken ）?

**2** 日本語に合うように，_____に入る適切な語を書きなさい。

☐(1) リオスさんが料理した食事はとてもおいしかったです。

The meal _____ Mr. Rios _____ was

delicious.

☐(2) エリカはドラムを演奏できる私の同級生です。

Erika is the classmate of mine _____ _____

_____ the drums.

☐(3) 北海道は訪れるための場所がたくさんあります。

Hokkaido has a lot of _____ _____

_____.

**3** 次の英語の 2 文を指示に従って 1 文で書きかえなさい。

☐(1) { The robot works in a dangerous place. （thatを使って 1 文に）
      { We saw it yesterday.

_____

_____

☐(2) { This is the book. （関係代名詞を使わずに 1 文で）
      { My father bought it for me.

_____

☐(3) { You are wearing the shoes. （過去分詞を使った後置修飾で）
      { These are bought by your sister.

_____

☐(4) { The artist has won the prize. （whoを使って 1 文に）
      { He lives in Canada.

_____

**4** 日本語に合うように，（  ）内の語句を並べかえなさい。

☐(1) これは木から作られている机です。

( of / a desk / is / made / wood / this ).

_____

☐(2) 私はピーターがたずねた質問に答えなければなりません。

( to / I / asked / have / the question / Peter / answer ).

_____

☐(3) そのサルが食べている食べ物は何ですか。

( that / eating / what / is / is / the monkey / the food )?

_____?

⚠ミスに注意

**3** 1 文にしたときにitや heなど，代名詞を残したままにしないよう注意しよう！

注目!

分詞の場所

**3**(3)このwearingは現在進行形のものなので，名詞の直後におくことはできない。

Active Grammar 2

テストによく出る!

「～から作られている」の使い分け

**4**(1)目で見て何でできているかわかるもの(例: rice→rice ball)にはbe made of, 加工されていて何でできているかわからないもの(例: rice→rice cake)はbe made fromを使う。

# You Can Do It! 2

教科書の
重要ポイント  学校に必要なものを考えて意見を伝える  教科書 pp.86〜87

▼ 意見，提案を述べる表現

We **need** to discuss the topic at the meeting.
〔私たちはその話題を会議で話し合う必要があります。〕

I **think** it's **better** for all students to take a nap after lunch.
〔私は全ての学生にとって昼食後に昼寝をするほうがいいと思います。〕

I **want** a convenient device like that for my daily life.
〔私は私の日常生活にそのような便利な機器が欲しいです。〕

▼ 提案のきっかけとなった事例を述べる表現

I've **seen** Japanese school uniforms on the Internet.
〔私は日本の制服をインターネットで見たことがあります。〕

I **found** some differences between the customs in Taiwan and the customs in Japan.
〔私は台湾の習慣と日本の習慣の間にはいくつかの違いがあることが分かりました。〕

Some people **are against** AI technology because people may become lazy.
〔人びとが怠慢になるかもしれないので，AI技術には反対している人もいます。〕

▼ 相手の意見を求める表現

What **do you think?**  〔あなたはどう思いますか。〕

It's an **attractive** idea.  Do you **agree** with me?
〔それは興味をそそる考えです。あなたは私に同意しますか。〕

▼ 賛成・反対を述べる表現

・I **agree** with this opinion.  〔私はこの意見に賛成です。〕

・I **disagree** with this idea.  〔私はこの考えに反対です。〕

ナルホド！

**Words & Phrases**  次の英語は日本語に，日本語は英語にしなさい。

☐(1) attractive (　　　　　　　　　)   ☐(3) 台湾  ＿＿＿＿＿＿＿＿＿＿＿

☐(2) relaxed  (　　　　　　　　　)   ☐(4) 〜に反対して  ＿＿＿＿＿＿＿＿＿＿＿

**1** 日本語に合うように，（ ）内から適切なものを選び，記号を○で囲みなさい。

□(1) ヒデキは3年前に名古屋に引っ越しました。

Hideki moved（ ア on　イ in　ウ to ）Nagoya three years ago.

□(2) ハンカチとタオルの間には多くの違いがあります。

There are many differences between a handkerchief
（ ア with　イ and　ウ to ）a towel.

□(3) コウタと一緒にプレゼンテーションを準備している生徒は私の弟です。

The student who is preparing their presentation（ ア with
イ along　ウ for ）Kota is my brother.

**2** 日本語に合うように，＿＿＿に入る適切な語を書きなさい。

□(1) ユキは先週オープンしたコーヒーショップに行きたいです。

Yuki wants to go to the coffee shop ＿＿＿＿＿＿＿
＿＿＿＿＿＿＿ last week.

□(2) 彼はどうして笑うのを止められなかったのか知っていますか。

Do you know ＿＿＿＿＿＿ he couldn't ＿＿＿＿＿＿
＿＿＿＿＿＿ ?

□(3) 自分のお昼ご飯を持っていけばお金を節約することができます。

If we bring our lunch, we can ＿＿＿＿＿＿ ＿＿＿＿＿＿ .

□(4) 十分な睡眠をとることは私たちの健康にとって大切です。

It's ＿＿＿＿＿＿ ＿＿＿＿＿＿ our health ＿＿＿＿＿＿
have enough sleep.

**3** 日本語に合うように，（ ）内の語句を並べかえなさい。

□(1) だから私たちはあなたに賛成なのです。

( with / why / we / that's / you / agree ).

＿＿＿＿＿＿＿＿＿＿＿＿＿＿＿＿＿＿＿＿＿ .

□(2) お風呂に入ることは私たちの体をリラックスさせます。

( relaxed / bath / bodies / taking / makes / a / our ).

＿＿＿＿＿＿＿＿＿＿＿＿＿＿＿＿＿＿＿＿＿ .

□(3) ジャックは彼が本を毎日読む必要がないと思っています。

Jack ( he / a book / doesn't / to / think / read / needs )
every day.

Jack ＿＿＿＿＿＿＿＿＿＿＿＿＿＿＿＿＿＿＿＿
＿＿＿＿＿＿ every day.

**注目!**

moveの意味

**1**(1)moveはここでは「～へ引っ越す」という意味で出ているが「～を感動させる」「動く」「～を移動させる」などさまざまな意味がある。

**⚠ ミスに注意**

**2**(2)「～するのを止める」はstop＋動詞の-ing形にしよう！

You Can Do It! 2

**テストによく出る!**

I thinkの否定の訳し方

**3**(3)日本語では「～でないと思う」と「思う」は肯定のままだが，英語はdon't think「～だと思わない」と否定形を最初に持ってくる用法がある。

**1** 正しいものを４つの選択肢の中から選びなさい。

☐(1) The girl (　　) a book over there is Lucy.

　　ア reading　　イ is reading　　ウ reads　　エ read

☐(2) Please come here (　　) noon.

　　ア while　　イ on　　ウ by　　エ until

☐(3) Kyoko likes the cake (　　) by her mother.

　　ア bakes　　イ baking　　ウ baked　　エ has baked

☐(4) Many languages (　　) in America.

　　ア spoken　　イ are spoken　　ウ speaking　　エ are speaking

後置修飾の文，現在進行形の文，受け身の文を見極めよう。

**2** 日本語に合うように，＿＿＿に入る適切な語を書きなさい。

☐(1) 昼ごはんにピザを２切れ食べました。

　　I ate ＿＿＿＿＿＿ ＿＿＿＿＿＿ ＿＿＿＿＿＿ pizza for lunch.

☐(2) 私たちはその宿題をするのにほんの数日間しかありません。

　　We only have ＿＿＿＿＿＿ ＿＿＿＿＿＿ ＿＿＿＿＿＿ to do that homework.

☐(3) ３人の女の人が駅で困っていました。

　　Three women ＿＿＿＿＿＿ ＿＿＿＿＿＿ ＿＿＿＿＿＿ at the station.

☐(4) 眠たいので昼寝させてください。

　　Let me ＿＿＿＿＿＿ ＿＿＿＿＿＿ ＿＿＿＿＿＿ because I'm sleepy.

**3** 日本語に合うように，（　）内の語句を並べかえなさい。

☐(1) 窓のそばで音楽を聞いている男の人は誰ですか。

　　Who is the man ( to / the / listening / window / beside / music )?

　　Who is the man ＿＿＿＿＿＿＿＿＿＿＿＿＿＿＿＿＿＿＿＿＿＿＿＿＿？

☐(2) ミカは彼女の祖母を学校祭に招待しました。

　　Mika ( to / her / invited / the school festival / grandmother ).

　　Mika ＿＿＿＿＿＿＿＿＿＿＿＿＿＿＿＿＿＿＿＿＿＿＿＿＿＿＿＿.

☐(3) 体育祭の日付けが悪天候のために変更されました。

　　The date for the school festival ( bad / because / weather / changed / of / was ).

　　The date for the school festival ＿＿＿＿＿＿＿＿＿＿＿＿＿＿＿＿＿＿＿＿.

---

ヒント　**1**(1)後半のisの前までが「向こうで本を読んでいる少女」という主語になるようにする。

　　　**2**(1)a piece of ～で「１切れの～」という意味。２切れなので形を変える。

**4** 書く✐ （ ）内の指示に従って，英文を書きかえなさい。

☐(1) When will Megumi come to the party?  Do you know that?

（Do you know 〜?から始めてほぼ同じ意味の1文に）

_____

☐(2) I have seen the artwork.  It was designed by Ms. Brown.

（関係代名詞を使わずに，ほぼ同じ意味の1文に）

_____

**5** 読む📖 次の会話文を読んで，あとの問いに答えなさい。

*Eri :*　You look strange, Tina.  Aren't you happy?

*Tina :*　I am, but I also have bad news.  I have to leave Japan.

*Kota :*　What?　①( leaving / you're / us / why / tell / . )

*Tina :*　②My family is moving to London（〜の理由で）my father's job.

☐(1) 下線部①が「なぜあなたが去ってしまうのか教えてください。」という意味になるように，（ ）内の語を並べかえなさい。　①_____

☐(2) 下線部②の（ ）内の日本語を2語の英語にしなさい。　②_____

**6** 話す🗣 次の問題を読んで，あとの問いに答えなさい。解答の答え合わせのあと，発音アプリの指示に従って，問題文と解答を声に出して読みなさい。　[アプリ]

　Have you ever seen puppets practicing calligraphy?  They are called "*Karakuri* puppets" in English.  To create those puppets, craftsmen used gears and cams that were used to make clocks.  These puppets were for rich people, but they became very popular in the Edo Period.  I think these puppets are the starting point of robots!  If you are interested in them, why don't you go to Aichi?  There is a museum of "*Karakuri* puppets", so you may enjoy it!

(注)puppet 操り人形　　craftsman 職人　　gear and cam ギアとカム(時計の部品)
starting point 原点

☐(1) What can puppets called "*Karakuri* puppets" do?

—_____

☐(2) Why did this person recommend Aichi?

—_____

ヒント　**4** (1)間接疑問文では肯定文の並びで，willは動詞の前に置く。(2)名詞の後ろに過去分詞をおいて後置修飾する。
**6** (1)何をしている人形がからくり人形と呼ばれているのかに注目する。

ぴたトレ
**3**
確認テスト

Unit 6 ～
You Can Do It! 2

時間 30分 /100点
合格 70点
解答 p.24

教科書 pp.75 ～ 87

❶ 下線部の発音が同じものには○を，そうでないものには×を，解答欄に書きなさい。 6点

(1) wrist
write

(2) change
chorus

(3) design
campaign

❷ 最も強く発音する部分の記号を解答欄に書きなさい。 6点

(1) po - em
　ア　イ

(2) con - duc - tor
　ア　イ　ウ

(3) de - scribe
　ア　イ

❸ 日本語に合うように，＿＿に入る適切な語を書きなさい。 20点

(1) 彼女は夜遅くまでテニスの練習をしていました。

She practiced tennis ＿＿＿ ＿＿＿ at ＿＿＿.

(2) あなたは舞台で演じているその俳優を知っていますか。

Do you know ＿＿＿ ＿＿＿ ＿＿＿ on the stage?

(3) あのニュージーランド出身の男性を見てください。

Look at the man ＿＿＿ ＿＿＿ ＿＿＿ New Zealand.

(4) 困っている人々を助けようとしなさい。

Try to help people who ＿＿＿ ＿＿＿ ＿＿＿.

❹ 各組の文がほぼ同じ意味になるように，＿＿に適切な語を入れなさい。 15点

(1) { I want to ask her. What should I do?
    { I want to ask her ＿＿＿ ＿＿＿ ＿＿＿ do.

(2) { This is a novel which is written in English.
    { This is a novel ＿＿＿ ＿＿＿ ＿＿＿.

(3) { There are boys in the park. They are playing soccer.
    { There are ＿＿＿ ＿＿＿ ＿＿＿ in the park.

❺ 読む 次の英文を読んで，あとの問いに答えなさい。 29点

There is an old church in my town. Let me tell you about it. ①The (　　　) (　　　) (　　　) Jack White in 1920 has always been here for one hundred years. Jack was a doctor who married a Japanese woman, Hana. ②Hana was a nurse and she worked with Jack. They came to this town because there were no doctors here. One year, a terrible disease spread through the town. Many people in the town became sick. ③They didn't know what happened to them. Jack and Hana worked very hard to save people's lives. Finally, they won against

成績評価の観点　知 …言語や文化についての知識・技能　表 …外国語表現の能力

the disease. ④( people / news / very / the / made / the / happy ).  Then, Jack built the church for the town.  People planted a lemon tree around the church every year as a memorial for Jack and Hana.  Now, this town is famous for lemons.  The church is (  ⑤  ) "Church of Lemons."

(1) 下線部①が「1920年にジャック・ホワイトによって建てられた教会は100年間ずっとここにあります」という意味になるように，（  ）に入る適切な語を書きなさい。

(2) 下線部②を関係代名詞を使った１文に書きかえなさい。

(3) 下線部③を日本語に訳しなさい。

(4) 下線部④の(  )内の語を並べかえて文を完成させなさい。

(5) （  ⑤  ）に入る最も適切なものを１つ選び，記号を書きなさい。

　　ア calls　　イ calling　　ウ called

❻ 書く✎ 次のようなとき英語で何と言うか，（  ）内の語数で書きなさい。表　　24点

(1) どうかしたの，と相手にたずねるとき。（３語）

(2) 彼女は熱が原因で，ここに来られない，と相手に伝えるとき。（８語）

(3) 誰がそう言ったのかわからない，と相手に伝えるとき。（６語）

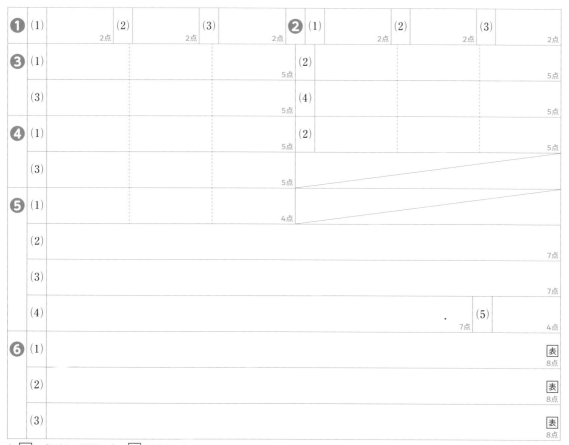

▶ 表 の印がない問題は全て 知 の観点です。

# Unit 7 Tina's Speech (Part 1)

教科書の重要ポイント　「何を［が］〜するか」「〜のしかた」という文　教科書 pp.89〜91

## I didn't know what to expect when I got there.

〔私はそこに着いたら何を予期すべきかわかりませんでした。〕

## I thought I should learn how to use chopsticks.

〔私ははしの使い方を学ぶべきだと思いました。〕

〈what to＋動詞の原形〉は「何を［が］〜するか」，〈how to＋動詞の原形〉では，「〜のしかた」という意味になる。

I didn't know　　　what to expect　when I got there.
「私はわかりませんでした」　「何を予期すべきか」　「私がそこに着いたら」

〈疑問詞＋to＋動詞の原形〉では，when, where, whichも使われる。

▼ 〈where＋to＋動詞の原形〉「どこへ［を・で］〜するか（するべきか）」
He didn't know where to go. 〔彼はどこへ行くべきかわかりませんでした。〕

▼ 〈when＋to＋動詞の原形〉「いつ〜するか（するべきか）」
We should decide when to visit. 〔私たちはいつ訪問するかを決めるべきです。〕

▼ 〈which（＋名詞）＋to＋動詞の原形〉
「どちら（の…）を〜するか（するべきか）」

She wants to know which one to use.
〔彼女はどちらを使うべきか知りたいと思っています。〕
She wants to know which way to go.
〔彼女はどちらの道を行くべきか知りたいと思っています。〕

whichは基本的にwhich＋名詞＋to＋動詞の原形で使うよ。

ナルホド!

Words & Phrases　次の英語は日本語に，日本語は英語にしなさい。

□(1) graduate（　　　　　　　　　）　　□(5) 突然，急に　＿＿＿＿＿＿＿＿

□(2) anxiety （　　　　　　　　　）　　□(6) 衝撃的な出来事　＿＿＿＿＿＿＿＿

□(3) crane　（　　　　　　　　　）　　□(7) 予期する　＿＿＿＿＿＿＿＿

□(4) fold　　（　　　　　　　　　）　　□(8) できるかぎりの　＿＿＿＿＿＿＿＿

## 1 日本語に合うように，（　）内から適切なものを選び，記号を〇で囲みなさい。

☐(1) クリスはその計画をいつ始めるべきか知っていました。

Chris knew ( ア what　イ which　ウ when ) to start the plan.

☐(2) 私のおばはおいしいケーキの作り方を私に教えてくれます。

My aunt shows me ( ア what　イ when　ウ how ) to make
delicious cakes.

☐(3) リサは私にどちらの本を読むべきか教えてくれました。

Lisa told me ( ア which　イ what　ウ how ) book to read.

**テストによく出る!**

疑問詞＋名詞＋to＋
動詞の原形

■(3)この形式の文では疑
問詞のあとに名詞を置
いて，「どの〇〇」「何
の〇〇」ということが
できる。

## 2 日本語に合うように，＿＿＿に入る適切な語を書きなさい。

☐(1) 彼は火の起こし方を学びたいと思っています。

He wants to learn ＿＿＿＿＿＿ ＿＿＿＿＿＿
＿＿＿＿＿＿ a fire.

☐(2) ショウタにテニスをいつ練習するか伝えてくれますか。

Can you tell Shota ＿＿＿＿＿＿ ＿＿＿＿＿＿
＿＿＿＿＿＿ tennis?

☐(3) 私は英語をもっと上手に話すために何をすべきか知りたいです。

I want to know ＿＿＿＿＿＿ ＿＿＿＿＿＿ ＿＿＿＿＿＿
to speak English better.

**⚠ミス に注意**

2(2)tell＋人＋...で「人
に...を言う」という意
味。人の後ろに疑問詞
＋to＋動詞の原形を
つなげよう。

## 3 日本語に合うように，（　）内の語句を並べかえなさい。

☐(1) ニックがその知らせを聞いたとき，彼は不安でいっぱいでした。

( anxiety / was / Nick / of / full ) when he heard the news.

＿＿＿＿＿＿＿＿＿＿＿＿＿＿ when he heard the news.

☐(2) はや1年がたち，私は上手なはしの使い方を知っています。

Fast forward a year, ( to / I / use / how / chopsticks /
know ) well.

Fast forward a year, ＿＿＿＿＿＿＿＿＿＿＿＿＿ well.

☐(3) 私はこの春，ついに中学校を卒業します。

I'll ( from / finally / junior high school / graduate ) this spring.

I'll ＿＿＿＿＿＿＿＿＿＿＿＿＿＿＿ this spring.

☐(4) 私は今日はそれほど外出したくありません。

( to / really / out / don't / today / I / go / want ).

＿＿＿＿＿＿＿＿＿＿＿＿＿＿＿＿＿.

☐(5) 私の両親は私が落ち込むときはいつも支えてくれます。

My parents ( when / always / me / down / support / feel / I ).

My parents ＿＿＿＿＿＿＿＿＿＿＿＿＿＿＿.

**注目!**

時間の経過を表す
前置詞

3(2)fast forwardは元
来「早送りする」という
意味で，ここでは一気
に1年の時を通過する
ということなので「は
や1年」と訳す。

Unit 7

107

**ぴたトレ 1**

要点チェック

# Unit 7 Tina's Speech (Part 2)

時間 **15分**

解答 p.25

〈新出語・熟語 別冊p.14〉

教科書の重要ポイント | **現実とは違う仮定を表す文** | 教科書 pp.92～93

## If I could speak to that worried girl, I would say, "There's no need to worry."

〔もし私がその心配している女の子と話すことができれば，「何の心配もいらないよ。」と言うだろうに。〕

「もしも（今）～だったら，…だろうに」と現実とは違う話をするときは，Ifに続く文で，助動詞や動詞の過去形を使って仮定のことを表現できる。be動詞は基本的にwereを使う。

現実の事実： I cannot speak to that worried girl, so I will not say ～.

〔私はその心配している女の子と話すことができない〕　　〔だから私は～と言わないでしょう〕

仮定法 ： If I could speak to that worried girl, I would say ～.

〔もし私がその心配している女の子と話すことができれば，私は～と言うだろうに。〕

If＋主語＋動詞の過去形＋～, 主語＋助動詞の過去形＋動詞の原形
be動詞はwere　　　　　　　　　would, couldなど

〔もし～なら，…だろうに（…できるのだが）〕

Ifの後ろにbe動詞がくるときは，主語が何であっても基本的にwereにしよう。

仮定法で使われる動詞の過去形は，現実には達成できないという距離感を表しているだけで，過去のことを表しているのではない。

ナルホド！

**Words & Phrases** 次の英語は日本語に，日本語は英語にしなさい。

☐(1) everywhere （　　　　　　　）　　☐(4) 真実，事実 ＿＿＿＿＿＿＿

☐(2) basically （　　　　　　　）　　☐(5) ～を尊重する，～を重んじる ＿＿＿＿＿＿＿

☐(3) adventure （　　　　　　　）　　☐(6) テスト ＿＿＿＿＿＿＿

**1** 日本語に合うように，（ ）内から適切なものを選び，記号を〇で囲みなさい。

☐(1) もし彼が若ければ，彼はその山に登ることができるだろうに。

If he ( ア will be　イ is　ウ were ) young, he could climb the mountain.

☐(2) もし私が彼女の電話番号を知っているのなら，彼女と連絡をとるだろうに。

If I knew her phone number, I ( ア will　イ would ウ have to ) contact her.

テストによく出る！

仮定法での動詞

**1** 現在の事実とは違う仮想のことを述べる場合，ifの後ろの文の動詞，または助動詞は過去形になる。

□(3) もし彼女が中国語を話せるなら，彼にそれを教えてあげるだろうに。

If she ( ア could　イ can　ウ has to ) speak Chinese, she would teach it to him.

□(4) もしタイムトラベルができるなら，あなたは何をしますか。

If you ( ア can　イ could　ウ would ) travel through time, what ( ア will　イ could　ウ would ) you do?

**2** 次の2文をそれぞれ**If**からはじまる1文で「もし～だったら…だろうに」という意味の英文に書きかえなさい。

⚠ ミスに注意

**2**「～(する)だろうに」であればwould，「～できるだろうに」であればcouldを使おう。

□(1) { David doesn't have enough money.
　　　{ So he can't buy a car.

_____

_____

□(2) { She isn't here.
　　　{ So, I won't invite her to my concert.

_____

_____

□(3) { You don't live near our school.
　　　{ So, you come to school late.

_____

_____

**3** 日本語に合うように，（　）内の語句を並べかえなさい。

□(1) 日本の学校はアメリカの学校と違います。

( different / American schools / Japanese schools / are / from ).

_____

_____.

注目!

**品詞**

**3**(1)(2)differentは形容詞で「違った，異なった」という意味。differenceは名詞で「違い，相違」という意味である。

□(2) 私はクッキーとビスケットの違いを知りませんでした。ついこの間，ようやくそれを知りました。

I didn't know the difference between cookies and biscuits. ( found / recently / that / finally / out / I ).

_____

_____.

□(3) 実は，彼女はテニスが得意ではありません。

( is / she / truth / is / the / not / that ) good at tennis.

_____ good at tennis.

Unit 7

ぴたトレ
**1**
要点チェック

# Unit 7 Tina's Speech（Goal）

時間 **15**分
解答 p.26

〈新出語・熟語 別冊p.14〉

教科書の重要ポイント **今の自分を伝えるスピーチ** 教科書 pp.94～95

▼ ［導入］ 質問して聴衆の関心をスピーチのテーマに向ける

Can you guess **why this pair of shoes is my treasure?**
〔あなたはなぜこの一足の靴が私の宝物なのか推測できますか。〕

What's your best **memory of the school trip?** 〔あなたの修学旅行の一番の思い出は何ですか。〕

Have you heard of **Walt Disney?** 〔あなたはウォルト・ディズニーを聞いたことがありますか。〕

▼ ［内容］ 聴衆にテーマの詳細を示す

There was **nothing else for Jessy to eat** there.
〔そこにはジェシーが食べるものは他に何もありませんでした。〕

I was **very impressed by** his performance. 〔私は彼の演技にとても感動しました。〕

I **realized how important it is to make a world without** nuclear weapons.
〔私は世界を核兵器のないものにするということがどれほど重要かということに気づきました。〕

I was **so tired that I couldn't run anymore.**
〔私はとても疲れていたので，私はもう走ることができませんでした。〕

These photos **remind me of** happy times in London.
〔これらの写真は，ロンドンでの楽しかった時間を私に思い起こさせます。〕

▼ ［まとめ］ 聴衆に伝えたいスピーチ内容をまとめる

I'm sure **the star brought me good luck.** 〔私はその星が幸運を私に運んできたと確信しています。〕

If you **can dream it, you can do it.** 〔もしあなたが夢見るなら，あなたはそれができます。〕

I guess **I need to learn more first.** 〔まず，私はもっと学ぶ必要があると推測します。〕

---

**1** 日本語に合うように，（ ）内から適切なものを選び，記号を〇で囲みなさい。

☐(1) この景色はベラに彼女のおじいさんを思い起こさせます。
This scenery reminds Bella （ ア of イ on ウ for ） her grandfather.

☐(2) そのビンを冷たい水でいっぱいにしてくれますか。
Can you fill the bottle （ ア in イ of ウ with ） cold water?

☐(3) フィリップはその有名な作家の言葉に感銘を受けました。
Philip was impressed （ ア of イ by ウ for ） the words of the famous writer.

⚠ミスに注意

**1**(2)「～を…で満たす」という意味にする。be full of ～「～でいっぱいの」と間違えないよう注意しよう！

**2** 日本語に合うように，＿＿＿に入る適切な語を書きなさい。

□(1) 誰がこの偉大な仕事をしたのかあなたは推測できますか。

Can you ＿＿＿＿＿＿ ＿＿＿＿＿＿ ＿＿＿＿＿＿ this
great work?

□(2) ジョンはついに彼女に会えてとてもうれしかったです。

John was so ＿＿＿＿＿＿ ＿＿＿＿＿＿ finally see her.

□(3) 私は解決策を考え続けています。

I ＿＿＿＿＿＿ ＿＿＿＿＿＿ of a solution.

□(4) あのサルを見てください！彼女は赤ちゃんの世話をしている人間
のようですね。

Look at that monkey!  She is like a human ＿＿＿＿＿＿
＿＿＿＿＿＿ of a baby.

□(5) 私は彼女の誕生日プレゼントにどちらの本を買うべきかわかりま
せん。

I don't know ＿＿＿＿＿＿ ＿＿＿＿＿＿ to buy for her
birthday present.

**3** 日本語に合うように，（　）内の語句を並べかえなさい。

□(1) 彼はリサによって撮られた写真を見たことがあります。

( the photos / he / by / has / Lisa / taken / seen ).

＿＿＿＿＿＿＿＿＿＿＿＿＿＿＿＿＿＿＿＿＿＿＿＿.

□(2) その知らせはとても衝撃的だったので，私は決して忘れないで
しょう。

The ( news / never / shocking / I'll / that / forget / was /
it / so ).
The ＿＿＿＿＿＿＿＿＿＿＿＿＿＿＿＿＿＿＿＿＿.

□(3) タクヤが彼女を助けるためにできることは他に何もありませんで
した。

( nothing / do / Takuya / was / there / else / for / to ) to
help her.
＿＿＿＿＿＿＿＿＿＿＿＿＿＿＿＿＿ to help her.

□(4) 私たちは海で泳ぐことがどれほど危険かということがわかりました。

( found / to / dangerous / is / we / how / it ) swim in the sea.
＿＿＿＿＿＿＿＿＿＿＿＿＿＿＿＿＿ swim in the sea.

□(5) 私が彼女のためにできることはただ励ますことだけでした。

( for / her / could / I / do / all ) was encourage her.
＿＿＿＿＿＿＿＿＿＿＿＿＿＿＿＿＿ was encourage her.

**注目！**

**else**

**3**(3) else は some-，
any-，no- などの後
ろや疑問詞の後ろにつ
く。例：someone
else「誰かほかの人」，
anything else「何か
そのほかのもの」

**テストによく出る！**

**how ＋形容詞＋主語
＋動詞**

**3**(4) how ＋形容詞＋主
語＋動詞で「どれほど
〜か」という程度を表
す。

教科書の重要ポイント **世界の現状を知る（復習）** 教科書 pp.96 ～ 97

▼ 人口，性別についての表現　　　　　　　以下　100 PEOPLE : A WORLD PORTRAITより

If this world were a small village of 100 people, what would it look like?

〔もしこの世界が人口100人の小さな村なら，それはどのように見えるでしょうか。〕

If 100 people lived in the village, 50 would be women, and 50 would be men.

〔もしその村に100人住んでいるなら，50人は女性で，50人は男性でしょう。〕

▼ 教育についての表現

7 people would have a college degree in this village.

〔この村の7人の人々は大学の学位を持っているでしょう。〕

▼ 食料事情についての表現

1 would be dying from starvation, and another 11 would be undernourished, while 22 would be overweight.

〔1人は空腹で死にかけており，他の11人は栄養不足で，一方では22人が太りすぎでしょう。〕

▼ 安全事情についての表現

9 people wouldn't have access to clean, safe drinking water.

〔9人の人々はきれいで，安全な水を飲む機会はないでしょう。〕

▼ 技術についての表現

53 people would never see anything online.

〔53人の人々はオンラインで何も見たことがないでしょう。〕

＼ナルホド！／

**Words & Phrases** 次の英語は日本語に，日本語は英語にしなさい。

☐(1) access （　　　　　　　）　　☐(5) 10億 ＿＿＿＿＿＿＿

☐(2) Europe （　　　　　　　）　　☐(6) 性，ジェンダー ＿＿＿＿＿＿＿

☐(3) education （　　　　　　　）　　☐(7) 瀕死の，死にかけている ＿＿＿＿＿＿＿

☐(4) college （　　　　　　　）　　☐(8) アメリカ ＿＿＿＿＿＿＿

**1** 日本語に合うように，（　）内から適切なものを選び，記号を〇で囲みなさい。

☐(1) アフリカでは多くの子供たちが飢餓のために死にかけています。

Many children in Africa are dying （ ア on　イ from　ウ with ） starvation.

注目！

「～しかけている」を表す進行形

**1**(1)dying「死にかけている」のように瞬間的な動作は進行形で「～しかけている」という意味になる。

□(2) もしあなたがカードを持っていないなら，その部屋を利用
できないでしょう。

If you didn't have a card, you wouldn't have access
( ア of  イ for  ウ to ) the room.

## 2 日本語に合うように，＿＿＿に入る適切な語を書きなさい。

⚠ ミスに注意

2(3)shelterは「避難所」
という意味もあるけれ
ど，「保護，避難」とい
う意味では不可算名詞
になるよ。

□(1) もしあなたがそこにいるならば，彼女を助けることでしょう。

If you were there, you ＿＿＿＿＿＿ ＿＿＿＿＿＿ her.

□(2) 私はそのようなことは決して考えてもみなかったことでしょう。

I ＿＿＿＿＿＿ ＿＿＿＿＿＿ ＿＿＿＿＿＿ about
anything like that.

□(3) 彼らには風や雨から避ける所はありませんでした。

They had ＿＿＿＿＿＿ ＿＿＿＿＿＿ ＿＿＿＿＿＿ the
wind and rain.

□(4) あなたはアジアには40億以上の人々が住んでいると知っています
か。

Do you know there are ＿＿＿＿＿＿ ＿＿＿＿＿＿ four
billion people living in Asia?

## 3 日本語に合うように，（　）内の語句を並べかえなさい。

テストによく出る!

while の意味

3(4)whileには「〜して
いる間に」という意味
のほかに「ところが一
方」という意味がある。

□(1) あなたの生活をより良くするために，早起きすべきです。

( make / order / your / to / life / in / better ), you should
get up early.

＿＿＿＿＿＿＿＿＿＿＿＿＿＿＿＿＿＿＿＿＿＿＿＿ ,
you should get up early.

□(2) 彼はその会社がどのようなのか知りたいと思っています。

( know / is / he'd / what / like / like / the company / to ).

＿＿＿＿＿＿＿＿＿＿＿＿＿＿＿＿＿＿＿＿＿ .

□(3) もし私がジャングルに住んでいたら，生活はどんなふうだろう。

If I ( in / what / would / lived / , / like / my life / look / a
jungle )?

If I ＿＿＿＿＿＿＿＿＿＿＿＿＿＿＿＿＿＿＿＿＿ ?

□(4) あの宿題が簡単である一方，この宿題は難しすぎます。

That homework is ( while / too / this one / hard / easy /
is / , ).

That homework is ＿＿＿＿＿＿＿＿＿＿＿＿＿＿＿＿ .

World Tour 2

① **正しいものを4つの選択肢の中から選びなさい。**

☐(1) I want to know how (　　) chopsticks.

 ア uses  イ used  ウ to use  エ have used

☐(2) If I could use magic power, I (　　) build a candy house!

 ア can  イ will  ウ may  エ would

☐(3) If I (　　) you, I would say that to him.

 ア is  イ am  ウ are  エ were

☐(4) I want to fill him (　　) joy.

 ア of  イ with  ウ for  エ by

「もしも～だったら…」の現在の理想のことを言うけれど,動詞は過去形だね。

② **日本語に合うように,　　　に入る適切な語を書きなさい。**

☐(1) もしあなたが学生ならば,その図書館を利用できますよ。

 If you are a student, you ＿＿＿＿＿＿ ＿＿＿＿＿＿ ＿＿＿＿＿ the library.

☐(2) 友達と家族は我々の宝物です。私はついにそれを知ることができました。

 Friends and family are our treasure.　I could finally ＿＿＿＿＿ ＿＿＿＿＿

 ＿＿＿＿＿.

☐(3) 私の学校生活は思い出でいっぱいです。

 My school life ＿＿＿＿＿ ＿＿＿＿＿ ＿＿＿＿＿ memories.

☐(4) このチョウはよく見るチョウと違っています。

 This butterfly ＿＿＿＿＿ ＿＿＿＿＿ ＿＿＿＿＿ common butterflies.

③ **日本語に合うように,(　)内の語を並べかえなさい。**

☐(1) これはすべてあなたのおかげでできたのです。

 ( possible / to / all / you / this / thanks / was ).

 ＿＿＿＿＿＿＿＿＿＿＿＿＿＿＿＿＿＿＿＿＿＿＿＿＿＿.

☐(2) その国では何人かの子供たちが飢餓のために死にかけています。

 ( children / dying / some / from / are / starvation ) in the country.

 ＿＿＿＿＿＿＿＿＿＿＿＿＿＿＿＿＿＿＿＿ in the country.

☐(3) もし私があなただったら,何か違うことを言うでしょう。

 ( were / different / I / I / if / would / you / something / say / , ).

 ＿＿＿＿＿＿＿＿＿＿＿＿＿＿＿＿＿＿＿＿＿＿＿＿＿＿.

---

ヒント　② (1)仮定の話ではないので,現在形で表す。
   ③ (1)「～のおかげ」は thanks to ～ で表す。

114

## ④ 書く✍ （  ）内の指示に従って，英文を書きかえなさい。

(1) I don't live in a big house.  So I can't have a big dog.
（ifを使って「もし～だったら…だろうに」という意味の英文に）

_____

(2) I don't know what I should do next.
（不定詞のtoを使ってほぼ同じ意味の１文に）

_____

## ⑤ 読む📖 次の英文を読んで，あとの問いに答えなさい。

One day, my father suddenly said, "We're moving to Japan!" That was three years ago.  ①I didn't really know anything about Japan.  ②( to / know / didn't / expect / I / I / what / when ) got there.  I thought maybe I should learn how to use chopsticks.  I was full of anxiety.

(1) 下線部①の英語を日本語にしなさい。
①(                                                                    )

(2) 下線部②の（  ）内の英語を並べかえなさい。
②_____

## ⑥ 話す🗣 次の英文を読んで，あとの問いに答えなさい。解答の答え合わせのあと，発音アプリの指示に従って，問題文と解答を声に出して読みなさい。 🗂アプリ

Today, so much food becomes waste every day, but a lot of them is still good to eat.  This is "food loss."  It is a big problem.  Japan buys 60% of our food from other countries every year.  But about 30% of the food becomes waste, and we can still eat or use most of them.  Do you know how to solve the problem?  I think we can do a lot of things.  For example, check the inside of a fridge before shopping.  If you do so, you won't buy too much food.

(1) What is a big problem?
— _____

(2) What can we do to solve the problem?
— _____

ヒント  ④(2)間接疑問文のwhat＋主語＋should＋動詞はwhat to＋動詞の原形で表すことができる。

ぴたトレ
**3**
確認テスト

Unit 7 〜
World Tour 2

時間 30分 　/100点　合格 70点　解答 p.27

教科書 pp.89 〜 97

**❶** 下線部の発音が同じものには〇を，そうでないものには×を，解答欄に書きなさい。 　　6点

(1) grad<u>ua</u>te 　　　　(2) f<u>o</u>ld 　　　　(3) Eur<u>o</u>pe

　　 w<u>a</u>ste 　　　　　　 s<u>o</u>cial 　　　　　　 u<u>s</u>ually

**❷** 最も強く発音する部分の記号を解答欄に書きなさい。 　　6点

(1) pos - si - ble 　　　(2) ad - ven - ture 　　(3) res - pect

　　 ア　イ　ウ 　　　　　　ア　イ　ウ 　　　　　　ア　イ

**❸** 日本語に合うように，＿＿に入る適切な語を書きなさい。 　　20点

(1) その映画はそれほどおもしろくありませんでした。

　　 The movie ＿＿＿ ＿＿＿ ＿＿＿ interesting.

(2) 実は，彼はとても優しい人です。

　　 ＿＿＿ ＿＿＿ ＿＿＿ that he is a very kind person.

(3) あなたたちのおかげで，彼らはきれいな飲料水を得ることができます。

　　 Thanks to you, they ＿＿＿ ＿＿＿ ＿＿＿ clean water.

よく出る (4) ゴミを減らすために，あなたに何ができますか。

　　 ＿＿＿ ＿＿＿ ＿＿＿ reduce waste, what can you do?

**❹** （ ）内の語数で，次の日本語を英文にして，解答欄に書きなさい。 　　21点

(1) 私はみんなの前でスピーチをしました。（8語）

(2) もしあなたが私のそばにいてくれたら，私は決して落ち込まないのに。（10語）

差がつく (3) 私は他の人たちを尊重することがいかに大切であるかを悟りました。（10語）

**❺** 次の二人の会話文を読んで，あとの問いに答えなさい。 　　23点

*Oscar :* I've been ①( read ) an interesting article.

*Erika :* ②( tell / it / you / is / can / me / what )?

*Oscar :* Sure.  It's about traveling in space.

*Erika :* What a wonderful dream!

*Oscar :* Well, it's not a dream anymore.  About sixty years ago, most people thought it was impossible.  But now, some travel companies have started to sell space trips.

*Erika :* Really?  I've never imagined going into space.

*Oscar :* About seven hundred space travel tickets were already sold to people.

*Erika :* How long is the trip?

*Oscar :* It's only a (  ③  ), but people can enjoy a great view of the Earth.
④( _ )( _ )( _ ) travel to space, what would you do?

*Erika :* ⑤Well, I don't know ( _ )( _ ) expect if I could go.  But it would be the best memory of my life.

⑴ 下線部①の( )内の語を正しい形に変化させて，文を完成させなさい。

⑵ 下線部②の( )内の語を正しく並べかえなさい。

⑶ ( ③ )に入る最も適切なものを１つ選び，記号を書きなさい。

　　ア two hours trip　　イ two-hour trip　　ウ two-hours trip

⑷ 下線部④が「もしあなたが宇宙に旅行できるなら，何をしますか」という意味になるように，
　　( )に適切な語を入れて，文を完成させなさい。

⑸ 下線部⑤が「ええと，もし私が行くことができたら，何が起こるのかわかりません」という
　　意味になるように，( )に適切な語を入れて，文を完成させなさい。

**点UP　❻ 書く✔ 次のようなとき英語で何と言うか，( )内の語数で書きなさい。** 表　24点

⑴ どうすれば上手に泳げるか相手に教えてほしいとき。（7語）

⑵ 自分の経験からたくさん大切なことを学んだと伝えるとき。（8語）

⑶ もし自分が総理大臣ならどうするか，相手にたずねるとき。（10語）

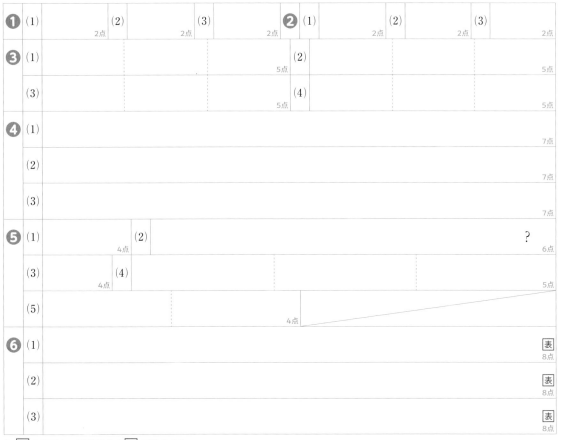

▶ 表 の印がない問題は全て 知 の観点です。

ぴたトレ **1**
要点チェック

Let's Read 3 ①

時間 **15分**
解答 p.28

〈新出語・熟語 別冊p.15〉

教科書の重要ポイント **スピーチの中の表現 (1)**　　教科書 pp.98〜99

▼ 「まるで〜であるかのように」という表現

We act as if we have all the time we want and all the solutions.
　　　　　　　　事実であるかどうかは関わらず，その認識が強いこと
〔私たちはまるで私たちには好きなだけ時間があり，全ての解決策があるかのように行動します。〕

▼ 「必要以上に」という表現

You did a good job more than enough.
〔あなたは必要以上によくやりましたね。〕

▼ 「〜するのがこわい」という表現

She is afraid to speak in front of many people.
〔彼女は大勢の人の前で話すのをこわがっています。〕

> be afraid ofは「〜がこわい」，be afraid toは「〜するのがこわい」だね。

▼ 間接疑問文を使った表現

I know what chemicals are made.
〔私はどんな化学物質が作られているか知っています。〕

▼ 「〜を元の状態に戻す，回復させる」という表現

If we pollute the water, it takes time to bring back the water.
〔もし水を汚染してしまえば，元の状態に戻すのに時間がかかります。〕

> 代名詞であれば bring it back，名詞であれば bring back the water のようにするよ。

▼ 「〜も…ではない」を使った強調表現 〈neither do[does]＋主語〉

You don't like carrots, neither do I.
〔あなたはニンジンが好きではありません，私も好きではありません。〕

▼ 「けれども，それにもかかわらず」を使った表現

He didn't have much money, yet he used his money to help the needy.
〔彼はたくさんのお金は持っていませんでした，けれども彼は自分のお金を貧しい人々を助けるために使いました。〕

**Words & Phrases** 次の英語は日本語に，日本語は英語にしなさい。

☐(1) government (　　　　　　　　) ☐(5) ずっと，いつまでも ＿＿＿＿＿＿＿

☐(2) reporter (　　　　　　　　) ☐(6) 死んでいる，枯れている ＿＿＿＿＿＿＿

☐(3) desert (　　　　　　　　) ☐(7) 誰か，ある人 ＿＿＿＿＿＿＿

☐(4) toward (　　　　　　　　) ☐(8) 目標，目的 ＿＿＿＿＿＿＿

**1** 日本語に合うように，（　）内から適切なものを選び，記号を〇で囲みなさい。

□(1) 飢えている子供たちが世界中にいます。

There are starving children ( ア above　イ around　ウ all ) the world.

□(2) ナンシーはその古い家に入って行くのをこわがっています。

Nancy is afraid ( ア to　イ of　ウ for ) go into the old house.

□(3) 私は木の下で鳥が死んでいるのに気がつきました。

I found a bird ( ア was died　イ was dead　ウ dying ) under the tree.

**⚠ミスに注意**

**1**(3)diedは動詞のdieの過去形で「死んだ」という意味。deadとdyingは形容詞でそれぞれ「死んでいる」「死にかけている」という意味だよ。

**2** 日本語に合うように，＿＿＿に入る適切な語を書きなさい。

□(1) ジャックはいつもまるで全部知っているかのように私に言います。

Jack always talks to me ＿＿＿＿＿＿＿ ＿＿＿＿＿＿＿ he ＿＿＿＿＿＿＿ everything.

□(2) 私はあなたに真実を話すためにここにいるのです。

＿＿＿＿＿＿＿ ＿＿＿＿＿＿＿ ＿＿＿＿＿＿＿ to tell you the truth.

□(3) 私たちはただの子供です，けれども互いに助け合うべきだということを知っています。

We are only children, ＿＿＿＿＿＿＿ ＿＿＿＿＿＿＿ ＿＿＿＿＿＿＿ we should help each other.

□(4) 私たちみんな，誰かの子供なのです。

＿＿＿＿＿＿＿ ＿＿＿＿＿＿＿ ＿＿＿＿＿＿＿ are somebody's child.

**注目!**

**逆接の接続詞**

**2**(3)「しかし，けれども」を表す言葉はbut, however, yetなどがある。howeverはたいていコンマを後につける。

**3** 日本語に合うように，（　）内の語句を並べかえなさい。

□(1) 私たちはどのように野生動物を救うのかを知りません。

( save / know / wildlife / to / we / how / don't ).

＿＿＿＿＿＿＿＿＿＿＿＿＿＿＿＿＿＿＿＿＿.

□(2) ナオトには何の答えもありませんでした，私もありませんでした。

Naoto ( I / have / neither / did / any answers / didn't / , ).

Naoto ＿＿＿＿＿＿＿＿＿＿＿＿＿＿＿＿＿＿＿.

□(3) 私たちは全ての来るべき将来の世代のために行動しなければなりません。

We must ( future / for / generations / act / all / to come ).

We must ＿＿＿＿＿＿＿＿＿＿＿＿＿＿＿＿＿＿＿.

**テストによく出る!**

**neitherとeither**

**3**(2)副詞のneitherとeitherはどちらも「…もまた…ない」の意味があるが，Neither do I.＝I don't, either.と使い方が違う。

Let's Read 3

ぴたトレ
**1**
要点チェック

Let's Read 3 ②

時間 **15**分
解答 p.29

〈新出語・熟語 別冊p.15〉

教科書の
重要ポイント **スピーチの中の表現 （2）** 教科書 pp.100～101

▼ 「もしも～だったら，…だろうに」の言い方
If I were rich, I would give them food and medicine.
〔私が金持ちだったなら，彼らに食べ物と薬をあげるのに。〕

▼ 「～してもかまわない，いとわない」の言い方
Brian is willing to help his teacher.
〔ブライアンは彼の先生の手伝いをするのをいといません。〕

> willingは「いとわない，かまわない」という意味の形容詞だよ。助動詞のwillとは全く違うので気をつけよう。

▼ 「～しないように教える」ときの表現
He teaches his son not to be greedy.
〔彼は彼の息子に欲深くならないよう教えます。〕

▼ 「～を解決する」を使った表現
My teacher told me to work it out.
〔私の先生はそれを解決するよう言いました。〕

▼ 「最善をつくす」ときの表現
Margaret will do the best with the entrance exam.
〔マーガレットは入学試験に最善を尽くすでしょう。〕

▼ 「～に異議を唱える」の言い方
I challenge you, make your actions reflect your words.
〔私はあなたに異議を唱えます，あなたの行動があなたの言葉を反映するようにしなさい。〕

ナルホド!

**Words & Phrases** 次の英語は日本語に，日本語は英語にしなさい。

☐(1) spend （　　　　　　　）
☐(2) grown-up （　　　　　　　）
☐(3) affection （　　　　　　　）
☐(4) comfort （　　　　　　　）

☐(5) 争う，戦う ＿＿＿＿＿＿＿
☐(6) 欲深い ＿＿＿＿＿＿＿
☐(7) 振る舞う ＿＿＿＿＿＿＿
☐(8) 乱雑，めちゃくちゃな状態 ＿＿＿＿＿

**1** 日本語に合うように，（　）内から適切なものを選び，記号を〇で囲みなさい。

☐(1) 私は毎年夏に，長崎の祖父母と時間を過ごすのが楽しみです。
I look forward to spending time （ ア with　イ to　ウ on ） my grandparents in Nagasaki every summer.

テストによく出る!

品詞

**1**(1)look forward toのtoは，不定詞を作るためのものではなく，go toで使われるtoのように前置詞。後ろは動詞の原形ではなく動名詞になる。

□(2) 部屋をごらんなさい。ごちゃごちゃしているのを片づけなさい。

Look at your room. Clean ( ア off　イ away　ウ up ) your mess.

□(3) もし私があなたなら，自分を誇りに思うだろうに。

If I were you, I ( ア will　イ would　ウ can ) be proud of myself.

## 2 日本語に合うように，＿＿＿に入る適切な語を書きなさい。

注目!

連語

2(2)「約束を守る」は keep one's promise で表す。動詞はkeep を使う。

□(1) ちょっと待って。私がそれをすぐに解決しますから。

Please wait a minute. I'll ＿＿＿＿＿＿＿ ＿＿＿＿＿＿＿ ＿＿＿＿＿＿＿ soon.

□(2) 彼は約束を守るために，最善を尽くしました。

He ＿＿＿＿＿＿＿ ＿＿＿＿＿＿＿ ＿＿＿＿＿＿＿ to keep his promise.

□(3) 私たちはあなた方に異議を唱えます，なぜ規則を守れないのですか。

＿＿＿＿＿＿＿ ＿＿＿＿＿＿＿ ＿＿＿＿＿＿＿, why can't you follow the rules?

□(4) してはいけないと言われたことをやらないでください。

Please don't do the things you were told ＿＿＿＿＿＿＿ ＿＿＿＿＿＿＿ ＿＿＿＿＿＿＿.

## 3 日本語に合うように，（　）内の語句を並べかえなさい。

⚠ ミスに注意

3(2)このendは「終わり」 という意味の名詞。 theをどこで使うのか 注意しよう！

□(1) あいにく，私はもうあなたに会うことはできません。

( anymore / you / can't / unfortunately / see / I / , ).

＿＿＿＿＿＿＿＿＿＿＿＿＿＿＿＿＿＿＿＿＿＿＿.

□(2) 落ち着きなさい，世界の終わりじゃないよ。

Calm down, ( end / it's / world / not / the / the / of ).

Calm down, ＿＿＿＿＿＿＿＿＿＿＿＿＿＿＿＿＿＿＿＿.

□(3) 私は他の人を慰めることができる人になりたいです。

I want ( who / be / others / can / to / comfort / a person ).

I want ＿＿＿＿＿＿＿＿＿＿＿＿＿＿＿＿＿＿＿＿.

□(4) 私は幼い子供たちの世話をするのをいといません。

( children / to / of / I'm / little / take / willing / care ).

＿＿＿＿＿＿＿＿＿＿＿＿＿＿＿＿＿＿＿＿＿＿＿.

□(5) 母は欲深くならないよう教えてくれました。

( me / greedy / mother / be / to / my / taught / not ).

＿＿＿＿＿＿＿＿＿＿＿＿＿＿＿＿＿＿＿＿＿＿＿.

Let's Read 3

**① 正しいものを4つの選択肢の中から選びなさい。**

☐(1) I am here (　　) save our planet.

　　ア for　　イ as　　ウ because　　エ to

☐(2) If I (　　) you, I would choose to go to New Zealand to study English.

　　ア am　　イ were　　ウ was　　エ will be

☐(3) What would you do if you (　　) one billion yen?

　　ア had　　イ have　　ウ will have　　エ are having

☐(4) Stop (　　) TV while you are eating food.

　　ア watch　　イ watched　　ウ watching　　エ to watch

> 文の意味を考えながら，動詞の形を選ぼう。

**② 日本語に合うように，＿＿＿に入る適切な語を書きなさい。**

☐(1) 多くの動物がこの惑星のあちこちで死にかけています。

　　A lot of animals are ＿＿＿＿＿＿＿＿ ＿＿＿＿＿＿＿＿ this planet.

☐(2) 彼女はだらしないです，けれども私は彼女が好きです。

　　She is lazy, ＿＿＿＿＿＿＿ ＿＿＿＿＿＿＿＿ ＿＿＿＿＿＿＿ her.

☐(3) 最善を尽くすことは重要です。

　　It is important to ＿＿＿＿＿＿＿ ＿＿＿＿＿＿＿＿ ＿＿＿＿＿＿＿.

☐(4) トムは必要以上に食べすぎてしまいました。

　　Tom have had ＿＿＿＿＿＿＿ ＿＿＿＿＿＿＿ ＿＿＿＿＿＿＿.

**③ 日本語に合うように，(　)内の語を並べかえなさい。**

☐(1) 彼は私がまるで幼い子供であるかのように話しかけてきます。

　　He talks to me ( am / as / little / if / I / child / a ).

　　He talks to me ＿＿＿＿＿＿＿＿＿＿＿＿＿＿＿＿＿＿＿＿＿＿＿.

☐(2) 小さな子供たちでさえ，世間でどのように振る舞うべきかを知っています。

　　( how / children / behave / even / to / little / know ) in the world.

　　＿＿＿＿＿＿＿＿＿＿＿＿＿＿＿＿＿＿＿＿＿＿ in the world.

☐(3) 私たちの先生は私たちに「言葉を行動に反映させなさい。」と言いました。

　　Our teacher said to us, "( reflect / make / words / actions / your / your )."

　　Our teacher said to us, "＿＿＿＿＿＿＿＿＿＿＿＿＿＿＿＿＿＿＿＿."

---

ヒント　② (2)「けれども，それにもかかわらず」はyetを使って表す。
　　　　③ (3)「〜させる」はmakeを使って表す。

❹ （　）内の語数で，次の日本語を英文に書きかえなさい。

□(1) 彼女はまるで教師であるかのように振舞います。（8語）

_____

□(2) 私の父は私に川で泳がないよう教えました。（10語）

_____

□(3) ニック(Nick)はその意味がわかりません，私もわかりません。（8語）

_____

❺ 読む📖 次の英文を読んで，あとの問いに答えなさい。

　"①(私がお金持ちだったらいいのに。) And if I were, I would give all the street children food, clothes, medicine, shelter, and love and affection." If a child on the street who has nothing is willing to share, ②why are we who have everything still so greedy?

セヴァン・カリス＝スズキ著　ナマケモノ倶楽部編・訳「あなたが世界を変える日」より

□(1) 下線部①の（　）内の日本語を英語にしなさい。　　①_____

□(2) 下線部②の英語を日本語にしなさい。
　　②（　　　　　　　　　　　　　　　　　　　　　　　　　　　　　　　）

❻ 話す🔈 次の問題を読んで，あとの問いに答えなさい。解答の答え合わせのあと，発音アプリの指示に従って，問題文と解答を声に出して読みなさい。 アプリ

　I am writing this to make a difference. Now, many sea animals are dying because of plastic bags. Many people know ①the truth, but why can't you stop using plastic bags? We still act as if we don't do any bad things to animals. If we use a reusable bag, we can use it again and again. It is eco-friendly. Sea animals are dying while you are reading this. It is easy to change our habits, but it is difficult to bring back sea animals.

(注)reusable　再利用可能の　　habit　習慣

□(1) 本文の下線部①について，次の問いに英語で答えなさい。

What is the truth?

—　_____

□(2) What product is eco-friendly?

—　_____

ヒント　❹(1)「振舞う」はbehave。(2)「人に～しないよう教える」は〈teach＋人＋not to＋動詞の原形〉の形で表す。
(3)「意味」はmeaning。「～もまた…ない」はneither＋do＋主語を使って表す。

123

教科書の<br>重要ポイント　「もしも(今)～だったらいいのに」を表す文　教科書 pp.103～105

**I wish you weren't leaving.** 〔あなたが去ってしまわなければいいのに。〕

**I wish I could stay.** 〔私が滞在できたらいいのに。〕

〈I wish～〉で「もしも(今)～だったらいいのに」というかなわない願望を表す。

現実　I injured my foot. 〔私は足をケガしました。〕
理想　I wish I didn't injure my foot. 〔私が足をケガしていなければいいのに。〕

現実　I am not good at swimming. 〔私は泳ぐことが得意ではありません。〕
理想　I wish I were good at swimming. 〔私が泳ぐことが得意だったらいいのに。〕

「もしも(今)～だったらいいのに」は〈I wish＋主語＋(助)動詞の過去形〉の形で表す。

I wish　　　you weren't leaving. 〔あなたが去ってしまわなければいいのに。〕
「～ならいいのに」　　　願望

I wish　　　I could stay. 〔私が滞在できたらいいのに。〕
「～ならいいのに」　　　願望

> I wishの後ろのbe動詞は，主語が何であっても基本的にwereを使うよ。

ナルホド!

---

**Words & Phrases** 次の英語は日本語に，日本語は英語にしなさい。

▢(1) within 　( 　　　　　　　　 )　　▢(4) いつもの 　_____

▢(2) all year round ( 　　　　　　 )　　▢(5) 連絡を取り合う _____

▢(3) get bored 　( 　　　　　　　 )

---

**1** 日本語に合うように，( )内から適切なものを選び，記号を◯で囲みなさい。

▢(1) 私がフランス語を話すことができればいいのに。
　I wish I ( ア can　イ am able to　ウ could ) speak French.

▢(2) 彼が私の兄ならいいのに。
　I wish ( ア he had　イ he were　ウ he is ) my brother.

> **テストによく出る!**
> **動詞の形**
> **1** I wishの後ろの文のbe動詞，一般動詞，助動詞は過去形にする。

☐(3) コウタが私のことを知っていればいいのに。

I wish （ ア Kota knew　イ Kota knows

ウ Kota were known ） me.

**2** 日本語に合うように，＿＿に適切な語を書きなさい。

☐(1) 私が車を持っていたらいいのに。

I ＿＿＿＿＿＿＿ I had a car.

☐(2) 彼がもっと大きな声で話せばいいのに。

I ＿＿＿＿＿＿＿ ＿＿＿＿＿＿＿ ＿＿＿＿＿＿＿ louder.

☐(3) 私が鳥のように飛ぶことができたらいいのに。

I ＿＿＿＿＿＿＿ I ＿＿＿＿＿＿＿ ＿＿＿＿＿＿＿ like a bird.

☐(4) あなたに何か特別なものをあげます。

Here's ＿＿＿＿＿＿＿ ＿＿＿＿＿＿＿ ＿＿＿＿＿＿＿ you.

☐(5) 彼女が病気でなければいいのに。

I ＿＿＿＿＿＿＿ she ＿＿＿＿＿＿＿ ＿＿＿＿＿＿＿ sick.

☐(6) 私は彼が正直な人だなんて信じられません。

I can't ＿＿＿＿＿＿＿ he is an ＿＿＿＿＿＿＿ ＿＿＿＿＿＿＿.

**3** 日本語に合うように，（ ）内の語句を並べかえなさい。

☐(1) 私はあなたたちがいないのをとても寂しく思うでしょう。

( much / you / I / so / miss / will ).

＿＿＿＿＿＿＿＿＿＿＿＿＿＿＿＿＿＿＿＿＿＿＿＿.

☐(2) ケビンはまもなくここに来るでしょう。

( here / soon / coming / Kevin / is ).

＿＿＿＿＿＿＿＿＿＿＿＿＿＿＿＿＿＿＿＿＿＿＿＿.

☐(3) 退屈したら，このテレビゲームをしてもいいですよ。

( bored / can / you / you / get / this / play / if / video game ).

＿＿＿＿＿＿＿＿＿＿＿＿＿＿＿＿＿＿＿＿＿＿＿＿

＿＿＿＿＿＿＿＿＿＿＿＿＿＿＿＿＿＿.

☐(4) ニックは彼の母に連絡を取り合うと約束しました。

( promised / keep / Nick / touch / to / his mother / in ).

＿＿＿＿＿＿＿＿＿＿＿＿＿＿＿＿＿＿＿＿＿＿＿＿.

☐(5) 彼女はテニス選手になることを決してあきらめないでしょう。

( up / won't / give / becoming / she / ever ) a tennis player.

＿＿＿＿＿＿＿＿＿＿＿＿＿＿＿＿＿＿＿＿＿ a tennis player.

⚠️**ミスに注意**

**3**(2)go, come, leave, arriveなど未来のことでも現在進行形で表すことができる動詞もあるよ。

**注目!**

「決して〜ない」を表す語

**3**(5)「決して〜ない」は not ever を使って表す。neverと同じ意味である。

Unit 8

# Unit 8 Goodbye, Tina (Part 2)

| 教科書の重要ポイント | 手紙に見られるさまざまな表現（復習） | 教科書 pp.106〜107 |

▼ 感謝を表す表現

**Thanks to you, I was able to learn about it.**
〔あなたのおかげで, 私はそれについて知ることができました。〕

**That's because of you.** 〔それはあなたのおかげです。〕
〈thanks to＋名詞〉〈because of＋名詞〉「〜のおかげで」

> 関係代名詞のthatには, 主語・動詞をともなって, 前の名詞を詳しく説明する役割があったね。

▼ 前の名詞を後ろから詳しく説明する表現

**The three years | that we spent together | were amazing.**
　　　「3年間」　　　　　　主語　動詞
〔私たちがともに過ごした3年間はすばらしかったです。〕

▼ 感情を表す表現

**I'm excited about the future.** 〔私は将来が楽しみです。〕
「〜が楽しみだ」

> promiseの後ろは動名詞を使わず, to＋動詞の原形を使おう。

▼ 「〜することを約束する」を表す表現

**He promised to come here soon.**
〔彼はすぐここに来ることを約束しました。〕

ナルホド!

**1** 日本語に合うように, （　）内から適切なものを選び, 記号を〇で囲みなさい。

□(1) 私たちが公園で見たその犬と女性は幸せそうに見えました。

The dog and the woman（ ア who we saw　イ that we saw　ウ when we saw ）at the park looked happy.

□(2) シンジはその旅行を楽しみにしています。

Shinji（ ア is exciting　イ is excited　ウ excited ）about the trip.

□(3) 私はあなたの秘密を守ることを約束します。

I promise（ ア to keep　イ keeping　ウ kept ）your secret.

□(4) あなたのおかげで, 私はとても幸せです。

Thanks（ ア for　イ of　ウ to ）you, I'm very happy.

□(5) 彼のアドバイスのおかげで, 私たちは沖縄で素晴らしい時間を過ごすことができました。

Because（ ア for　イ of　ウ to ）his advice, we could have a wonderful time in Okinawa.

> **テストによく出る!**
> 形容詞の形
> **1**(2)物についての説明であればexcitingやboringなど, 人の感情についての説明であればexcitedやboredなどを使い分ける。

**2** 日本語に合うように，＿＿＿＿に入る適切な語を書きなさい。
関係代名詞の**that**を使うこと。

☐(1) 私が先週読んだ本は難しかったです。

The book ＿＿＿＿＿＿＿＿ I ＿＿＿＿＿＿＿＿ last week was
difficult.

☐(2) 私が食べているハンバーガーはとてもおいしいです。

The hamburger ＿＿＿＿＿＿＿＿ I'm ＿＿＿＿＿＿＿＿

＿＿＿＿＿＿＿＿ ＿＿＿＿＿＿＿＿.

☐(3) 彼が持っている漫画はおもしろいです。

The comic book ＿＿＿＿＿＿＿＿ ＿＿＿＿＿＿＿＿

＿＿＿＿＿＿＿＿ ＿＿＿＿＿＿＿＿ ＿＿＿＿＿＿＿＿.

**3** 日本語に合うように，（ ）内の語句を並べかえなさい。

☐(1) 彼はすぐに自分の部屋の掃除をすることを約束しました。

( clean / he / to / his room / promised ) right away.

＿＿＿＿＿＿＿＿＿＿＿＿＿＿＿＿＿＿＿＿＿ right away.

☐(2) ジェーンが子供だったとき，彼女は花屋の店員になりたかった。

( a florist / Jane / she / when / wanted to / be / was ) a
child.

＿＿＿＿＿＿＿＿＿＿＿＿＿＿＿＿＿＿＿＿＿ a child.

☐(3) 私がその部屋に着いたとき，彼はそこにいませんでした。

( at / wasn't / the room / I / arrived / he / when / , ) there.

＿＿＿＿＿＿＿＿＿＿＿＿＿＿＿＿＿＿＿＿＿ there.

☐(4) マイクのおかげでその英語の本を読むことができました。

( the English book / could / because / I / read / of ) Mike.

＿＿＿＿＿＿＿＿＿＿＿＿＿＿＿＿＿＿＿＿＿ Mike.

☐(5) 私はあなたが好きな歌手を知りません。

I ( like / that / the singer / know / you / don't ).

I ＿＿＿＿＿＿＿＿＿＿＿＿＿＿＿＿＿＿＿＿＿.

☐(6) 彼がその知らせを聞いたとき，戸惑いました。

( lost / heard / felt / the news / when / he / he ).

＿＿＿＿＿＿＿＿＿＿＿＿＿＿＿＿＿＿＿＿＿.

☐(7) メアリーはあなたのおかげでそのパーティーを楽しむことができ
ました。

( enjoy / you / Mary / the party / could / thanks / to / , ).

＿＿＿＿＿＿＿＿＿＿＿＿＿＿＿＿＿＿＿＿＿.

⚠ **ミスに注意**

**3**(2)文の中で，代名詞が
誰のことを指している
のかを明確にするため
に，固有名詞を先に使
うよ。

**注目!**

because of ～の
使い方

**3**(4)because of ～は理
由や原因を表し，「～
のおかげで」「～が原
因で」という意味にな
る。

Unit 8

127

教科書の重要ポイント **手紙に見られるさまざまな表現（復習）** 教科書 pp.108〜109

▼ 感謝を伝える表現

Thank you for encouraging me.
〔私を励ましてくれてありがとうございます。〕

▼ 誰が何を得意なのかを伝える表現

Ken is good at cooking. 〔ケンは料理が得意です。〕

▼ 「(人)が〜してくれてうれしい」を表す表現

I was glad you helped us.
〔私はあなたが私たちを助けてくれてうれしかったです。〕

▼ 「(人)が〜するのを手伝う」を表す表現

You helped me with my homework. 〔あなたは私の宿題を手伝ってくれました。〕
〈help＋人＋with＋名詞〉

You helped me do my homework. 〔あなたは私が宿題するのを手伝ってくれました。〕
〈help＋人＋動詞の原形〉

▼ もう1つのことを強調して伝える表現

You're always not only working but also taking care of our family.
〔あなたはいつも，働くだけでなく私たちの家族の面倒も見ています。〕

▼ 「人・ものに〜させる」という表現

Our teacher makes us laugh. 〔私たちの先生は私たちを笑わせます。〕
〈make＋人＋動詞の原形〉

▼ 「〜は…だけ」を表す表現

All I can do is wait for you.
〔私ができることはあなたを待つことだけです。〕

▼ 実現可能な願望の表現

I hope (that) we can go camping this summer.
〔私たちはこの夏，キャンプに行くことができることを望みます。〕

> hope は実現可能な願望に，wish は実現が難しい願望に使うよ。

ナルホド！

Words & Phrases **次の英語は日本語に，日本語は英語にしなさい。**

□(1) accept （　　　　　　　　）

□(2) friendship （　　　　　　　　）

□(3) cheerful （　　　　　　　　）

□(4) 夜の12時 ＿＿＿＿＿＿＿＿＿＿

□(5) 敬具(手紙で) ＿＿＿＿＿＿＿＿＿＿

□(6) 助けになる ＿＿＿＿＿＿＿＿＿＿

**1** 日本語に合うように，（ ）内から適切なものを選び，記号を〇で囲みなさい。

- □(1) 私をパーティーに招待してくれてありがとうございます。
  Thank you for （ ア invite　イ invited　ウ inviting ） me to the party.

- □(2) あなたが言わなければならないことは「ありがとう」です。
  All you have to say （ ア am　イ is　ウ are ） "thanks."

**テストによく出る!**

**allがついた主語**

**1**(2)は主語にallがついているが，単数扱いをするので，be動詞に注意。

**2** 日本語に合うように，＿＿に入る適切な語を書きなさい。

- □(1) 私はあなたが毎日ここに来てくれてうれしいです。
  I am glad ＿＿＿＿＿＿＿＿＿ ＿＿＿＿＿＿＿＿＿ here every day.

- □(2) 彼はいつも私の仕事を手伝ってくれます。
  He always ＿＿＿＿＿＿＿ ＿＿＿＿＿＿＿ ＿＿＿＿＿＿＿ my work.

- □(3) 私の弟は写真を撮るのが上手になりたいと思っています。
  My brother wants to ＿＿＿＿＿＿＿ ＿＿＿＿＿＿＿ ＿＿＿＿＿＿＿ taking photos.

- □(4) 私たちがずっと連絡を取り合えることを願います。
  ＿＿＿＿＿＿＿ ＿＿＿＿＿＿＿ ＿＿＿＿＿＿＿ can keep in touch forever.

- □(5) 私は私自身を誇りに思います。
  I ＿＿＿＿＿＿＿ ＿＿＿＿＿＿＿ ＿＿＿＿＿＿＿ myself.

**注目!**

**gladの使い方**

**2**(1)〈be動詞＋glad to＋動詞〉は自分がしてうれしいこと，〈be動詞＋glad (that)＋(人)＋動詞〉は人が何かをしてうれしい時に使う。

**3** 日本語に合うように，（ ）内の語句を並べかえなさい。

- □(1) 私は母の料理を手伝いました。
  ( my mother / cooking / I / helped / with ).
  ＿＿＿＿＿＿＿＿＿＿＿＿＿＿＿＿＿＿＿＿＿＿＿＿＿＿ .

- □(2) あなたはその場所だけ知りさえすればいい。
  （＝あなたが知らなければならないのはその場所だけです。）
  ( have to / that place / you / is / know / all ).
  ＿＿＿＿＿＿＿＿＿＿＿＿＿＿＿＿＿＿＿＿＿＿＿＿＿＿ .

- □(3) ジョンは彼の弟を泣かせました。
  ( his / made / John / cry / brother ).
  ＿＿＿＿＿＿＿＿＿＿＿＿＿＿＿＿＿＿＿＿＿＿＿＿＿＿ .

- □(4) 肉だけでなく，野菜も食べなさい。
  ( vegetables / meat / only / eat / but / not / also ).
  ＿＿＿＿＿＿＿＿＿＿＿＿＿＿＿＿＿＿＿＿＿＿＿＿＿＿ .

⚠ **ミスに注意**

**3**(1)この文はI helped my mother cook.と書きかえることができる。この問題にはwithや，cookingなど動名詞があるので注意しよう。

**❶ 正しいものを４つの選択肢の中から選びなさい。**

動詞や助動詞の形に気を付けながら，答えよう。

☐(1) I wish I (　　) the main character of the story.

ア am　　イ are　　ウ was　　エ were

☐(2) I keep (　　) touch with my parents by e-mail.

ア on　　イ for　　ウ in　　エ at

☐(3) I wish I (　　) a letter to him.

ア to write　　イ could write　　ウ writing　　エ can be wrote

**❷ 日本語に合うように，＿＿＿に入る適切な語を書きなさい。**

☐(1) 彼女が一番好きな教科は数学です。

The subject ＿＿＿＿＿＿ ＿＿＿＿＿＿ ＿＿＿＿＿＿ the best is math.

☐(2) シンガポールは１年中暖かいです。

It's warm ＿＿＿＿＿＿ ＿＿＿＿＿＿ ＿＿＿＿＿＿ in Singapore.

☐(3) 私が有名ならいいのに。

＿＿＿＿＿＿ ＿＿＿＿＿＿ I ＿＿＿＿＿＿ famous.

☐(4) 彼は早起きすることを約束しました。

He ＿＿＿＿＿＿ ＿＿＿＿＿＿ ＿＿＿＿＿＿ up early.

**❸ 日本語に合うように，（　）内の語句を並べかえなさい。**

☐(1) あなたに必要なのは休憩だけです。

( a rest / you / all / need / is ).

＿＿＿＿＿＿＿＿＿＿＿＿＿＿＿＿＿＿＿＿＿＿＿＿＿＿.

☐(2) 私がもっと水泳が得意ならいいのに。

( better / swimming / at / were / wish / I / I ).

＿＿＿＿＿＿＿＿＿＿＿＿＿＿＿＿＿＿＿＿＿＿＿＿＿＿.

☐(3) 私が東京で見た建物は高かったです。

( Tokyo / I / the building / was / in / that / saw / high ).

＿＿＿＿＿＿＿＿＿＿＿＿＿＿＿＿＿＿＿＿＿＿＿＿＿＿.

☐(4) メアリーだけでなくボブも日本語を話すことができます。

( Japanese / Bob / only / Mary / not / speak / also / can / but ).

＿＿＿＿＿＿＿＿＿＿＿＿＿＿＿＿＿＿＿＿＿＿＿＿＿＿.

ヒント　❸ (4)「〜だけでなく…も」は not only 〜 but also …。

**4** 書く✎ ( )内の語数で，次の日本語を英語に直しなさい。

☐(1) 彼が私を思い出していればいいのに。(5語)

_____

☐(2) ここに来てくれてありがとう。(5語)

_____

☐(3) 彼女は走ることが得意です。(5語)

_____

☐(4) 私の部屋に(1台の)テレビがあったらいいのに。(9語)

_____

**5** 読む📖 次の英文を読んで，あとの問いに答えなさい。

*Tina :* All the usual faces are here. I'm so happy!

*Hajin :* ①( leaving / an hour / can't / within / you're / believe / I ).

*Eri :* Me, neither! I wish you weren't leaving.

*Tina :* I know. I wish I could stay. ②I will (君たちがいないのを寂しく思う) so much.

☐(1) 下線部①の( )内の英語を並べかえなさい。

①_____

☐(2) 下線部②の( )内の日本語を3語の英語にしなさい。

②_____ _____ _____

**6** 話す🔊 次の問題を読んで，あとの問いに答えなさい。解答の答え合わせのあと，発音アプリの指示に従って，問題文と解答を声に出して読みなさい。 📱ｱﾌﾟﾘ

Have you ever eaten soup curry? It was created as a local food of Sapporo.

Later, it became famous across Japan and overseas.

Many visitors visit Sapporo and enjoy soup curry.

I also like soup curry very much. I wish I could eat it every day.

(注)eaten eatの過去分詞　overseas 海外で　visitor 観光客

☐(1) Where was soup curry created?

— _____

☐(2) What do many visitors do when they visit Sapporo?

— _____

ヒント　**4** (2)「～をありがとう」はthank you for ～を使って表し，後ろは(動)名詞。
　　　　**4** (4)「～がいる，ある」はthere is(are) ～を使って表す。

Unit 8

**❶** 下線部の発音が同じものには〇を，そうでないものには×を，解答欄に書きなさい。 6点

(1) <u>u</u>sual
　<u>fu</u>ture

(2) bor<u>ed</u>
　excit<u>ed</u>

(3) wi<u>th</u>in
　<u>th</u>ough

**❷** 最も強く発音する部分の記号を解答欄に書きなさい。 6点

(1) ac - cept
　ア　イ

(2) help - ful
　ア　イ

(3) friend - ship
　ア　イ

**❸** 日本語に合うように，＿＿に入る適切な語を書きなさい。 20点

(1) 彼女が好きな歌手はショウです。

The singer _____ _____ _____ is Sho.

(2) 私のいとこは私よりもテニスをするのが得意です。

My cousin is _____ _____ _____ tennis than I.

(3) 私がそれを言う必要がなければいいのに。

I _____ I _____ _____ to say that.

(4) 今日が晴れだったらいいのに。

_____ _____ it _____ sunny today.

**❹** 各組の文がほぼ同じ意味になるように，＿＿に適切な語を入れなさい。 15点

(1) { Thanks to my classmates, I could do my best.
　{ _____ _____ my classmates, I could do my best.

(2) { The car was expensive.  He bought it yesterday.
　{ The car _____ _____ _____ _____ was expensive.

(3) { I'm not a good cook, but I want to be a good cook.
　{ I _____ _____ _____ a good cook.

**❺** 次の手紙を読んで，あとの問いに答えなさい。 29点

Dear Mr. Carter,

①Thank you for teaching us English last year.  I was sad to hear the news that you would leave Japan.  ②You were always (　) (　) kind (　) (　) strict to us.  Thanks to you, I could enjoy studying English.  ③(　) (　) (　) (　) is everyone's smile.  ④( could / here / you / wish / I / stay ) longer.  ⑤I (　) (　) (　) English hard every day.  I hope we can see you again.  Please take care!

成績評価の観点　知…言語や文化についての知識・技能　表…外国語表現の能力

(1) 下線部①の英文の日本語訳を書きなさい。

(2) 下線部②が「あなたは私たちにいつも優しいだけでなく，厳しかったです。」という意味になるように，（　）に入る適切な語を書きなさい。

(3) 下線部③が「私が思い出すことができるのは，みんなの笑顔だけです。」という意味になるように，（　）に入る適切な語を書きなさい。

(4) 下線部④の（　）内の語を正しく並べかえなさい。

(5) 下線部⑤が「私は毎日熱心に英語を勉強することを約束します。」という意味になるように，（　）に入る適切な語を書きなさい。

❻ 書く✐ **次のようなとき英語で何と言うか，（　）内の指示に従って書きなさい。** 表

24点

点UP (1) 自分がきのう得たその情報は間違っていた，と伝えるとき。（thatを使って8語で）

(2) 相手が自分の同級生だったらという願望を伝えるとき。（wishを使って6語で）

(3) 相手にきのうは電話してくれてありがとう，と伝えるとき。（6語で）

| ❶ | (1) | | (2) | | (3) | | ❷ | (1) | | (2) | | (3) | |
|---|---|---|---|---|---|---|---|---|---|---|---|---|---|
| | | 2点 | | 2点 | | 2点 | | | 2点 | | 2点 | | 2点 |

| ❸ | (1) | | (2) | |
|---|---|---|---|---|
| | | 5点 | | 5点 |
| | (3) | | (4) | |
| | | 5点 | | 5点 |

| ❹ | (1) | | (2) | |
|---|---|---|---|---|
| | | 5点 | | 5点 |
| | (3) | | | |
| | | 5点 | | |

| ❺ | (1) | |
|---|---|---|
| | | 7点 |
| | (2) | |
| | | 6点 |
| | (3) | |
| | | 6点 |
| | (4) | longer. |
| | | 6点 |
| | (5) | |
| | | 4点 |

| ❻ | (1) | 表 8点 |
|---|---|---|
| | (2) | 表 8点 |
| | (3) | 表 8点 |

▶ 表 の印がない問題は全て 知 の観点です。

133

Unit 8

# You Can Do It! 3

**教科書の重要ポイント**　　**詩に見られるさまざまな表現**　　教科書 pp.110〜111

▼ 驚きを伝える表現

<u>What</u> <u>wonderful</u> <u>three</u> <u>years</u>!　〔なんてすばらしい3年間なのだろう！〕

What（＋a / an)＋形容詞＋名詞！

▼ 「(人・もの)が(人)に〜を思い出させる」を表す表現

You remind <u>me</u> of happier days.　〔あなたは私に幸せな日々を思い出させます。〕

　　　　　　　　人

▼ 「〜ほど…なものはない」を表す表現

Nothing is so precious as them.　〔彼らほど大切なものは何もありません。〕

＝ They are the most precious.　〔彼らが一番大切です。〕

▼ 「〜はすべて」を表す表現

We all like you.　〔私たちはみんなあなたのことが好きです。〕

〈代名詞の複数形＋all〉

Nothing is so 〜as …は最上級と書きかえることができるね。

＼ナルホド！／

---

**1** 日本語に合うように，（　）内から適切なものを選び，記号を〇で囲みなさい。

☐(1) なんという驚き！

What （ ア surprise　イ surprised　ウ a surprise ）!

☐(2) 彼は私に父を思い出させます。

He reminds me （ ア for　イ of　ウ on ） my father.

☐(3) 私の母の料理ほどおいしいものはありません。

Nothing is so delicious （ ア as　イ than　ウ of ） my mother's dishes.

**注目!**

allの前の代名詞

複数形の代名詞のyou, we, theyなどを使おう。

**2** 日本語に合うように，（　）内の語を並べかえなさい。

☐(1) なんて美しい景色なのだろう！

（ a / view / beautiful / what ）!

_____!

☐(2) 命ほど大切なものはありません。

（ as / is / so / life / important / nothing ）.

_____.

☐(3) キャメロンが私にその約束を思い出させました。

（ me / promise / of / the / reminded / Cameron ）.

_____

**⚠ミスに注意**

**2**(1)Howの後ろはHow interesting!というように形容詞のみでよいけれど，Whatの後ろはWhat an interesting book!のように名詞が必要だね。

**1** 正しいものを４つの選択肢の中から選びなさい。

後置修飾の語順に注意しよう。

□(1) Have you finished your homework (　　)?

ア already　　イ just　　ウ yet　　エ ever

□(2) I didn't know (　　) do in Tokyo.

ア what should I　　イ what I should　　ウ how should I　　エ how I should

□(3) The cake (　　) was delicious.

ア which Jane made　　イ which made by Jane　　ウ made Jane

エ Jane making

**2** 日本語に合うように，＿＿＿に入る適切な語を書きなさい。

□(1) 私は今朝からずっと英語の勉強をしています。

I ＿＿＿＿＿＿＿ ＿＿＿＿＿＿＿ ＿＿＿＿＿＿＿ English since this morning.

□(2) あなたが今朝なぜ怒っていたのか私に説明してもらえますか。

Could you explain to me ＿＿＿＿＿＿＿ ＿＿＿＿＿＿＿ ＿＿＿＿＿＿＿

＿＿＿＿＿＿＿ this morning?

□(3) もし私がもっと若ければ，留学するだろうに。

＿＿＿＿＿＿＿ ＿＿＿＿＿＿＿ ＿＿＿＿＿＿＿ younger, I ＿＿＿＿＿＿＿ study

abroad.

□(4) あなたに質問させてください。

＿＿＿＿＿＿＿ me ＿＿＿＿＿＿＿ ＿＿＿＿＿＿＿ a question.

□(5) 私はどうしたらいいのかわからなかったので，私は彼にたずねました。

I didn't know ＿＿＿＿＿＿＿ ＿＿＿＿＿＿＿ ＿＿＿＿＿＿＿, so I asked him.

**3** 日本語に合うように，（　）内の語句を並べかえなさい。

□(1) 彼女に「ごめんなさい」と言うことは私にとって難しかったです。

( "sorry" / difficult / was / me / it / say / for / to ) to her.

＿＿＿＿＿＿＿＿＿＿＿＿＿＿＿＿＿＿＿＿＿＿＿＿＿＿＿＿＿ to her.

□(2) 駅で踊っている少女は私の妹です。

( at the station / my sister / dancing / the girl / is ).

＿＿＿＿＿＿＿＿＿＿＿＿＿＿＿＿＿＿＿＿＿＿＿＿＿＿＿＿＿ .

□(3) 私の母は私に部屋の掃除をする時間だと言いました。

( was / told / my room / to / me / it / my mother / clean / time ).

＿＿＿＿＿＿＿＿＿＿＿＿＿＿＿＿＿＿＿＿＿＿＿＿＿＿＿＿＿ .

ヒント **2** (1)過去から今まで「勉強する」という動作が続いているので，現在完了進行形を使う。
**3** (3)「～する時間である」はit is time to＋動詞の原形で表す。

**4** 書く✎ （　）内の語数で，次の日本語を英語に書きかえなさい。

□(1) 私は英語に興味があります。（5語）

_____

□(2) あなたはどのくらいの間日本に滞在していますか。（7語）

_____

□(3) 私はあんなにおもしろい本を一度も読んだことがありません。（8語）

_____

**5** 読む📖 次の英文を読んで，あとの問いに答えなさい。

*Jenny :* My parents are coming to visit me in spring.
It will be their first trip to Japan.

*Nana :* That's wonderful. You must be excited.

*Jenny :* Yes, I can't wait to see them. Nana, can I introduce you to my parents?
They are looking forward to seeing my friends in Japan.

*Nana :* Yes, of course, Jenny. I would love to meet them.

*Jenny :* Thanks. Do you have any ideas ( in Japan / where / should / they / about / travel )?

*Nana :* Well, I'll give you three ideas. First, they should fly to Hokkaido to have fresh sea food and see the beautiful nature. Next, they can go to Kyoto by plane and train, to see the temples and experience traditional culture. Finally, they can come to our town. For example, we can go to see the castle and enjoy local food together.

*Jenny :* Sounds great! I'll send the travel plans to my parents by e-mail.

□(1) 本文の内容について，次の問いに英語で答えなさい。

Have Jenny's parents ever been to Japan?

_____

□(2) 下線部の（　）内の語を並べかえなさい。

Do you have any ideas _____?

□(3) 本文の内容について，適切なものを全て選び，記号を○で囲みなさい。

ア Jenny's parents will come to Japan in spring.

イ Jenny's parents will meet Nana.　　ウ Jenny will contact her parents by letter.

ヒント　**4**(1)「～に興味がある」は be interested in ～を使って表す。
(3)「一度も～ない」は have never ～を使う。「あんなに…」は such a/an を使う。

## \\ 定期テスト //

### 予想問題

テスト前に
役立つ！

チェック！

テスト前に解いて，
わからない問題や
まちがえた問題は，
もう一度確認して
おこう！

- テスト本番を意識し，時間を計って解きましょう。
- 取り組んだあとは，必ず答え合わせを行い，まちがえたところを復習しましょう。
- 観点別評価を活用して，自分の苦手なところを確認しましょう。

| 教科書の単元 | | 本書のページ | 教科書のページ |
|---|---|---|---|
| 予想問題 1 | Unit 1 ～ Daily Life 2 | ▶ pp.138 ～ 139 | pp.9 ～ 30 |
| 予想問題 2 | Unit 3 ～ You Can Do It! 1 | ▶ pp.140 ～ 141 | pp.31 ～ 49 |
| 予想問題 3 | Unit 4 ～ Daily Life 4 | ▶ pp.142 ～ 143 | pp.51 ～ 74 |
| 予想問題 4 | Unit 6 ～ You Can Do It! 2 | ▶ pp.144 ～ 145 | pp.75 ～ 87 |
| 予想問題 5 | Unit 7 ～ You Can Do It! 3 | ▶ pp.146 ～ 147 | pp.89 ～ 111 |

### リスニングテスト

▶ pp.148 ～ 157
全10回

アプリを使って，リスニング問題を解きましょう。

### 英作文にチャレンジ！

▶ pp.158 ～ 160

英作文問題に挑戦してみましょう。

英作文ができたら
パーフェクトだね！

点UP ❶ 次の長文を読んで，あとの問いに答えなさい。表　33点

Welcome to Australia.　My name is Keira.　I live in Adelaide.　①( me / to / introduce / you / our city / let ).

Adelaide is in southern Australia.　The city is not so big, and it is called the "Twenty-Minute City." Most places such as museums, libraries, stations, parks and shops are in the same area, and you can go there within twenty minutes. ②It's very convenient.

One of the cool things in my city is e-scooters.　There are many e-scooters to rent in the city.　You can ride one with a little money.　You can move around the city with an e-scooter and leave it on the footpath when you finished riding.　It's quick and very convenient because you don't have to wait for buses or trams.　It also doesn't produce $CO_2$.　The air is cleaner in Adelaide!

There were many cars in the city of Adelaide and the streets were crowded. Buses were always arriving late.　But the city has changed.　Now, we are encouraged to use public transportations such as buses and trams, bikes, and e-scooters more than our own cars.　So, ③(以前よりも多くの公共交通機関が使われています). We understand that is good for the environment, too.　④That is because the clean air and beautiful nature are important in our lives.

This kind of system, renting e-scooters or bikes in the cities, is already popular in London, New York, and other cities.　I heard that there are too many cars on the streets of Tokyo and other big cities in Japan.　Also, so many bikes are blocking footpaths near stations.　Sharing bikes or e-scooters may solve such problems.　It may reduce parking lot problems for bikes.　What do you think?

(注)Adelaide　アデレード　　within　〜以内　　e-scooters　電気キックボード
little money　少額　　footpath　歩道　　public transportation　公共交通機関
environment　環境　　block　〜をふさぐ　　solve　解決する　　reduce　減らす

(1) 下線部①の(　)内の語を正しく並べかえなさい。

(2) Keiraが下線部②のように述べている理由を日本語で書きなさい。

(3) 下線部③の(　)内の日本語を英語にしなさい。

差がつく (4) 下線部④の英文を日本語にしなさい。

成績評価の観点　知…言語や文化についての知識・技能　　表…外国語表現の能力

標

**2** 日本語に合うように，＿＿に入る適切な語を書きなさい。知　　　　35点

(1) 私の姉は私にたくさんの本を読むべきだと言います。

My sister ＿＿＿ ＿＿＿ ＿＿＿ I should read many books.

(2) ジェシカはこれまでに中国に行ったことがありますか。

Has Jessica ＿＿＿ ＿＿＿ ＿＿＿ China?

(3) あなたはきのう，私が素敵なTシャツを選ぶのを手伝ってくれました。

You ＿＿＿ ＿＿＿ ＿＿＿ a nice T-shirt yesterday.

(4) これらのお土産はオーストラリアで買うことができます。

These souvenirs ＿＿＿ ＿＿＿ ＿＿＿ in Australia.

(5) 私の家は駅にごく近いです。　My house ＿＿＿ ＿＿＿ ＿＿＿ the station.

**3** 日本語に合うように，（ ）内の語句を並べかえなさい。知　　　　32点

(1) あなたはもう，今日の天気予報を調べてしまいましたか。

( today's / you / yet / have / weather / checked / report )?

(2) 私の母は，私たちのためにそのケーキを2つに分けてくれました。

( my mother / into / divided / for / the cake / us / two ).

(3) 彼女は全く虫を怖がっていません。( all / bugs / she / not / is / of / afraid / at ).

(4) あなたがそこに着いたら私に知らせてください。

( there / know / you / let / get / when / me ).

| | | | | |
|---|---|---|---|---|
| **❶** | (1) | | | 表 7点 |
| | (2) | | | 表 8点 |
| | (3) | | | 表 9点 |
| | (4) | | | 表 9点 |
| **❷** | (1) | 7点 | (2) | 7点 |
| | (3) | 7点 | (4) | 7点 |
| | (5) | 7点 | | |
| **❸** | (1) | | | ? 8点 |
| | (2) | | | . 8点 |
| | (3) | | | . 8点 |
| | (4) | | | . 8点 |

▶ 表 の印がない問題は全て 知 の観点です。

❶　　　/33点　　❷　　　/35点　　❸　　　/32点

139

定期テスト予想問題　Unit 1 ～ Daily Life 2　教科書9～30ページ

**❶ 次の長文を読んで，あとの問いに答えなさい。** 表　33点

Hello. My name is Tom. Have you ever traveled with an elephant? Have you ever lived in a tent? You will say, "I have never done such things." They are some of the things in my daily life. My parents are members of the circus. We travel from town to town, city to city all year round. ①(私は生まれたときからずっと旅をしています。)

Morning starts early for the circus. I help my parents feed an elephant, tigers, and other animals. I also clean small animals' beds. I teach tricks to my pet mouse, Jerry. He is very smart. I can't make many friends at school because we always travel. So, Jerry is my friend and one of my family members.

②I receive my textbooks and homework by mail. I need to get them at the post office in each town when the circus has some shows there. My parents are my teachers. They teach me a lot of things, and the lessons are very interesting. They tell me interesting stories about other countries, and many experiences in the circus. I always enjoy learning things from them. Especially, learning about the outdoors is my favorite.

In spring, I learn that we can eat some plants in the mountains. We sometimes enjoy collecting them. In summer, I often go fishing with my father. He taught me the best way to catch big fish. In fall, my mother and I sometimes go to the mountains to collect some nuts and grapes. She cooks delicious dessert with them. Nature is also a great teacher.

When I become a high school student, I'm thinking of going to a boarding school. My first school life will be wonderful. ③I will be able to make a lot of friends for the first time. I want to learn many things from my teachers and friends, too. ④( people / to / different / communicate / important / it / many / is / with ). I haven't decided about my future yet. But I want to do something to make others happy like my parents.

(注)tent テント　circus サーカス　all year round 一年中
by mail 郵便で　dessert デザート　boarding school 寮のある学校

 (1) 下線部①の( )内の日本語を英語にしなさい。

(2) Tomが下線部②のように述べている理由を日本語で書きなさい。

(3) 下線部③の英文を日本語にしなさい。

(4) 下線部④の( )内の語を正しく並べかえなさい。

成績評価の観点　知…言語や文化についての知識・技能　表…外国語表現の能力

**②** 日本語に合うように，＿＿に入る適切な語を書きなさい。知　35点

(1) 雨が降っていなければ外出しましょう。　＿＿＿ ＿＿＿ ＿＿＿ if it's not rainy.

(2) 私は2020年からサッカークラブのメンバーです。

I ＿＿＿ ＿＿＿ a member of the soccer club ＿＿＿ 2020.

(3) 彼にとってその水族館を訪れるのはわくわくすることでした。

＿＿＿ was exciting ＿＿＿ him ＿＿＿ visit the aquarium.

(4) ハヤトは留学しようと固く決心しました。Hayato ＿＿＿ ＿＿＿ ＿＿＿ study abroad.

(5) 私は自分に何が起こったのかわかりませんでした。

I didn't know what ＿＿＿ ＿＿＿ ＿＿＿.

**③** 日本語に合うように，（　）内の語句を並べかえなさい。知　32点

(1) その情報を彼のグループに伝えてください。

Please ( on / information / group / pass / to / the / his ).

(2) リョウタはどれくらいの時間，ずっと走り続けているのですか。

( been / has / long / Ryota / running / how )?

(3) この古い腕時計は，私の祖父を思い起こさせます。

( reminds / my grandfather / this / of / old / me / watch ).

(4) 私たちは長い間ずっと親友です。

( for / have / time / friends / we / a / been / long / best ).

| ❶ | (1) | | 表 9点 |
|---|---|---|---|
| | (2) | | 表 8点 |
| | (3) | | 表 9点 |
| | (4) | ・ | 表 7点 |

| ❷ | (1) | | 7点 | (2) | | 7点 |
|---|---|---|---|---|---|---|
| | (3) | | 7点 | (4) | | 7点 |
| | (5) | | 7点 | | | |

| ❸ | (1) | | ・ 8点 |
|---|---|---|---|
| | (2) | | ? 8点 |
| | (3) | | ・ 8点 |
| | (4) | | ・ 8点 |

▶ 表 の印がない問題は全て 知 の観点です。

 ❶ 次の会話文を読んで，あとの問いに答えなさい。表　　　　　33点

> *Satoshi :* I heard that Brazil is a country which has a large part of the Amazon rainforest.
>
> *Tammy :* You're right. Eight countries in South America have the Amazon rainforest. Brazil has 60% of the Amazon rainforest, and other countries have the other 40%. ①This is a rain forest which is the biggest in the world.
>
> *Satoshi :* Wow! I didn't know that it was such a big rain forest.
>
> *Tammy :* There are a variety of species such as plants, animals and bugs in the rain forest. But ②it is disappearing.
>
> *Satoshi :* Really?
>
> *Tammy :* One report says, "20% of the area has already disappeared in the past 40 years."
>
> *Satoshi :* That's a very large area. What is happening?
>
> *Tammy :* It is caused by cutting down the trees, making roads and farms, and wildfires.
>
> *Satoshi :* I suppose the rain forests are affected by global warming, too.
>
> *Tammy :* If the earth becomes warmer and warmer, more rain forests will disappear. The situation will be very serious. First, ③( other / will / problems / it / environmental / cause ). Second, more $CO_2$ will be in the air. Third, the people who live in the Amazon forest will lose their place to live.
>
> *Satoshi :* If we don't do anything to protect the rain forest, it may disappear in the future.
>
> *Tammy :* Exactly! We should take action.
>
> *Satoshi :* ④(私はあなたに賛成です。) We can start by taking action in our daily lives.
>
> (注)Amazon rainforest　アマゾン熱帯雨林　　South America　南アメリカ
> cut down　（木材などを）伐る　　wildfire　山火事　　global warming　地球温暖化
> warmer and warmer　どんどん暑くなる

(1) 下線部①の英文を日本語にしなさい。

⟨差がつく⟩ (2) 下線部②の原因をTammyは何と述べていますか。日本語で書きなさい。

(3) 下線部③の（　）内の語を正しく並べかえなさい。

(4) 下線部④の（　）内の日本語を英語にしなさい。

　成績評価の観点　知…言語や文化についての知識・技能　　表…外国語表現の能力

**❷ 日本語に合うように，＿＿に入る適切な語を書きなさい。** 知　　　35点

(1) 結果として，その劇は成功しました。＿＿＿＿ ＿＿＿＿ ＿＿＿＿, the play was successful.

(2) 私には二か国語を話せる友人がいます。

I have a friend ＿＿＿＿ ＿＿＿＿ ＿＿＿＿ two languages.

(3) これは私が牛乳から作ったチーズです。This is the cheese ＿＿＿＿ ＿＿＿＿ ＿＿＿＿ milk.

(4) スマートフォンはどんどん便利になってきています。

Smartphones have become ＿＿＿＿ ＿＿＿＿ ＿＿＿＿ convenient.

(5) 水質汚染だけでなく空気汚染も大きな問題です。

Air pollution is a big problem ＿＿＿＿ ＿＿＿＿ ＿＿＿＿ water pollution.

**❸ 日本語に合うように，（　）内の語を並べかえなさい。** 知　　　32点

(1) 私が使ってもいい部屋はありますか。

( there / that / use / I / rooms / can / any / are )?

(2) この絵をあの絵と差し替えていただけますか。

( you / with / one / picture / replace / that / could / this )?

(3) キョウコはおととい札幌に到着しました。

( in / the / Sapporo / before / arrived / day / yesterday / Kyoko ).

(4) その話を覚えるために，私はそれを何度も何度も読みました。

( again / story / read / the / and / remember / again / to / I / it / , ).

| ❶ | (1) | | 表 9点 |
|---|---|---|---|
| | (2) | | 表 9点 |
| | (3) | | ・ 8点 |
| | (4) | | 表 7点 |

| ❷ | (1) | | | | (2) | | 7点 |
|---|---|---|---|---|---|---|---|
| | | | 7点 | | | | |
| | (3) | | | 7点 | (4) | | 7点 |
| | (5) | | | 7点 | | | |

| ❸ | (1) | | ? 8点 |
|---|---|---|---|
| | (2) | | ? 8点 |
| | (3) | | ・ 8点 |
| | (4) | | ・ 8点 |

▶ 表 の印がない問題は全て 知 の観点です。

❶　　/33点　　❷　　/35点　　❸　　/32点

❶ 次の会話文を読んで，あとの問いに答えなさい。表　　　　　　33点

---

*Akane :* Do you have grandparents, Eddie?

*Eddie :* Yes, I do.　They live in Sydney, Australia.　It was my grandfather's birthday last week.　I gave him a surprising present.

*Akane :* ①(あなたが彼に何をあげたのか私に教えてください。)

*Eddie :* I'll show you.　Listen to this.

*Akane :* Is this a radio message?

*Eddie :* Yes.　It's the birthday present which made my grandfather happy.　②It is a radio message recorded by our family.　I have posted a birthday wishes for my grandfather to the radio.　He always listens to the radio.

*Akane :* Really?　That is cool.

*Eddie :* When the radio personality read my message and played my grandfather's favorite music, he was very surprised, but he was also so happy.

*Akane :* That's wonderful.　I usually don't listen to the radio, but it is one of the good ways to enjoy the radio.

*Eddie :* That's right.　Radios are not only fun but also convenient when there is a disaster.　You will be able to get information quickly.

*Akane :* My cousin who lives in Hokkaido said, "A radio station in Hokkaido is encouraging families to have radios."

*Eddie :* ③That's interesting.　But why?

*Akane :* Because there was a big earthquake a few years ago, and the radio was useful for saving people's lives.　④( trouble / useful / when / are / are / in / radios / we ).

*Eddie :* I agree.　We should prepare for a sudden disaster.

*Akane :* I really think so.

(注)record 録音する　　post 投稿する　　birthday wishes 誕生日のお祝いの言葉
radio personality　ラジオの進行役　　radio station　ラジオ局　　sudden　突然の

---

(1) 下線部①の(　)内の日本語を，間接疑問文を使った英語にしなさい。

(2) 下線部②の英文を日本語にしなさい。

(3) 下線部③のThatが指す内容を日本語で書きなさい。

(4) 下線部④の(　)内の語を正しく並べかえなさい。

---

**②** 日本語に合うように，＿＿に入る適切な語を書きなさい。知　　35点

(1) そこでテレビを見ている少女は私の妹です。

The girl ＿＿＿ ＿＿＿ ＿＿＿ is my sister.

(2) 私にとって，それはただの1枚の紙きれです。

For me, it is only ＿＿＿ ＿＿＿ ＿＿＿ paper.

(3) あなたは彼女がここにいないのはなぜなのか知っていますか。

Do you know ＿＿＿ ＿＿＿ ＿＿＿ here?

(4) インドで話されている言語は何ですか。What is a ＿＿＿ ＿＿＿ ＿＿＿ India?

(5) 日本では，学年度は4月の初めに始まります。

In Japan, school years starts at ＿＿＿ ＿＿＿ ＿＿＿ April.

**③** 日本語に合うように，（　）内の語を並べかえなさい。知　　32点

(1) これが，私が欲しいカバンです。( bag / is / that / the / want / this / I ).

(2) 私はいつ彼女に会ったのか思い出しました。

( when / met / remembered / I / her / I ).

(3) 彼が書いたお話はとてもおもしろいですね。

( by / interesting / written / is / story / very / the / him ).

(4) その少女はうれしくて泣いていました。

( was / of / joy / the / because / crying / girl ).

| ❶ | (1) | | 表 9点 |
| | (2) | | 表 8点 |
| | (3) | | 表 9点 |
| | (4) | | 表 7点 |
| ❷ | (1) | | 7点 |
| | (2) | | 7点 |
| | (3) | | 7点 |
| | (4) | | 7点 |
| | (5) | | 7点 |
| ❸ | (1) | | 8点 |
| | (2) | | 8点 |
| | (3) | | 8点 |
| | (4) | | 8点 |

▶ 表 の印がない問題は全て 知 の観点です。

❶ 　 /33点　❷ 　 /35点　❸ 　 /32点

❶ 次の長文を読んで，あとの問いに答えなさい。[表]　　　　　33点

Do you like reading books?　①It has been my favorite since I was a child.　One day, I took my daughter to the library.　Then, I found a familiar book on the shelf.　It was my favorite story when I was a child thirty years ago.　I read it so many times and I felt as if the main character of the book was my friend.　I borrowed the book and took it home.　It didn't take long to read the whole book because I am an adult now.

The story is about a little Japanese girl left in China during the war.　Her family walked a long distance to the port to return to Japan.　They had to move fast because their enemy was getting close.　But it wasn't easy to walk a long distance with a little child.　So, her mother decided to leave the girl in China to save all the other family members.　②The girl realized her family wasn't around her, but she didn't know what to do.　After that, a kind woman found her, and she welcomed her as a member of her family.　When the girl grew up, she came to Japan to find her family.　I loved the part when she finally found her mother in Japan.

While I was reading the book, my memory of the book came back.　Suddenly, I realized that I was crying, and I couldn't stop.　I could understand how the mother felt when she had to leave the little girl.　Even though she didn't have any other choice at that time, it was a great pain for the mother.　Now I have my own child, so I know ③( decide / was / it / for / to / her / very difficult ).

When I read this story for the first time, I read it from a child's perspective.　Now, I am a mother, so I understand the feelings of the girl's mother.　④(あなたが以前に読んだことがある物語を読むとき), you may get a different impression because you are grown.　You are not the same person as before because you changed.　Do you have a favorite book that you enjoyed a long time ago?　Why don't you read it again?　You will find other interesting things in the book.

(注)distance 距離　　enemy 敵　　Even though～　～ではあるけれども
choice 選択肢　　from a child's perspective 子供の見方から　　grown growの過去分詞

(1) 下線部①の表すものを本文から抜き出して書きなさい。

(2) 下線部②の英文を日本語にしなさい。

(3) 下線部③の（　）内の語句を正しく並べかえなさい。

(4) 下線部④の（　）内の日本語を関係代名詞のwhichを使って10語の英語にしなさい。

**② 日本語に合うように，＿＿＿に入る適切な語を書きなさい。** 知　　35点

(1) 私はどちらのカバンを買うべきか決められませんでした。

I couldn't decide ＿＿＿ bag ＿＿＿ ＿＿＿.

(2) もし私がジャクソンさんの住所を知っているなら，手紙を書くのですが。

＿＿＿ I ＿＿＿ Mr. Jackson's address, I ＿＿＿ write to him.

(3) マドカと同じくらい上手に歌えたらなあ。I ＿＿＿ I ＿＿＿ ＿＿＿ as well as Madoka.

(4) 彼はいつもまるで彼が偉大な俳優のように話します。

He always talks ＿＿＿ ＿＿＿ he ＿＿＿ a great actor.

(5) もし私が土曜日暇ならば，彼女のパーティーに行けるのですが。

＿＿＿ I ＿＿＿ free on Sunday, I ＿＿＿ go to her party.

**③ 日本語に合うように，（ ）内の語を並べかえなさい。** 知　　32点

(1) その計画は間違いだらけでした。( was / of / the / mistakes / full / plan ).

(2) あなたは，私は彼とは違うことを知るべきです。

( different / should / him / I'm / you / know / from ).

(3) その小さな男の子はそこに1人で行くことを怖がりました。

( little / there / by / the / was / to / himself / afraid / go / boy ).

(4) 高校生になっても，連絡を取り合いましょう。

( touch / students / keep / when / we / school / become / high / let's / in / , ).

| ❶ | (1) | | 表 7点 |
|---|---|---|---|
| | (2) | | 表 9点 |
| | (3) | | · 8点 |
| | (4) | | 表 9点 |
| ❷ | (1) | (2) | 7点 / 7点 |
| | (3) | (4) | 7点 / 7点 |
| | (5) | | 7点 |
| ❸ | (1) | | · 8点 |
| | (2) | | · 8点 |
| | (3) | | · 8点 |
| | (4) | | · 8点 |

▶ 表 の印がない問題は全て 知 の観点です。

 /33点　❷  /35点　❸ /32点

147

／ 20点 解答 p.40

❶ これから３つの英文とその内容についての質問文を放送します。質問の答えとして最も適切なものをア～エの中から１つずつ選び，記号で答えなさい。英文は２回読まれます。

（4点×3） ポケリス♪ ❶

(1) ア Mexico.
イ India.
ウ Brazil.
エ Japan.

(2) ア Once.
イ Twice.
ウ Three times.
エ She has never seen it.

(3) ア Ken has.
イ Mike has.
ウ John has.
エ Ken and John have.

| (1) | | (2) | | (3) | |
|---|---|---|---|---|---|
| | | | | | |

❷ これからリョウとケイトの対話文を放送します。そのあとに対話文の内容について４つの質問文を読みます。質問の答えとして正しくなるように，それぞれの英文の空欄に英語を１語ずつ書きなさい。英文は２回読まれます。

(1) She has read (　　　　　) comic books. （2点×4） ポケリス♪ ❷

(2) (　　　　　), she (　　　　　).

(3) It's near the (　　　　　).

(4) (　　　　　) (　　　　　).

| (1) | | (2) | |
|---|---|---|---|
| (3) | | (4) | |

148

現在完了形（継続用法）／
現在完了進行形

/ 20点

解答
p.40

❶ これから3つの英文とその内容についての質問文を放送します。質問の答えとして最も適切なものをそれぞれの絵のア〜エから1つずつ選び，記号で答えなさい。英文は2回読まれます。

(4点×3)

ポケ
リス♪ ❸

(1)

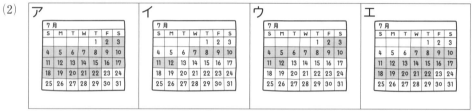

(2)

(3) ア　イ　ウ　エ

| (1) | | (2) | | (3) | |
|---|---|---|---|---|---|

❷ これからマイクのスピーチを放送します。スピーチを聞いて(1)〜(4)の質問に日本語で答えなさい。英文は2回読まれます。

(2点×4)

ポケ
リス♪ ❹

(1) マイクはどのくらいの間，日本語を勉強していますか。

(2) マイクは将来，日本で何がしたいと言っていますか。

(3) マイクのおばは，何が多くのことを教えてくれると言っていますか。

(4) マイクは，どうすることがとても重要だと考えていますか。

| (1) | | (2) | |
|---|---|---|---|
| (3) | | (4) | |

❶ これから放送する対話文を聞いて，その内容についての質問に答える問題です。質問の答えとして最も適切なものをア〜エから１つ選び，記号で答えなさい。英文は２回読まれます。

(8点) ポケ❺リス♪

❷ これからユミの部活動についての説明文を放送します。そのあとに説明文の内容について３つの質問文を読みます。質問の答えとして正しくなるように，それぞれの英文の空欄に英語を１語ずつ書きなさい。英文は２回読まれます。

(4点×3) ポケ❻リス♪

(1) It was held (　　　　) (　　　　) (　　　　).

(2) To (　　　　) (　　　　) (　　　　) to improve their performance.

(3) Because the brass band (　　　　) (　　　　) (　　　　).

| (1) | | |
|---|---|---|
| (2) | | |
| (3) | | |

解答
p.42

/ 20点

① これから3つの英文を読みます。それぞれの内容が絵に合っていれば〇を，合っていなければ×を書きなさい。英文は2回読まれます。

(4点×3)

ポケ
リス♪ ❼

(1)

(2)

(3)

| (1) | | (2) | | (3) | |
|---|---|---|---|---|---|

② これからケイトが道で男性に会ったときの対話文と，その内容についての2つの質問文を放送します。質問の答えとして最も適切なものをア～エの中から1つずつ選び，記号で答えなさい。英文は2回読まれます。

(4点×2)

ポケ
リス♪ ❽

(1) ア It's at the next corner.
　　イ It's near the bag shop.
　　ウ It's around the fifth stop.
　　エ It's in front of the station.

(2) ア She will take a train at the station.
　　イ She will get on a bus at the hospital.
　　ウ She will carry her bike to the bus stop.
　　エ She will walk to the next corner.

| (1) | | (2) | |
|---|---|---|---|

リスニングテスト

SVOO（that節）／不定詞を含む表現

❶ これから放送する英文を聞いて，その内容に合う人物を絵のア〜キの中から1
人ずつ選び，記号で答えなさい。英文は2回読まれます。

(3点×4) ポケ❾リス♪

| ケン | | エミ | | ユウタ | | アヤ | |
|---|---|---|---|---|---|---|---|

❷ これからタカシのスピーチと,その内容についての2つの質問文を放送します。
質問の答えとして最も適切なものをア〜エの中から1つずつ選び，記号で答え
なさい。英文は2回読まれます。

(4点×2) ポケ❿リス♪

(1) ア A watch made in Japan.

　イ A book written in English.

　ウ A good dictionary.

　エ A CD of Takashi's favorite singer.

(2) ア She played the guitar.

　イ She sang some songs.

　ウ She made a delicious cake.

　エ She took some pictures.

| (1) | | (2) | |
|---|---|---|---|

/ 20点

解答
p.43

❶ これから4つの英文を読みます。それぞれの内容に合う絵を1つずつ選び，記号で答えなさい。英文は2回読まれます。

（2点×4）

ポケ
リス♪ ⑪

| (1) | | (2) | | (3) | | (4) | |
|---|---|---|---|---|---|---|---|

❷ これから放送するクミとマイクの対話文を聞いて，グラフの(1)〜(4)に入る適切な日本語または数字を書きなさい。英文は2回読まれます。

（3点×4）

ポケ
リス♪ ⑫

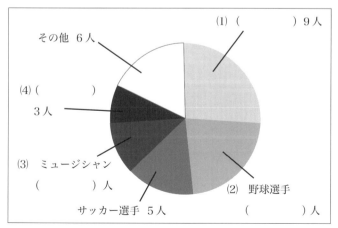

| (1) | |
|---|---|
| (2) | |
| (3) | |
| (4) | |

❶ これから放送する対話文を聞いて，その内容についての質問に答える問題です。
質問の答えとして最も適切なものをア〜エから１つ選び，記号で答えなさい。
英文は２回読まれます。

（6点） ポケ リス♪ ⓭

❷ これから放送するメアリーとジョシュの対話文を聞いて,その内容に合うものを
ア〜オの中から２つ選び，記号で答えなさい。英文は２回読まれます。

ア Josh went to his sister's concert. （7点×2） ポケ リス♪ ⓮

イ Mary wants to be like Josh's sister.

ウ Josh likes singing as much as his sister does.

エ Mary sometimes goes camping with her father.

オ Josh and Mary's father like spending time in the mountains.

／20点　解答 p.45

❶ これから3つの対話文を放送します。それぞれの最後にくる文として最も適切なものをア〜エの中から1つずつ選び，記号で答えなさい。英文は2回読まれます。

(4点×3)　ポケリス♪ ⑮

(1)　ア　Yes. She's very kind.
　　イ　Yes. She's my friend, Jane.
　　ウ　No. She isn't from Australia.
　　エ　No. She doesn't know me.

(2)　ア　I think it will start at seven.
　　イ　I think it's near the station.
　　ウ　I don't think it's interesting.
　　エ　I don't think it will end soon.

(3)　ア　It was born two weeks ago.
　　イ　It likes drinking milk.
　　ウ　I like it very much.
　　エ　I call it Momo.

| (1) | | (2) | | (3) | |
|---|---|---|---|---|---|

❷ これから放送するリカとトムのお母さんの電話での対話文を聞いて，その内容に合うものをア〜カの中から2つ選び，記号で答えなさい。英文は2回読まれます。

(4点×2)　ポケリス♪ ⑯

　ア　Tom was not home when Rika called him.
　イ　Tom's mother didn't know he was out.
　ウ　Rika wanted to know where Tom was.
　エ　Rika asked Tom's mother to call her later.
　オ　Rika is going to give a birthday present to Tom.
　カ　Tom's mother thinks he will be happy to know Rika called him.

| | |
|---|---|

❶ これから3つの英文とその内容についての質問文を放送します。質問の答えとして最も適切なものをア〜エの中から1つずつ選び，記号で答えなさい。英文は2回読まれます。

(4点×3) ポケ リス♪ ⑰

(1) ア George.
　　イ Lucy.
　　ウ Patty.
　　エ Meg.

(2) ア He wants her to join the volleyball team.
　　イ He wants her to meet the coach of the volleyball team.
　　ウ He wants her to write a song for the volleyball team.
　　エ He wants her to go to the gym.

(3) ア Gonta.
　　イ Kurumi.
　　ウ Hana.
　　エ Sora.

| (1) | | (2) | | (3) | |
|---|---|---|---|---|---|
| | | | | | |

❷ これからブライアンとスージーの対話文を放送します。次の文はその内容をまとめたものです。内容を聞き取って，(1)〜(4)のそれぞれにあてはまる日本語を書きなさい。英文は2回読まれます。

(2点×4) ポケ リス♪ ⑱

ブライアンは(　　(1)　　)が書いた本が気に入っていて，スージーはそれを借りようとしています。スージーは祖父が(　　(2)　　)にとった写真をブライアンに見せています。それがとられた場所は市立の(　　(3)　　)で，スージーの父が写っています。スージーの父が手にしているバナナは，彼が子どものときから(　　(4)　　)食べ物です。

| (1) | | (2) | |
|---|---|---|---|
| (3) | | (4) | |

/ 20点

解答 p.46

❶ これからケンと彼のお母さんの対話文を放送します。ケンの行動を表す絵として最も適切なものをア〜エから1つ選び，記号で答えなさい。英文は2回読まれます。

(8点)

ポケリス♪ ⓳

❷ これからサラのスピーチを放送します。そのあとにスピーチの内容について3つの質問文を読みます。質問の答えとして正しくなるように，それぞれの英文の空欄に英語を1語ずつ書きなさい。英文は2回読まれます。

(4点×3)

ポケリス♪ ⓴

(1) She ( 　　　 ) ( 　　　 ).

(2) He often ( 　　　 ) ( 　　　 ).

(3) ( 　　　 ) he ( 　　　 ) a child.

| (1) | | |
|---|---|---|
| (2) | | |
| (3) | | |

157

❶ 次のグラフを見て，そこから読み取れることを50語程度の英文にまとめなさい。

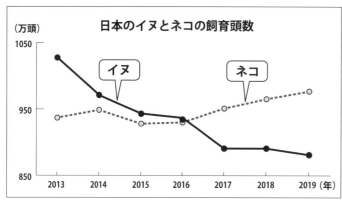

一般財団法人ペットフード協会「全国犬猫飼育実態調査」をもとに作成

| |
| --- |
| |
| |
| |
| |
| |

❷ 日本の文化や行事を紹介する文として「こどもの日（Children's Day）」を説明する英文を，40〜50語でまとめなさい。

| |
| --- |
| |
| |
| |
| |
| |

❸ あなたは夏休みに外国人の友だちを訪れる予定で，それについて友達へEメールを書いています。⑴あなたが楽しみにしていることを表す文，⑵あなたが相手にしてもらいたいことを表す文，⑶相手の家族について何か教えてほしいと頼む文を，内容を自由に設定して，それぞれ英語の1文で表しなさい。

| | |
|---|---|
| ⑴ | |
| ⑵ | |
| ⑶ | |

❹ 「中学生は新聞を毎日読むべきか」という論題について，「賛成」か「反対」のどちらか一方の立場で，その理由も含めてあなたの主張を60語程度の英文にまとめなさい。

| |
|---|
| |
| |
| |
| |
| |

❺ 次の地図とその注意書きについて，日本語のわからない外国人にその内容を説明する英文を，50語程度で書きなさい。

緊急避難場所マップ

サクラ中学校

市立体育館

アケボノ劇場

ミドリスタジアム

※各避難所へは自動車を使わず徒歩でお願いします。

※状況によって開設されない避難所があります。下をご確認ください。

| 開設されない場合 | 施設名 |
|---|---|
| 大火事 | サクラ中学校 |
| 大雨 | ミドリスタジアム |

❻ 次の英語の質問文に対する応答文を，3つの英文にまとめなさい。ただし，3文のうちの1つはifを含む仮定法の文に，もう1つはI wishで始まる仮定法の文にしなさい。

If you could do anything, what would you do?

# 教科書ぴったりトレーニング 解答集
〈光村図書版・ヒア ウィ ゴー！3年〉
この解答集は取り外してお使いください。

## Unit 1 ～ Daily Life 1

### pp.6～7　ぴたトレ1

**Words & Phrases**

(1)spoken　(2)performed　(3)thought
(4)used　(5)caught　(6)answered
(7)made　(8)bought　(9)had　(10)said
(11)read　(12)written

1　(1)イ　(2)ア　(3)ウ　(4)ウ

2　(1)is made　(2)is played

3　(1)The bag was made in Italy(.)
(2)I want to introduce our town
(3)can be watched on TV

解き方
1　(1)「訪問される」= is visited。　(2)「呼ばれる」= is called。　(3)「建てられた」= was built。過去形の文で主語がA new swimming poolなのでbe動詞はwas。　(4)「買われた」= were bought。過去形の文で，主語がMatryoshka dollsと複数形なのでbe動詞はwere。

2　(1)「そのドレスは私の母によって作られます。」　(2)「そのギターはジョンによって演奏されます。」

3　(1)「イタリア製」= made in Italy。　(2)「～したい」= want to ～。　(3)「～されることができる」= can + be動詞の過去分詞。

### pp.8～9　ぴたトレ1

**Words & Phrases**

(1)(～を)修理する　(2)～を運ぶ
(3)～を励ます　(4)twice　(5)count
(6)skill

1　(1)ア　(2)イ　(3)イ　(4)ウ

2　(1)helping, open　(2)helping his father wash

3　(1)taught us reading and writing skills
(2)You always encourage me
(3)goes to Kyoto twice a year

解き方
1　(1)「私に～させてください」= Let me + 動詞の原形。　(2)letの後ろは代名詞の目的格（～を[に]）を使う。　(3)「人が～するのを手伝う」= help + 人 + 動詞の原形。　(4)let + 人 + 動詞の原形。このletは過去形。

2　(1)彼女は彼女のお母さんがドアを開けるのを手伝っています。　(2)タカシは彼のお父さんが車を洗うのを手伝っています。

3　(1)「読み書き」= reading and writing。　(2)「人に～するように励ます」= encourage + 人 + to + 動詞の原形。　(3)「1年に2回」= twice a year。

### pp.10～11　ぴたトレ1

**Words & Phrases**

(1)閉める　(2)～じゅうに
(3)脳　(4)規則　(5)enter
(6)for example　(7)stomach　(8)knock

1　(1)ア　(2)イ　(3)ウ

2　(1)tells me　(2)told him that
(3)tell them that

3　(1)What was he looking at(?)
(2)Music was played across the town(.)
(3)know he can speak Chinese
(4)For example, eating vegetables is

解き方
1　(1)(2)(3)「人に～と言う」= tell + 人 + that + 主語 + (助)動詞の原形。人は目的格（～に）にする。

2　(1)「人に～と言う」= tell + 人 + 主語 + (助)動詞。人は目的格（～に）にする。主語がMy uncleで，現在形にするのでtellsにする。　(2)「言いました」なので過去形のtoldにする。　(3)主語がIで現在形にするのでtellにする。

3　(1)「～を見ていた」= was looking at。　(2)「町のあちらこちらで」= across the town。　(3)「人(物)が～ということを知っている」= know + 人(物) + (助)動詞。　(4)「例えば」= for example。

英語　1

Words & Phrases

(1)幼稚園 (2)丘
(3)公式の (4)～に接近した，～にごく近い
(5)thousand (6)enough
(7)schedule (8)at night

1 (1)イ (2)ア (3)ウ (4)ア
2 (1)am interested in
(2)tells him learning[studying]
(3)That is because
(4)don't, enough, either
3 (1)thinks that it is surprising
(2)need to do our homework every day
(3)is close to the sea
(4)arrived there at night

解き方 1 (1)「人に～を使わせる」＝let＋人＋use。
(2)feed「～に食事を与える」の過去分詞は
fed。 (3)「～に分けられる」＝be divided into
～。 (4)「～する必要がある」＝need to＋動
詞の原形。
2 (1)「～に興味がある」＝be interested in ～。
(2)「ミュージカルを学ぶこと」＝learning
[studying] musicals。 (3)「…は～だからで
ある」＝That is because ～。 (4)「十分な」
＝enough。「～もまた…でない」＝either。
3 (1)ものについて「意外だ」と説明するときは
surprisingを，「驚いた」という感情であれ
ばsurprisedを使う。 (2)「～する必要があ
る」＝need to＋動詞の原形。 (3)「～にごく
近い」＝close to ～。 (4)「夜に」＝at night。
「朝に」＝in the morningだが，夜の場合は
atを使い，theをつけない。

1 (1)ウ (2)ア (3)ウ
2 (1)is sure that (2)be here
(3)For example
3 (1)at the beginning or the end of
(2)take a walk through a bamboo forest
(3)is famous for its beautiful colors
(4)There were thousands of birds
(5)I think that he would be very surprised

解き方 1 (1)「～しなければならない」＝have to ～。
(2)「～が…だと思う」＝think (that)＋主語＋

(助)動詞 ～。 (3)「～がある」＝there is/
are。あとの名詞が複数形なのでareを選ぶ。
2 (1)「～と確信している」＝be sure that ～。
主語がsheであり，現在形の文なのでbe動
詞はisにする。 (2)「かもしれない」＝might。
mightは助動詞なので，後ろの動詞は原形
にする。 (3)「例えば」＝for example。
3 (1)「～の最初に」＝at the beginning of ～，
「～の最後に」＝at the end of ～。「～の最
初か最後に」とまとめると，at the
beginning or the end of ～というように，
atとofがそれぞれにかかっている。 (2)「散
歩する」＝take a walk。 (3)「～で有名で
ある」＝be famous for ～。 (4)「何千もの
～」＝thousands of＋名詞の複数形。
(5)「私は～だと思う」＝I think that ～。「～
だろう」＝would。willよりも確信していな
いことに使う。

1 (1)エ (2)ウ (3)ア (4)エ
2 (1)Let me try (2)dog is called
(3)twice a year (4)is spoken
3 (1)The music was played by Emi(.)
(2)Ted tells me the girl is
(3)Let me fix your watch(.)
(4)John helped his father make a
doghouse(.)
4 (1)He tells us that movie is interesting(.)
(2)This book is written in English(.)
(3)I help her clean the room(.)
(4)Let me check it(.)
5 (1)Let me introduce
(2)ルワンダは東アフリカにあり，赤道にごく
近いです。
6 (1)She was eight years old.
(2)She saw "Hell."

解き方 1 (1)コンピュータが主語。「～されている」＝
be動詞＋過去分詞。 (2)let＋人＋動詞の原
形の文。代名詞は目的格を使う。 (3)「人が
～するのを手伝う」＝help＋人＋動詞の原形。
(4)「人に～ということを言う」＝tell＋人＋that
～。
2 (1)「試す」＝try。 (2)「～とよばれる」＝is called。
(3)「年に～回」＝回数＋a year。1回はonce，2

回はtwice，3回以降はthree timesのように数字＋timesで表す。 (4)「話されている」＝be spoken。

③ (1)「演奏された」＝was played。 (2)tell＋人＋(that)～の文。「友好的，人なつっこい」＝friendly。 (3)「私に～させて」＝Let me＋動詞の原形。 (4)「人が～するのを手伝う」＝help＋人＋動詞の原形。

④ (1)tell＋人＋(that)の文。ここではthatが省略されている。 (2)「書かれている」＝be written。「英語で」はin Englishを文末につける。 (3)「人が～するのを手伝う」＝help＋人＋動詞の原形。 (4)「私に～させてください」＝Let me ～。

⑤ (1)「私に～させてください」はLet me＋動詞の原形～。 (2)close to ～＝「～にごく近い」，equator＝「赤道」。

⑥ (1)質問は「爆弾が広島を直撃したとき，エミコは何歳でしたか。」という意味。1文目に8歳だったと書かれている。 (2)質問は「外に出たとき，エミコは何を見ましたか。」という意味。3文目に「地獄」を見たと書かれている。

全訳
爆弾が広島を直撃したとき，エミコは8歳でした。彼女が爆弾の閃光を見るとすぐに，彼女の体は地面に放り出されました。彼女は外に出たときに「地獄」を見ました。全ての物が破壊され，燃えていました。人々の肌は焼け，ぼろきれのように垂れ下がっていました。人々はあいついで亡くなりました。彼女はどうすべきかわかりませんでした。

**pp.18～19　ぴたトレ3**

❶ (1)○ (2)× (3)○

❷ (1)ア (2)イ (3)イ

❸ (1)let, ride on (2)I didn't know that
(3)told him that
(4)Everyone[Everybody] always encourages me

❹ (1)We must follow school rules(.)
(2)Did he tell you he didn't like tennis
(3)is counting the handouts for his class

❺ (1)ウ (2)told us, he was
(3)helps other doctors study
(4)Let me introduce

(5)(例)What is your favorite music?

❻ (1)You should tell him he must come here tomorrow.
(2)What language is (What languages are) spoken in Africa?
(3)This website was made by our teachers.

解き方

❶ (1)「～を運ぶ」「カメラ」 (2)「十分な」「teach[教える]の過去形・過去分詞」 (3)「胃」「学校」

❷ (1)「制服」 (2)「公式の，正式の，公用の」 (3)「～じゅうに，～のあちこちで」

❸ (1)「人に～させる」＝let＋人＋動詞の原形。 (2)前述のことを表すときはthatを用いる。 (3)「人に～と言う」＝tell＋人＋that＋主語＋(助)動詞。 (4)主語のeveryone[everybody]は単数扱いなので，encouragesにする。alwaysは動詞の前に入れる。

❹ (1)「校則に従う」＝follow school rules。 (2)疑問文でもtell＋人(＋that)＋主語＋(助)動詞の順にする。 (3)「プリントを数える」＝count the handouts。

❺ (1)is called＝「～とよばれている」 (2)「人に～と言う」＝tell＋人＋that＋主語＋(助)動詞。「言った」という過去形の文になるので，後ろのbe動詞も過去形のwasにする。 (3)「人が～するのを手伝う」＝help＋人＋動詞の原形。 (4)「私に～させてください。」＝Let me ～。 (5)(例)好きな音楽，スポーツ，食べ物を質問する。What is India like?「インドはどんな(国)ですか。」など。

全訳
ナツキ：彼を見て，カレン。彼は私たちのクラスの新しい生徒です。

カレン：彼の名前は何で，彼はどこ出身ですか？

ナツキ：彼の名前はジャクソンですが，彼はジャックとよばれています。彼は私たちにインド出身だと言いました。

カレン：彼は日本語を勉強するために日本に来たのですか？

ナツキ：ええと，ジャックは彼のお父さんと一緒に日本に来ました。彼のお父さんは医者で，そして他の医者が新しい薬を勉強するのを手伝っています。

カレン：なるほど。私は彼に会いたいです。彼に私の自己紹介をさせてください。

ナツキ：もちろんです。行って，彼と一緒に話しましょう。

**⑥** (1)「あなたは〜だということを(人)に言うべきだ」= You should tell 人〜。 (2)「どの言語」= What language(s)。 (3)「によって作られる」= be made by 〜。

| 英作文の採点ポイント |
| --- |

□単語のつづりが正しい。（2点）
□（ ）内の語数で書けている。（1点）
□(1)語順が正しい。 (2)疑問詞を使った受け身の疑問文が正しく作られている。 (3)byを使った受け身の文が正しく作られている。（3点）

## Unit 2 ～ Daily Life 2

**pp.20〜21** ぴたトレ**1**

**1** (1)イ (2)ア (3)イ (4)ウ (5)イ
**2** (1)has, got[gotten] (2)have just had
**3** (1)has finished[done] (2)have, made
(3)has fixed
**4** (1)have washed the dishes
(2)has just washed my uniform
(3)has finally finished reading the book
(4)I can't speak Korean at all(.)
(5)is afraid of making mistakes

**解き方** **1** (1)「〜してしまった」= have + 過去分詞。過去分詞はcleaned。 (2)have + 過去分詞。主語が三人称単数なのでhasにする。 (3)「ついに〜した」= have[has] + finally + 過去分詞。過去分詞はleft。 (4)see－saw－seenと不規則変化。過去分詞はseen。 (5)「やっと，ついに」= finally。justは「ちょうど」，alreadyは「もう，すでに」という意味。
**2** (1)「私の娘はちょうど起きたところです。」基本はhave + 過去分詞。My daughterは三人称単数なのでhave→has。get－got－got(gotten)と不規則変化。 (2)「私はちょうどそのケーキを食べたところです。」have－had－hadと不規則変化。現在完了のhaveの形は変えないが，「食べる」という意味の動詞のhaveを過去分詞にする。
**3** (1)「〜してしまった」= have[has] + 過去分詞。過去分詞はfinished[done]。 (2)主語はMy brother and Iと複数なのでhave。make－made－madeと不規則変化。finally「ついに」のような副詞は，haveと過去分詞

の間に入れることが多い。 (3)「修理する」= fix。過去分詞はfixed。
**4** (1)「皿洗いをする」= wash the dishes。「〜してしまった」という現在完了形の文にするので，washは過去分詞のwashedにする。 (2)justはhave[has]と過去分詞の間に入れる。 (3)finallyはhave[has]と過去分詞の間に入れる。「〜し終える」= finish + 〜ing。 (4)「全く〜ない」= not 〜 at all。 (5)「〜がこわい，〜を恐れる」= be afraid of 〜。

**pp.22〜23** ぴたトレ**1**

**Words & Phrases**
(1)路面電車 (2) ホテル
(3)すでに (4)〜に食事を与える
(5)left (6)report (7)did
(8)Hurry up.
**1** (1)ア (2)イ (3)イ (4)ア
**2** (1)left, yet
(2)haven't learned, yet
**3** (1)the baby slept yet
(2)has already started practice
(3)your friend arrived at the station yet
(4)haven't watched today's weather
report yet

**解き方** **1** (1)疑問文では「もう」= yetを文末に置く。 (2)Kenは三人称単数で，否定文なのでhasn't。 (3)肯定文では「もう」= alreadyをhaveの後ろに置く。 (4)否定文では「まだ」= yetを文末に置く。
**2** (1)「彼はまだ家を出発していません。」 (2)「私たちはまだその英単語を習っていません。」
**3** (1)現在完了形のHasは示されているので，その次には主語のthe babyを置く。現在完了形では疑問文であっても動詞は過去分詞のまま。 (2)alreadyはhave[has]のすぐ後ろに置く。 (3)「〜に到着する」= arrive at 〜。 (4)現在完了形の否定文はhaven't[hasn't] + 過去分詞。

**pp.24〜25** ぴたトレ**1**

**Words & Phrases**
(1)変える，変わる (2)戻る (3)最近，近頃
(4)取引，契約 (5)been (6)person (7)ever
(8)seen

**1** (1)ア　(2)イ　(3)ウ

**2** (1)have, read　(2)has never played

**3** (1)Maybe the reason is the job(.)
(2)me that it's no big deal
(3)Did Nancy catch up with that person(?)
(4)How many times have you seen
(5)She has never been to such

解き方
**1** (1)文中にclimbedと過去分詞があるので現在完了形の文。主語はyouなのでhaveにする。　(2)see − saw − seenと不規則変化。過去分詞はseen。　(3)「食べる」= have。現在完了形の疑問文の動詞は過去分詞にするのでhad。

**2** (1)「私は一度もこの本を読んだことがありません。」　(2)「私の息子は一度もギターをひいたことがありません。」

**3** (1)「もしかしたら理由は〜かもしれない。」= Maybe the reason is 〜。　(2)「たいしたことはない」= it's no big deal。　(3)「〜に追いつく」= catch up with 〜。　(4)「何回〜したことがありますか」= How many times have you 〜?　(5)「そのような場所」= such a place。

pp.26〜27 ぴたトレ**1**

Words & Phrases
(1)すすめる　(2)several

**1** (1)イ　(2)ア　(3)イ　(4)ウ

**2** (1)any good ideas　(2)Why don't you
(3)Do you mean　(4)a kind of

**3** (1)What did John do in the team(?)
(2)My teacher recommended me to read
(3)Have you ever played the violin(?)
(4)been to New York with her family twice

解き方
**1** (1)I've = I have。haveの後に動詞が続くときは過去分詞。　(2)last winterという「過去の一時点」を示す言葉があるときは，現在完了ではなく過去形。　(3)「一度も〜したことがない」= never。　(4)recommend + 人 + to 〜 =「人に〜するようにすすめる」

**2** (1)「(疑問文で)何かよい〜」= any good 〜。anyのあとの名詞は複数形にする。　(2)「〜してはどうですか」= Why don't you 〜?　(3)「〜ということ(意味)ですか」= Do you mean 〜? 何かを確認するときに使う。　(4)「〜のよう

なもの」= a kind of 〜。

**3** (1)「何をした」は普通の過去なので，What did + 主語〜?　(2)recommend + 人 + to 〜 =「人に〜するようにすすめる」　(3)疑問文で「今までに，これまでに」= ever。主語と過去分詞の間に置く。　(4)「〜へ行ったことがある」= have[has] been to 〜。「2回」= twiceは文末に置く。

pp.28〜29 ぴたトレ**1**

Words & Phrases
(1)セルフサービス[バイキング]式の食事
(2)シンガポール
(3)星の光，星明り　(4)rich
(5)passport　(6)paradise

**1** (1)イ　(2)ウ　(3)イ　(4)ア

**2** (1)No, yet　(2)I'd like to [I want to]
(3)That's all for

**3** (1)You can choose the best one
(2)The training includes running and
swimming(.)
(3)when you get a letter from Jane
(4)enjoy seeing the beautiful night view

解き方
**1** (1)「〜する必要がある」= need to 〜。　(2)「〜すべき」= should。　(3)「〜したらすぐに」= when 〜。　(4)「(肯定文で)すでに」= already。

**2** (1)「いいえ，まだです」= No, not yet。
(2)「私は〜したいです= I'd like to 〜。I'dはI wouldの短縮形。I'd like toはI want toと書きかえることができる。　(3)「これで終わりです」→「これが(今やるべき)すべてです」と考えallを使う。

**3** (1)「一番よいもの」= the best one。　(2)「〜を含む」= include(s) 〜。　(3)「〜からの手紙を受け取ったらすぐに」= when you get a letter from 〜。　(4)「〜をして楽しむ」= enjoy 〜ing。

pp.30〜31 ぴたトレ**2**

**1** (1)ア　(2)ウ　(3)イ　(4)ウ

**2** (1)Has, finished[done], yet
(2)Have, ever talked
(3)Did, buy, yesterday
(4)never played

**3** (1)the bus has already left

(2)is not afraid of swimming in

(3)haven't had such delicious food

④ (1)How many times have you been to
Osaka(?)

(2)He didn't read the[that] book at all(.)

⑤ (1)caught up with

(2)大したことではありません。

(3)such

⑥ (1)Yes, they do.

(2)Halal marks do.

① (1)この夏の家族旅行の準備を「もうすでに」準備したという意味でalready。　(2)yetがあるので現在完了形の否定文。主語がShota and Iと複数なのでhaven'tにする。　(3)He's＝He has。neverがあっても現在完了形の文の動詞は必ず過去分詞形。　(4)last nightという明らかな過去の一時点を示す語が入っているので，過去形のsawにする。

② (1)「もう〜しましたか」＝Have[Has]＋主語＋〜yet?　(2)「今までに」＝ever。動詞の前に置く。　(3)「きのう」＝yesterday。明確に過去の一時点を示す言葉なので，過去形の文にする。　(4)「一度も〜したことがない」＝never。He'sはHe hasの短縮形。

③ (1)「出発する」＝leave。leave－left－leftと不規則変化。alreadyはhave[has]のすぐ後ろに置く。　(2)「〜がこわい」＝be afraid of 〜。　(3)「そのようなとてもおいしい食べ物」＝such delicious food。

④ (1)「何回〜したことがありますか。」＝How many times have[has] 〜?　(2)「全く〜ない」＝not 〜 at all。

⑤ (1)「〜に追いつく」はcatch up with 〜。ここでは「追いついた」と過去形なのでcatchの過去形のcaughtを使う。　(2)It's no big deal.＝「大したことではありません。」は決まり文句。　(3)「そのような〜」＝such (a) 〜。

⑥ (1)質問は「日本にいるイスラム教徒はハラルフードを食べますか」という意味。3文目にYes, they do.と書かれている。日本語にすると「いいえ，食べます。」という意味になるので注意する。　(2)質問は「イスラム教徒がハラルフードを見つけることを何が助けますか」という意味。4，5文目にハラルマークが食品についていれば，それがハラルフードだとわかる，と書かれている。

日本では，ハラルフードを見つけることは難しいです。だから日本にいるイスラム教徒はハラルフードを食べないのでしょうか。いいえ，食べます。ハラルマークが私たちを助けてくれるのです。もし食品にハラルマークがついていれば，私はそれがハラルフードだとわかります。私は日本でハラルマークがついた食品が増えているのを見て，嬉しいです。

### pp.32〜33　　　　ぴたトレ3

① (1)×　(2)×　(3)○

② (1)ウ　(2)ア　(3)イ

③ (1)Has, studied[learned], never

(2)We visited the island

(3)haven't played

(4)What have you done(?)

④ (1)She hasn't seen James's brother(.)

(2)I'd like to visit the famous temple(.)

(3)Have you ever painted a picture of
Mt. Fuji(?)

⑤ (1)No, I haven't　(2)famous for

(3)I haven't finished my homework yet(.)

(4)no big deal

⑥ (1)You don't need[have] to be afraid of
water.

(2)Hurry up.

(3)Don't do such a rude thing.

① (1)「すでに，もう」「取引，契約」　(2)「木でできた，木製の」「〜を選ぶ」　(3)「人，人間，一個人」「不安で，緊張して」

② (1)「すすめる」　(2)「完全な」　(3)「報告」

③ (1)「〜したことがありますか」＝Have[Has]＋主語＋過去分詞 〜?　(2)去年のことなので過去形の文にする。「島」＝island。　(3)「〜したことがありません」＝haven't＋過去分詞。　(4)「する」＝doの過去分詞はdone。do－did－done。

④ (1)「見かける」＝see。現在完了形の否定文にする。　(2)「〜したい」＝I'd like to 〜。(3)「今までに〜したことはありますか」＝Have you ever 過去分詞 〜?

⑤ (1)京都に行ったことがあるかどうか聞かれ，一度も行ったことがないと書かれているので返事はNo, I haven't.にする。　(2)「〜で有

名である」＝ be famous for ～。 (3)「私はま
だ宿題を終えていません。」という文にする。
「まだ～していない」＝ haven't[hasn't] ＋
過去分詞 ～ ＋ yet。 (4)「大したことはない」
＝ no big deal。

全訳

カオリ：あなたは京都に行ったことはある？
アレックス：いや，ないんだ。そこに一度も
　　　　　行ったことがないよ。君はどう？
カオリ：私は去年の秋にそこに行ったわよ。そ
　　　　れはすばらしかったわ！
アレックス：いいね！京都では何が有名なの？
カオリ：京都は古い寺院で有名なのよ。私は金
　　　　閣寺に行ったの。
　　　　それを見たことはある？
アレックス：うん，あるよ。僕はそれをイン
　　　　　ターネットで見たんだ。
　　　　　それは金箔でおおわれているんだ
　　　　　よね？
カオリ：その通り！それは豪華に見えたわ。
　　　　あら，待って！私はまだ宿題を終わら
　　　　せていなかったの。私はすぐにそれを
　　　　やる必要があるわ。アレックスごめん
　　　　なさい，次回京都についてもっとあな
　　　　たに教えてあげるからね。
アレックス：わかったよ。君がすぐにそれを終
　　　　　わらせることができるのを願って
　　　　　いるよ。僕はそれが大したことな
　　　　　いと思ったよ。
カオリ：ありがとう。次回は，あなたの市で有
　　　　名なものを聞かせてね。じゃあね。

⑥ (1)「～がこわい」＝ be afraid of ～。「～する
必要はない」＝ don't need[have] to ～。to
の後ろは動詞の原形。 (2)「急ぎなさい。」＝
Hurry up. (3)「そのような～」＝ such (a) ～。

### 英作文の採点ポイント

□単語のつづりが正しい。（3点）
□（　）内の語数で書けている。（2点）
□(1)語順が正しい。(2)命令文が正しく作れている。
　(3)否定の命令文が正しく作れている。（3点）

## Unit 3 ～ Active Grammar 1

pp.34～35 ぴたトレ1

Words & Phrases

(1)誰か，誰でも

(2)～以来，～から（ずっと） (3)平和
(4)known (5)for a long time
(6)remind

1 (1)ア (2)イ
2 (1)has wanted (2)has been
3 (1)Keiko has lived in France since last
　summer.
　(2)How long has Bob known her?
　(3)(I have lived here) For ten[10] years.
4 (1)I'd like to work for my dream(.)
　(2)reminds him of last summer

解き方
1 (1)「～の間」という期間を表す言葉はfor。
　(2)「～から」という物事の起点を表す言葉は
　since。
2 (1)「Miyukiはイタリアを訪問したいとずっ
　と思っています。」「ずっと～している」なの
　で現在完了形の文。主語は三人称単数なの
　でhas。 (2)「姉(妹)は1週間ずっと病気で
　す。」これも「ずっと～」なので現在完了形。
　be動詞の過去分詞はbeen。
3 (1)「ケイコはこの前の夏からフランスに住ん
　でいます。」という現在完了形の文にする。
　主語がケイコなのでhas，liveの過去分詞
　はlived。 (2)現在完了形の期間をたずねる
　疑問文は，「どのくらいの間」をたずねる
　How long ～?を使う。 (3)「～の間」という期
　間を表すのはfor。答えるときは一文で答え
　るか，For ten years.だけで答えてもよい。
4 (1)「～したい」＝I'd like to ～。「～に向かっ
　て努力する」＝ work for ～。 (2)「人に～を
　思い出させる」＝ remind 人 of ～。

pp.36～37 ぴたトレ1

Words & Phrases

(1)～をはっきり理解する，悟る
(2)～を創造する，生み出す
(3)特に，とりわけ (4)世紀
(5)half (6)better
(7)young (8)hour

1 (1)イ (2)ア (3)ウ
2 (1)have been playing
　(2)has been using
3 (1)often asks me questions about
　(2)She is determined to be a doctor
　(3)What can we do to help poor people(?)

(4)How long have you been waiting

**1** (1)「〜し続けている」は現在完了進行形なので，be動詞の後にing形を続ける。be動詞はhaveの後なので過去分詞のbeenになっている。 (2)「ずっと〜し続けている」は現在完了進行形なので，have[has] + been + 〜ing。 (3)現在完了形，現在完了進行形で「どのくらいの間〜」と聞くのはHow long 〜?

**2** (1)for an hourと「期間」を表す言葉があることに注目する。「〜し続けている」は現在完了進行形。 (2)since「〜から」も現在完了形を表すキーワード。「〜し続けている」なので現在完了進行形にする。

**3** (1)ask + 人 + questions + about 〜で，「人に〜についての質問をする」often「しばしば」のような頻度を表す単語は，「be動詞の後」や「一般動詞の前」に置く。 (2)「〜を固く決心する」= be determined to 〜。 (3)「〜するために私たちに何ができますか。」= What can we do to 〜? (4)「どのくらいの間」= how long。「〜し続けている」なので現在完了進行形の疑問文にする。

### pp.38〜39　ぴたトレ1

Words & Phrases

(1)平和な
(2)必要な，なくてはならない
(3)不可能な
(4)(〜である)けれども，〜にも関わらず
(5)しかしながら　(6)meal　(7)war
(8)pass on

**1** (1)イ　(2)ア　(3)ア

**2** (1)easy for　(2)interesting for, to

**3** (1)The situation is getting better(.)
(2)Though it was cold, the weather
(3)I'll pass that on to Susie
(4)became kinder year by year
(5)It is dangerous to climb mountains in winter(.)

解き方

**1** (1)「人にとって〜することは…だ」= It is … for 人 to 〜。 (2)(3)のforの後には目的格が来る。代名詞の活用はI − my − me − mine, you − your − you − yoursそれぞれ3番目が目的格。

**2** (1)「私にとって日本語を話すことは簡単です。」(2)「彼女にとってインターネットを使うことはおもしろいです。」

**3** (1)「ますます〜になる」= get + 形容詞の比較級。betterはgoodの比較級。 (2)thoughは接続詞なので2つの文をつなぐ役割がある。 (3)「人に…を伝える」= pass … on to 人。 (4)「年々」= year by year。 (5)「(人にとって)〜することは…だ」= It is … (for 人) to 〜。

### pp.40〜41　ぴたトレ1

Words & Phrases

(1)〜を集める，募る
(2)〜を持たないで，〜なしで
(3)個人的な，本人自身の
(4)苦痛，苦しみ，痛み　(5)brought
(6)money　(7)American　(8)bring up

**1** (1)ア　(2)イ　(3)ウ　(4)イ

**2** (1)important for
(2)was impressed[moved] by
(3)without water　(4)pass down

**3** (1)It is because we have enough time(.)
(2)sensed my pain as her own
(3)It is exciting for him to ride
(4)He left here without saying "Goodbye"(.)

解き方

**1** (1)「育てる」= bring up。ここでは「育ちました」と受け身の意味になるので，過去分詞のbroughtになっている。 (2)主語がyour sisterと三人称単数で，「ずっと〜し続けている」という現在完了進行形の文なのでHas。 (3)「ずっと〜し続けている」は現在完了進行形の文。have[has] + been + 動詞のing形で表す。 (4)「気づいた」と過去形の文であるので，that以下も形を合わせて過去進行形のwas callingにする。

**2** (1)「〜にとって…することが大事だ」= It is important for 〜 to …。 (2)「〜に感動する」= be impressed[moved] by 〜。 (3)「〜なしで」= without。 (4)「〜を伝える」= pass down 〜。

**3** (1)「〜だからです」= It is because 〜(「〜」には，主語+動詞の文が入る。) (2)「〜を…として感じる」= sense 〜 as …。「苦しみ」= pain。 (3)「〜することは人にとってわくわくする」= It is exciting for 人 to 〜。

「自転車に乗る」＝ ride a bike。 (4)「言わずに」＝「言うことなしで」なので，without saying。withoutのあとは(動)名詞を続ける。

pp.42〜43 **ぴたトレ1**

Words & Phrases

(1)一度，1回

(2)一度も〜したことがない (3)known

(4)been

**1** (1)ア (2)ウ (3)イ

**2** (1)had[eaten], before

(2)Have you, yet (3)haven't finished, yet

**3** (1)I haven't had a Chinese dish lately(.)

(2)I've been thinking about our work experience

(3)We have never visited there(.)

(4)Have you changed your clothes yet(?)

(5)Ben has just become fifteen years old(.)

解き方
**1** (1)「〜の間」＝ for。 (2)「どのくらいの期間」＝ How long。 (3)「すでに」＝ already。

**2** (1)「食べたことがある」＝have had。 (2)「もう〜しましたか。」＝ Have you＋過去分詞 〜 yet?「〜に食事を与える」のfeedの過去分詞はfed。 (3)「まだ〜していません」＝ haven't＋過去分詞 〜 yet。「〜を終える」のfinishを過去分詞のfinishedにする。

**3** (1)「食べていない」と継続を表す現在完了形の否定文にする。 (2)「ずっと〜している」と，考えるという動作を継続しているので現在完了進行形のI've been thinkingにする。 (3)「一度も〜したことがない」＝ have[has] never＋過去分詞。 (4)「もう〜しましたか。」＝ Have you＋過去分詞 〜 yet? (5)「ちょうど〜したところです」＝ have[has] just＋過去分詞。becomeは過去分詞もbecome。

pp.44〜45 **ぴたトレ2**

**1** (1)ア (2)イ (3)エ (4)ウ

**2** (1)has been (2)been studying

(3)It was, to

**3** (1)has been like this for over

(2)been interested in Japan for

(3)However, thinking about it is not

(4)became a big inspiration for me

**4** (1)How long have you been in Australia?

(2)She has been reading the[that] book since last night.

(3)What can we do to win the game?

**5** (1)brought up

(2)found

(3)娘に原爆のことを質問されたが，自分の言葉で答えることができないということがわかったから。

**6** (1)They produce ultrasonic sound when railroads are busy.

(2)They keep away from the railroads.

解き方
**1** (1)I've＝I have。haveの後にくる動詞は過去分詞。before「以前」という言葉があるので，「以前〜したことがある」という文にする。readは過去分詞もread。 (2)「この城は約300年前に建てられました。」は受け身なので，be動詞＋過去分詞の形に。agoは現在完了形では使えない。 (3)sunny「晴れ」など，天候を表すときはIt is 〜。since last week「先週から」と現在完了形の文になるので，have[has]＋過去分詞。be動詞の過去分詞はbeen。 (4)前にhas beenとあり，現在完了進行形の文であることがわかるので，ing形のcrying。

**2** (1)「先週からずっと」なので現在完了形。be動詞の過去分詞はbeen。 (2)現在完了進行形はhave[has]＋been＋動詞のing形。 (3)「人にとって〜することは…だ」＝ It is ... for 人＋to 〜。「難しかった」と過去形の文であるので，be動詞はwas。

**3** (1)「このよう(な状態)である」＝ be like this。「○○年間」など，期間を表す前置詞はfor。「○年以上＝○年を越えて」＝ over 〜 years。 (2)「〜に興味がある」＝ be interested in 〜。 (3)「〜すること」は動名詞を使って表す。「考えること」＝ thinking。 (4)「刺激になる」＝ become an inspiration。今回はinspirationの前にbigが入るのでan→a。

**4** (1)「どれくらいの間あなたは〜にいますか。」＝How long have you been 〜? (2)「ずっと読み続けている」＝ have[has] been reading。「昨晩から」＝ since last night。 (3)「〜するために私たちに何ができますか。」＝ What can we do to 〜?

⑤ (1)bring up ～＝「～を育てる」ここでは前にbe動詞があるので，「育てられた」と受け身の形にする。bringの過去分詞はbrought。　(2)find＝「～であるとわかる，思う」，find that ～＝「～ということがわかる」　(3)再び広島の原爆について学ぼうと決めた理由は，直前の文に書いてある。

⑥ (1)質問は「『シカの踏切』はどのようにシカを救っていますか。」という意味。答えは2文目参照。　(2)質問は「シカは超音波を聞いたとき，何をしますか。」という意味。3文目参照。deerは複数形もdeer。

全訳
奈良では，「シカの踏切」が2016年からシカを救い続けています。それらは線路の往来が多いときに超音波を出します。シカはその音を嫌い，線路に近づきません。
その踏切のおかげで，シカはもうこれ以上電車にはねられることはないのです。

---

**pp.46～47** ぴたトレ3

① (1)×　(2)○　(3)×

② (1)イ　(2)ア　(3)イ

③ (1)should pass, on
　(2)What kind, have, done
　(3)thinks of[about], necessary
　(4)It's difficult[hard], to ride

④ (1)has just left
　(2)has been playing, for
　(3)have been[stayed, lived], since

⑤ (1)あなたはどこに行っていましたか。
　(2)People made this monument 120 years ago.
　(3)ウ　(4)has been writing
　(5)It's important for us to learn

⑥ (1)How long has it been hot?
　(2)I was determined to work for people.
　(3)It is[It's] necessary for us to eat[have] breakfast every day.

解き方
① (1)「金，金銭」「爆弾」　(2)「思い出させる」「幼少期」　(3)「若い」「1時間」
② (1)「思いださせるもの，合図」　(2)「世紀」　(3)「創造する，生み出す」
③ (1)「～を…に伝える」＝pass ～ on to ....。　(2)「どのような種類の～」＝What kind of ～?

---

「～したことがありますか」は現在完了形の疑問文なのでhave you＋過去分詞 ～? 「する」＝doの過去分詞はdone。　(3)「～について考える」＝think of[about] ～。「何か必要なこと」＝something necessary。　(4)「人にとって～することはむずかしい」＝It's difficult[hard] for 人 to ～。

④ (1)「ミホは1分前にここを去りました。」，つまり去ったばかりなので「ミホはちょうどここを去ったところです。」という現在完了形の文にする。　(2)「タクは3時間前に野球をしていました。彼はまだ休みなしで野球をしています。」つまり，3時間前からずっと野球をし続けている，という現在完了進行形の文にする。　(3)「私は先週の日曜日にシンガポールに来ました。私はまだここにいます。」つまり，先週の日曜日からずっとシンガポールにいることになるので，現在完了形の文にする。

⑤ (1)Where were you?なら過去形なので「どこにいたのですか。」。現在完了形なので「今までどこに(行って)いた」のかをたずねている。　(2)受け身の文を能動態の文に書き換えるには，主語を決めてから，受け身の文の主語を目的語にする。動詞の形を決めるにはbe動詞から時制を判断する。この文ではwasが過去形なので，makeの過去形のmadeにする。　(3)childhood「子供時代」は，現在の「彼」にとっては過去なので，過去形のlivedを選ぶ。　(4)since「～以来」があることから現在完了形の文と分かる。「20歳の時からずっと本を書き続けている」とするには，現在完了進行形にする。　(5)「我々にとって学ぶことが大事だ」となるようにする。「人にとって～することは…だ」＝It's ... for 人＋to ～。

全訳
ベス：こんにちは，ナンシー。あなたに私の旅行の写真を見せるわね。
ナンシー：あら，こんにちは，ベス。あなたはどこに行っていたの？
ベス：イギリスよ。私の初めての海外旅行だったわ。
ナンシー：それはすてきね。そこを訪れるのはわくわくした？
ベス：ええ。私はイギリスで一番大きな美術館を訪れたわ。この写真を見て。この記念碑は120年前に作られたのよ。

ナンシー：本当？感心だわ。

ベス：私はイギリスのとても古い町も訪れたわ。それはイギリスの一番偉大な作家のうちの1人で有名な場所なの。彼は幼少期にそこに住んでいたわ。彼は20歳のころから本を書き続けているの。多くの子供たちが彼らの国の歴史を学ぶために彼の本を読んでいるわ。

ナンシー：私たちにとって自分たち自身の国の歴史について学ぶことは重要よね。

⑥ (1)期間の長さをたずねるときは，How long ～?で始める。 (2)「固く決心する」＝be determined to ～。過去形なのでbe動詞はwas。 (3)「人にとって～することは必要だ」＝It is necessary for 人 to ～。

### 英作文の採点ポイント

□単語のつづりが正しい。（3点）
□（　）内の語を使っている。（2点）
□(1)語順が正しい。 (2)指定された語を正しく使えている。 (3)語順が正しい。（3点）

## Let's Read 1

pp.48～49  ぴたトレ1

**Words & Phrases**

(1)火，炎
(2)濃い，（空気が）汚れた　(3)ガラス
(4)枝　(5)～を掘る　(6)bridge
(7)noise　(8)smoke

1 (1)イ　(2)ア　(3)ウ
2 (1)right away　(2)for the first time
(3)was worried
3 (1)gave some food to the cat
(2)told me the book was a lot of fun
(3)his sister will commute to elementary school
(4)It was just before I opened the box(.)

**解き方**

1 (1)「遅れる→遅らせられる」と受け身で表すのが英語の考え方なので，過去分詞のdelayedを選ぶ。 (2)Didで始まる過去形の疑問文なので動詞は原形。 (3)「ようやく，ついに」＝at last。
2 (1)「すぐに」＝right away。 (2)「初めて」＝for the first time。 (3)「心配する」＝be worried。
3 (1)「～に…をあげる」＝give ... to ～。

(2)「とてもおもしろい」＝a lot of fun。「人に～ということを言う」＝tell＋人（＋that）＋主語＋（助）動詞。 (3)「～に通う」＝commute to ～。 (4)「～の直前でした」＝It was just before ～。

pp.50～51  ぴたトレ1

**Words & Phrases**

(1)平均　(2)おもちゃ，玩具　(3)道路，道
(4)相手　(5)えさ　(6)grade
(7)excellent　(8)plane　(9)end　(10)bran

1 (1)ア　(2)イ　(3)イ
2 (1)got wet through　(2)a packet of
(3)taking over
3 (1)I played hide-and-seek with my cousin
(2)1,000 yen and bought a pen and a notebook for 500 yen
(3)The new road was excellent to drive on(.)
(4)On his way to the library

**解き方**

1 (1)「～を片づける」＝tidy up ～。 (2)「外出する」＝go out。ここでは過去形のwent outになっている。 (3)ここでの日付の表し方は2通りで，「11月30日」＝on the thirtieth of November, on November thirtiethとなる。
2 (1)「びしょぬれになる」＝get wet through。びしょぬれになったのはきのうなのでgetを過去形のgotにする。 (2)「1袋の～」＝a packet of ～。 (3)「～を乗っ取る」＝take over ～。前にbe動詞があるので現在進行形の文にする。
3 (1)「～と…をして遊ぶ」＝play ... with ～。 (2)「～円で…を買う」＝buy ... for ～ yen。 (3)「～するのにすばらしい」＝excellent to ～。 (4)「～へ行く途中」＝on one's way to ～。「彼」が行く途中なので，代名詞はhis。

pp.52～53  ぴたトレ1

**Words & Phrases**

(1)(車の)往来，交通(量)　(2)交差点

1 (1)ア　(2)ウ　(3)イ
2 (1)been learning[studying]　(2)Let me
(3)not so[as], as　(4)more than

**11**

**3** (1)the city will be much bigger than now

(2)There weren't many people in the park(.)

(3)People used torches as a means of

(4)We will be stopping at Kyoto Station(.)

**解き方**

**1** (1)「育つ」= grow up。 (2)「書かれている」なので, be動詞+過去分詞の受け身の文にする。 (3)「～沿いの」= along ～。

**2** (1)現在完了進行形「ずっと～し続ける」= have[has] + been + ing形。 (2)「私に～させてください」= Let me ～。 (3)「～ほど…ではない」= not so ... as ～。 (4)「～以上」= more than ～。

**3** (1)「…よりもずっと～」と強調した比較の文にする場合はmuch + 形容詞の比較級。 (2)「～がいる」= There is ～。主語が単数か複数か, 時制はいつか, 肯定文か否定文かなどにも注意。「あまり～ない」= not + many。 (3)「～の手段として」= as a means of ～。 (4)「(自然な成り行きで)～だろう」= will be + ing形。

**pp.54～55** ぴたトレ**2**

**1** (1)エ (2)エ (3)イ (4)ア

**2** (1)were born (2)for the next

(3)happened to (4)for the first time

**3** (1)not much traffic on the road

(2)his bike as a means of commuting

(3)Jack went out right away when

**4** (1)It has been raining here since yesterday.

(2)Tidy up your room.

(3)His speech went on for an hour.

**5** (1)Unfortunately

(2)僕はどうなってしまうのだろう。

(3)イ

**6** (1)Because his average was "excellent."

(2)He bought a toy-plane part (a winder).

**解き方**

**1** (1)「Makotoはなぜ彼の友達にMickeyとよばれているのですか。」という文にする。「～される」はbe動詞+過去分詞の受け身。

(2)「Takashiは英語で電子メールを書いたことがあります[書いたところです]。」という意味の文にする。「～したことがある[～したところだ]」はhave[has]+過去分詞の現在完了形。 (3)「多くの人の前で歌を歌う

ことは彼にとって難しいです。」という意味の文にする。「人にとって～することは…だ」= It is ... for 人 to ～。 (4)「日曜日に渋谷のスクランブル交差点であなたと会います。」という意味の文にする。willの後ろは動詞の原形。未来の文なのでエは選べない。

**2** (1)「～で生まれる」= be born in ～。主語が複数である点にも注意。 (2)「次の～年間で」= for the next ～years。 (3)「～に起こる」= happen to ～。hasの後ろで, 現在完了形の文になるので過去分詞のhappenedにする。 (4)「初めて」= for the first time.

**3** (1)「交通量」= traffic。「数えられない名詞」なので, 「多くの」というときはmanyではなくmuchを使う点に注意。 (2)「～の手段として」= as a means of ～。 (3)「～すると→～するとき」= when ～。

**4** (1)現在完了進行形はhave[has] been + ing形。天気のことを表す文なので, 主語はit。 (2)「～を片づける」= tidy up ～。 (3)「続く」= go on。「続いた」と過去形なのでwent onにする。「1時間」はfor an hour。冠詞をanにすることに気を付ける。

**5** (1)「不運にも, あいにく」= unfortunately。 (2)happen to ～ =「～に起こる, 生じる」, What happens to ～? =「～はどうなるのでしょう」 (3)ア:1文目に「今日は僕にとってうれしい日であった。」と書かれているので不適。イ:4文目に「それは遅れていた」と書かれている。このitはsteam train(汽車)のことであるので正しい。ウ:6文目に, 「僕が二中に着いたら, もう式典が始まっていた。」と書かれているので不適。

**6** (1)質問は「なぜ彼はとてもうれしかったのですか」という意味。2文目より, 成績が「優」だったのでうれしかったのだとわかる。 (2)質問は「彼は5円で何を買いましたか」という意味。3文目より, 10円をもらって5円でおもちゃの飛行機のパーツを買ったとわかる。

# Unit 4

**pp.56～57** ぴたトレ**1**

Words & Phrases

(1)肌, 皮

(2)非常に, とても (3)機械, 装置

(4)common　(5)address　(6)soft

1 (1)ウ　(2)ア　(3)イ

2 (1)which, popular　(2)which is called

3 (1)AI technology has made great progress

(2)We have just come up with

(3)He always responds to my e-mail

(4)The machine helps him deliver
packages(.)

解き方

1 (1)「眠っている」と現在進行形であるので，
be動詞＋ing形。　(2)主語がrobotsと複数
形で，現在形なのでhelp。　(3)「話されてい
る」と受け身であるので，be動詞＋過去分詞。

2 (1)「彼は日本で人気のある車を買うつもりで
す。」　(2)「私は『ポチ』と呼ばれている犬を
飼っています。」

3 (1)「(ずっと)～している」＝have[has]＋過
去分詞。「進歩を遂げる」＝make progress。
(2)「～を思いつく」＝come up with ～。「ちょ
うど」から，現在完了形の文と推測する。
(3)「～に反応する」＝respond to ～。　(4)「人
が～するのを助ける」＝help＋人＋動詞の
原形。

pp.58～59　　ぴたトレ1

Words & Phrases

(1)ナビゲーション

(2)表現，言い回し

(3)反対する，意見が合わない　(4)might

(5)foreign　(6)anymore

1 (1)イ　(2)イ　(3)ア

2 (1)who wears　(2)who are playing

3 (1)We don't want to eat anymore(.)

(2)I agree with your opinion(.)

(3)They need a person who encourages
them(.)

解き方

1 (1)「野球をしている」と現在進行形なのでbe
動詞＋ing形。whoの前にThe studentsと
複数形の名詞がきているので，be動詞は
areを選ぶ。　(2)「○年間～している」なので
現在完了形を選ぶ。whoの前にa studentと
単数形の名詞が来ているので，hasを選ぶ。
(3)修飾されているのは人間なのでwho。「～
に興味がある」＝be interested in ～。

2 (1)「メガネをかけているコックは私の友達で
す。」　(2)「テニスをしている少年たちは私の

同級生です。」

3 (1)「これ以上」＝anymoreは文末に置く。
(2)「～に賛成する」＝agree with ～。　(3)「彼
らには人が必要です→彼らは人を必要とし
ています」と英語にしてから，「彼らを励ま
す」を関係代名詞でつなげる。

pp.60～61　　ぴたトレ1

Words & Phrases

(1)ヒント，手がかり

(2)～を交換する

(3)(質問・要求など)を出す，提起する

(4)rapidly　(5)understanding

(6)broaden

1 (1)イ　(2)ウ　(3)イ

2 (1)that[who], running

(2)that[which] is, cool

3 (1)Learning foreign languages helps us
make friends

(2)The point that was raised by Lisa was
difficult(.)

(3)This book will be useful for your life

解き方

1 (1)関係代名詞を使った文にする。修飾され
ているのは人間なのでwhoとthatが考えら
れるが，「話しかけてきた」と過去形の文な
のでwho spokeを選ぶ。　(2)修飾されている
のはsome songsなのでwhoは使えない。ま
た，「動かした」なので受動態は使えない。
(3)修飾されているのはa girlなのでwhich
は使えず，単数形なのでwho isを選ぶ。

2 (1)「ジョンは公園で走っている少年です。」
(2)「彼女はとてもかっこいいギターをひいて
います。」

3 (1)「人が～するのを助ける」＝help＋人＋動
詞の原形。　(2)the pointを関係代名詞の
thatを使って修飾する。「リサが提起した
→リサによって提起された」と受け身の形に
する。　(3)「～の役に立つ」＝be useful for
～。

pp.62～63　　ぴたトレ1

Words & Phrases

(1)適切な，ふさわしい

(2)～だと思う

(3)直接に，じかに　(4)hate

(5)remember　(6)depend

1 (1)ア　(2)ウ　(3)イ

2 (1)If, hard
　(2)not just for
　(3)which[that] translates
　(4)hate to

3 (1)Not all children like curry(.)
　(2)a great person who is from
　(3)Those who help others are liked
　(4)to use AI technology in a proper way

解き方

1 (1)「～を頼りにする」= depend on ～。
　(2)「～と話す」= speak with ～。　(3)「～に
　時間を取る」= spend time on ～ing。

2 (1)「あなたが～すれば」= if you ～。「一生
　懸命やる」= work hard。　(2)「～だけのも
　の」= just for ～。ここでは否定文なので
　not just for ～。　(3)「翻訳する」= translate。
　修飾されているのはものなので，関係代名
　詞はwhichかthatのどちらでもよい。
　(4)「～するのを嫌う，～したくない」= hate
　to ～。

3 (1)「～がみんな…というわけではない」=
　not all ～。　(2)最初に「西郷隆盛は偉大な人
　です」と英語にしてから，「鹿児島出身の」
　という語句を関係代名詞のwhoでつなげる。
　(3)「～する人々」= those who ～。　(4)「適切
　な方法で」= in a proper way。

**pp.64～65　ぴたトレ2**

1 (1)イ　(2)ウ　(3)ア　(4)ウ

2 (1)useful for　(2)friend who[that] lives
　(3)hate to swim　(4)comes up with

3 (1)I disagree with the people who
　(2)responds to his voice right away
　(3)Smartphones have made big progress

4 (1)I know the boy who spoke to her.
　(2)The robot which was made by him is
　　big.
　(3)I have a rabbit that has long ears.

5 (1)come up with
　(2)It is becoming common.
　(3)help

6 (1)Three astronauts went to the moon
　　on Apollo 11.
　(2)They wore special suits that protected

them in space.

解き方

1 (1)「そのミュージカルで演じる」となるよう
　に関係代名詞でつなぐ。修飾するのがthe
　studentなので使う関係代名詞はwho。
　(2)「冬に行われる」スポーツとなるように関
　係代名詞でつなぐ。修飾するのがa sportな
　ので使う関係代名詞はwhich。　(3)「私たち
　の学校で一番背の高い」先生，となるように
　関係代名詞でつなぐ。修飾するのがa
　popular teacherなのでwhoとthatの2つ
　の関係代名詞が考えられるが，関係代名詞
　の後ろにa popular teacherを言いかえた
　heは入らない。　(4)「私の世界観を広げてく
　れる」本となるように関係代名詞でつなぐ。
　修飾するのがa bookとものなので使う関係
　代名詞はwhichまたはthat。関係代名詞の
　後ろにa bookを言いかえたitは入らない。

2 (1)「～するのに役立つ」= useful for ～。
　(2)修飾されているのはa friendと人なので，
　関係代名詞はwho[that]を使う。　(3)「～す
　るのが嫌い」= hate to+動詞の原形。　(4)「～
　を思いつく」= come up with ～。

3 (1)「～に反対する」= disagree with ～。
　(2)「～に反応する」= respond to ～。「すぐ
　に」= right away。　(3)「進歩を遂げる」= make
　progress。「近ごろ」= latelyも現在完了形
　で使う単語。

4 (1)「私はその少年を知っています」と英語に
　し，「彼女に話しかけた」をwhoでつなげる。
　「～に話しかける」= speak to ～。　(2)「その
　ロボットは大きいです」と英語にし，ロボッ
　トについての説明をwhichでつなげる。
　(3)「私はウサギを飼っています」と英語にし，
　ウサギについての説明をthatでつなげる。
　耳は2つあるものなので複数形にすること
　に注意する。

5 (1)「～を思いつく，見つける」= come up
　with ～。　(2)「～になりつつある」= be
　becoming ～。　(3)help+人+動詞の原形
　で「人が～するのを手伝う」。

6 (1)質問は「1969年に何が起こりましたか」と
　いう意味。2文目より，3人の宇宙飛行士
　がアポロ11号で月に行ったということがわ
　かる。　(2)質問は「その宇宙飛行士たちは何
　を着ていましたか」という意味。3文目より，
　宇宙で彼らを保護してくれる特別なスーツ
　だということがわかる。

14　英語

これらの写真には月面に着陸した最初の人類が写っています。1969年に，3人の宇宙飛行士がアポロ11号で月に行きました。彼らは宇宙で彼らを保護してくれる，特別なスーツを着ていました。あなたは「これは一人の人間にとっては小さな一歩だが，人類にとっては偉大な飛躍である。」という有名な言葉を知っているかもしれませんね。

**pp.66～67　　　　ぴたトレ3**

❶ (1)×　(2)○　(3)×

❷ (1)イ　(2)ア　(3)イ

❸ (1)don't think, because
　(2)helps, communicate with
　(3)Not all, agree
　(4)would hate to [don't want to]

❹ (1)which[that] is drinking
　(2)which[that] was on
　(3)who[that] delivers packages

❺ (1)You have a grandfather who lives there
　(2)is　(3)イ　(4)made
　(5)I was impressed[moved]

❻ (1)I want to be[become] a person
　　who[that] is loved by many people.
　(2)Don't depend on other people.
　(3)What is a[the] bird which[that]
　　can't[cannot] fly?

**解き方**

❶ (1)「機械(装置)」「触れること，～に触れる」
　(2)「(質問・要求など)を出す，提起する」「苦痛，苦しみ，痛み」　(3)「～だと思う」「役に立つ，有用な」

❷ (1)「覚えている」　(2)「よく見られる」
　(3)「もはや，これ以上」

❸ (1)「～ではないと思う→～だとは思わない」英語は否定的な内容である場合，最初の動詞を否定形にする表現の仕方がある。「～なので」＝because ～。　(2)「～と意思疎通する」＝communicate with ～。　(3)「～がみんな…というわけではない」＝not all ～。
　(4)「～したくない」＝would hate to ～。

❹ (1)「ミルクを飲んでいるその白いネコは私のものです。」　(2)「これはテレビに映っていたドローンです。」　(3)「荷物を配達する人を見なさい。」

❺ (1)関係代名詞のwhoを使った文にする。whoは修飾する名詞の直後におく。　(2)その後にhe runs a clinicと現在形の文が続くので，現在形にする。三人称単数現在形のbe動詞を入れる。　(3)last year「去年」なので，過去形のwentを入れる。　(4)「彼はいつも人々を微笑ませました」という文にする。「人を～にする」＝make 人 ～。　(5)受け身の文なのでbe動詞＋過去分詞＋byにする。「～に感動する」＝be impressed [moved] by ～。

全訳

ベン：僕はバスケットボール選手になりたいです。

マユ：それはすばらしいですね。あなたはそれがとても上手です。

ベン：ありがとうございます。あなたはどうですか，マユ。

マユ：医者です。私が去年北海道に行ったことを覚えていますか。

ベン：はい。あなたにはそこに住んでいるおじいさんがいるんですよね。

マユ：はい，実は私の祖父は医者で診療所を経営しています。

ベン：あなたは彼の診療所に行ったことがあるのですか。

マユ：私は一度そこに行ったことがありますよ。私は去年初めてそこに行きました。

ベン：どうでしたか。

マユ：ええと，私の祖父はとても一生懸命働いていました。彼はいつも人々を微笑ませました。彼はみんなに愛されていました。私は彼に感動しました。だから，私は彼のような医者になりたいのです。

❻ (1)「私は人になりたいです」という英語にし，関係代名詞のwhoまたはthatで修飾する。　(2)「～に依存する」＝depend on ～。「～してはいけない」と否定の命令形なのでDon't ～で始める。　(3)まず，「鳥は何ですか」＝What is a bird?「飛ぶことができない」＝which[that] can't fly。

| 英作文の採点ポイント |
| --- |
| □単語のつづりが正しい。(3点) |
| □(　)内の条件を満たしている。(2点) |
| □(1)語順が正しい。　(2)否定の命令形が正しく作れている。　(3)関係代名詞を使った疑問文が正しく作れている。(3点) |

## Let's Read 2 〜 Daily Life 3

pp.68〜69 ぴたトレ**1**

**Words & Phrases**

(1)登場人物，キャラクター
(2)国際的な　(3)人，人間　(4)imagine
(5)dangerous　(6)improve

**1** (1)イ　(2)ウ　(3)ウ

**2** (1)more and more
(2)helps people stand
(3)What kind of
(4)such as

**3** (1)Your dream will come true(.)
(2)By practicing again and again
(3)this cake with a variety of fruits

 **解き方**

**1** (1)「〜を思い浮かべる」= think of 〜。
(2)「上」について表す前置詞でも使い方が違うので注意する。雲の上，つまり雲より上を飛んでいるのでaboveを使う。
(3)Watching baseball games「野球の試合を見ること」までが主語なので，三単現のsをつける。

**2** (1)「ますます〜」= more and more 〜。
(2)「人が〜するのを手伝う」= help + 人 + 動詞の原形。　(3)「一番好きな映画の種類」について聞いている。要求される回答は1つなのでkindを使う。「どんな種類の[どのような]〜ですか。」= What kind(s) of 〜?
(4)「〜のような」= such as 〜。

**3** (1)「〜が実現する」= 〜 come true。　(2)「〜することによって」= by 〜 ing。「何度も何度も」= again and again。　(3)「〜を使って」= with 〜。「さまざまな〜」= a variety of + 名詞の複数形。

pp.70〜71 ぴたトレ**1**

**Words & Phrases**

(1)秋　(2)運動
(3)〜をつなぐ，関係させる
(4)社会，世間　(5)control　(6)disease
(7)advice　(8)body

**1** (1)イ　(2)ウ　(3)イ

**2** (1)has been　(2)In this way
(3)who[that] invented, machine

**3** (1)This is the first trip for me

---

(2)Thanks to my friends, I could find
(3)I want to make friends with more people(.)
(4)It's difficult for her to connect herself with

 **解き方**

**1** (1)one of 〜の「〜のうちの1人(1つ)」というときの「〜」は，複数形にする。　(2)「〜できたらいいのに」= I wish I could 〜。canの過去形のcouldにすることに注意する。
(3)「○歳の」のように形容詞として次の名詞を説明するときは，ハイフンで結んで，yearは単数のままにする。

**2** (1)「ずっと〜」ということから，現在完了形の文にする。　(2)「このように」= In this way。　(3)「発明する」= invent。「機械」= machine。The personを関係代名詞のwho[that]でつないで修飾する。

**3** (1)まず「これは初めての旅行です」を英語にしてから，「〜にとって」をfor 〜でつなげる。　(2)「〜のおかげで」= thanks to 〜。
(3)「〜と親しくなる，〜と友達になる」= make friends with 〜。friendは複数にする点も注意。　(4)「〜を…と関係させる，つなげる」= connect 〜 with …。この〜に入れるのは，「彼女自身」という意味のherself。

pp.72〜73 ぴたトレ**1**

**Words & Phrases**

(1)海，海洋　(2)北，北方
(3)health　(4)save

**1** (1)ア　(2)イ　(3)ウ　(4)イ

**2** (1)feel free to
(2)north of
(3)Rain or shine
(4)solution, make

**3** (1)Be positive, and you can do it(.)
(2)bring clothes that can get dirty
(3)Why don't you join our group to save

**解き方**

**1** (1)「5月に」= in May。「5月12日に」= on May 12。「月」か「日」かで前置詞が変わることに注意。　(2)「年齢」= age。　(3)「〜の一員でいる」= be part of 〜。　(4)「〜ではなく…」= …, not 〜

**2** (1)「遠慮なく〜する」= feel free to 〜。

(2)「～の北」= north of ～。 (3)「雨でも晴れでも」= rain or shine。 (4)「解決策」= solution。

③ (1)「～しなさい，そうすれば…」= 命令文，and ...。 (2)clothesを関係代名詞のthatでつないで後置修飾する。 (3)「～しませんか」= Why don't you ～?「地球を救うために」は，to save the earthと，不定詞の副詞的用法を使う。

**pp.74～75** ぴたトレ**2**

① (1)エ (2)ア (3)イ (4)イ

② (1)make friends with (2)a variety of
(3)dream, come true (4)am part of

③ (1)I wish I could eat everything(.)
(2)please feel free to visit us
(3)It's important for us to find a solution

④ (1)Let's try it again and again.
(2)Hurry up, and you can get on the train.
(3)The flower became more and more beautiful.

⑤ (1)a variety of
(2)more and more
(3)ロボットはどのように人々の夢を実現するのでしょうか。

⑥ (1)Sora's uncle does.
(2)They are partners.

解き方 ① (1)「その工場は8年間ドローンを作り続けている」という現在完了進行形の文になる。 (2)「これらは障がいのある人々を助けるロボットです。」という文にする。robotsに使うことができる関係代名詞はwhichで，主語が複数であるので動詞はhelp。 (3)「私の友だちのうちの1人は宇宙飛行士として働いています。」という文にする。「～のうちの1人，1つ」= one of + 名詞の複数形。「1人」について言っているので，動詞はworksにする。 (4)「そのロボットは多くの地域で人間を手伝うために使われています。」という受け身の文にする。「使われる」= be動詞 + used。

② (1)「～と友達になる」= make friends with ～。 (2)「いろいろな～」= a variety of ～。 (3)「実現する」= come true。 (4)「～の一員

でいる」= be part of ～。

③ (1)「～できたらいいのに」= I wish I could ～。 (2)「遠慮なく～してください」= please feel free to ～。 (3)「～することは人にとって…」= it's ... for 人 to ～。

④ (1)「何度も何度も」= again and again。「～しましょう」なのでLet'sを使って表す。 (2)「～しなさい，そうすれば…」= 命令文，and ...。 (3)「ますます～」= more and more ～。

⑤ (1)「様々な」= a variety of ～。後ろの名詞は複数形にする。 (2)more and more + 形容詞 =「ますます～」。 (3)come true =「実現する」

⑥ (1)質問は「誰が補助犬を使っていますか。」という意味。ソラが1文目で，「おじが使っている」と述べている。Who + 一般動詞で聞かれたときの答え方は～ do[does]や～ did.で答える。 (2)質問は「補助犬は障がいのある人々にとっての何ですか。」という意味。3文目で，「ペットではなくパートナーである」と述べられている。主語のassistance dogsは，代名詞theyに変えて答える。

全訳 ソラ：僕のおじは補助犬を使っています。ときどき彼は彼の犬と一緒にお店やレストランに入ることを許してもらえません。補助犬はペットではなく，障がいのある人々のためのパートナーなのです。彼らはよく訓練されているので，決して問題を起こしません。僕はもっと多くの人々に補助犬について知ってもらいたいと思っています。

# Unit 5 ～ Daily Life 4

**pp.76～77** ぴたトレ**1**

**Words & Phrases**
(1)衝撃的な，ぞっとする
(2)よく知られた，なじみの
(3)総計，合計 (4)環境 (5)throw
(6)dirty (7)per (8)terrible

① (1)イ (2)ア (3)ウ

② (1)which, wrote
(2)which, saw, were

③ (1)we mustn't throw them away here
(2)sticks which Japanese people use to

eat

(3)It takes much time to break down

(4)What happens to our brain when we sleep(?)

解き方 **1** (1)sceneryはものなので，それに対する関係代名詞はwhich。　(2)祖父が「建てた」なので過去形のbuilt，そして「古い」のは今のことなので，be動詞は現在形のisにする。(3)shopの後にwhichが省略されている。このwhichは後半のlikesの目的語。目的格の関係代名詞whichは省略できる。

**2** (1)「これは先週エミが私に書いた手紙です。」(2)「私たちがきのう見た星々は美しかったです。」

**3** (1)「～を捨てる」はthrow ～ away。捨てるものがthemのように代名詞であるとき，throw them awayというように間に入れる。(2)棒についての説明なので，sticksの後ろに関係代名詞を入れ，後ろから詳しく説明する。whichの後ろは主語＋動詞の順になる。(3)「たくさんの時間がかかる」はIt takes much time.と主語にItを使う。「分解する」＝break down。(4)What happens to ～?＝「～はどうなるでしょう。」

pp.78〜79　**ぴたトレ1**

Words & Phrases

(1)社会の　(2)惑星

(3)～を貸す

(4)きちんと，正しく，適切に

(5)bye　(6)umbrella

(7)recycle　(8)ban

**1** (1)イ　(2)ア　(3)ウ

**2** (1)that[which], take

(2)that[which], reading, is

**3** (1)He always has power to take action(.)

(2)Don't give up on little children(.)

(3)lend you an umbrella the day before yesterday

(4)You see, plastic bags are bad for

解き方 **1** (1)目的格の関係代名詞thatを使う場合は，名詞＋that＋主語の並びにする。(2)修飾されているphotoはものなので使える関係代名詞はthatまたはwhich。ウのように，関係代名詞の「前に」動詞が来ることはない。

(3)karateはものなので関係代名詞はwhichかthatだが，watchedの主語がないため，heを選ぶ。目的格の関係代名詞は省略することもできる。

**2** (1)「私たちが毎日乗る電車はとても混んでいます。」(2)「私が今読んでいる新聞はとても難しいです。」

**3** (1)「行動を起こす力」＝power to take action。(2)「～を見捨てる」＝give up on ～。(3)「おととい」＝the day before yesterday。直訳すれば「昨日の前の日」。(4)「おわかりでしょうが」＝you see。文頭に持ってくる。

pp.80〜81　**ぴたトレ1**

Words & Phrases

(1)材料，素材，原料

(2)木綿　(3)再利用する

(4)環境の，自然環境への　(5)major

(6)effort　(7)bottle　(8)reduce

**1** (1)ア　(2)ウ　(3)イ

**2** (1)Tom, riding　(2)Mary visited

**3** (1)Time is important as well as money(.)

(2)replace this flower with that red one

(3)This ice cream is made from milk

(4)make an effort to protect wildlife

(5)so can you turn off the light

解き方 **1** (1)「多くの人々が訪れる」＝many people visit。目的格の関係代名詞が省略されているので，名詞＋主語＋動詞の並びにする。(2)letterの後に目的格の関係代名詞が省略されている。「おばが書いた」＝my aunt wrote。(3)これも目的格の関係代名詞が省略されている。yesterdayから過去のことだとわかる。see － saw － seenと不規則変化。

**2** (1)「私はトムが乗っている自転車が好きです。」(2)「メアリーがきのう訪れたお寺はどこですか。」

**3** (1)「…だけでなく～も」＝～ as well as …。(2)「AをBと取り替える」＝replace A with B。oneはflowerを言いかえた代名詞であるため，flowerを使った後で使う。(3)「～で作られた」＝be made from ～。(4)「努力する」＝make an effort。(5)「～を消す」＝turn off ～。電気のスイッチや，テ

レビの電源などに使う。

Words & Phrases

(1)成功　(2)署名

(3)運動，キャンペーン

(4)gather　(5)solve　(6)princess

1 (1)イ　(2)ウ　(3)ウ

2 (1)that I saw　(2)focus on　(3)pick up

3 (1)gathered excellent players through social media

(2)As a result, they said sorry to us(.)

(3)the actor performed was a great success

(4)Even he will cry if he sees it(.)

解き方

1 (1)「～を話し合う」= discuss。talkを使う場合はtalk aboutのように，aboutが必要。　(2)「Bのような A」= A such as B。Aの具体的例をBに入れる。「犬やネコのような動物」= animals such as dogs and cats。　(3)「ずっと～されている」= have[has] been ＋過去分詞。現在完了形の受け身の形にする。

2 (1)the girlの次だが，whoは入れられない。人について説明するときでwhoを使えるのは，whoの後ろに動詞が続くとき。　(2)「～を重点的に取り扱う」= focus on ～。「人口」= population。　(3)「～を拾い上げる」= pick up ～。

3 (1)「集める」= gather。「～を通して」= through ～。　(2)「結果として」= as a result。　(3)「俳優」= actor。「演じる」= perform。「公演」= play。目的格の関係代名詞が省略されているので，名詞＋主語＋動詞の並びにする。　(4)「彼でさえ」というように，主語と一緒に使う場合はEven heと主語の前にevenを置く。ifの後ろは未来のことであっても動詞の現在形にする。

Words & Phrases

(1)～を消化する

(2)肺　(3)熱帯雨林

(4)product　(5)breathe　(6)audience

1 (1)ウ　(2)イ　(3)ア

2 (1)which[that], digested

(2)said to, that　(3)breathe in

3 (1)Don't mistake him for his brother(.)

(2)is a good way to reduce $CO_2$

(3)is caused by the waste that people throw away

解き方

1 (1)such as ～は，「Bのような A」と説明するときにA such as Bの形で使う。a kind of ～も「～のようなもの」という意味だが，種類的に似ているものに使う。　(2)「～として知られている」= be known as ～。　(3)「人に～するようお願いする」= ask 人 to ＋動詞の原形。

2 (1)「彼の嫌いな食べ物」= food which[that] he doesn't like。「消化する」= digest。　(2)「人に～を言う」= tell 人 that ～，またはsay to 人 that ～。語数で見極める。　(3)「～を吸い込む」= breathe in ～。

3 (1)「AをBと間違える」= mistake A for B。　(2)「～するための良い方法」= a good way to ～。　(3)「廃棄する」= throw away。水質汚染の原因となっているのが，人々が海に廃棄する「ゴミ」= the wasteなので，関係代名詞のthatを使ってthe wasteを後ろから修飾する。

1 (1)イ　(2)エ　(3)ア　(4)イ

2 (1)throw, away　(2)should turn off

(3)before yesterday

3 (1)Japan ranks first and Canada ranks second

(2)which this company makes are very durable

(3)what happens to this problem

4 (1)These clothes are made from plastic bottles.

(2)This machine has been used for ten years.

5 (1)This is an article which[that] I found.

(2)replaced, with

6 (1)They were surprised and very pleased.

(2)They made paper planes.

解き方

❶ (1)ここで人について説明する使える関係代名詞はthat。
(2)「～を拾い上げる」= pick up ～。 (3)人について説明するときの関係代名詞はwho。 (4)「私が足をけがしたので，私たちのコーチは私の代わりにYoshikiを入れた。」replace A with B =「AとBを交代させる」。

❷ (1)「～を捨てる」= throw ～ away。 (2)「～すべき」= should ～。「～を消す」= turn off ～。 (3)「おととい」= the day before yesterday。

❸ (1)「1位になる」= rank first。「2位になる」= rank second。 (2)三単現のsがついているため，makesの主語はthe companyであり，areの主語はThe products which this company makes =「この会社が作る製品」である。「耐久性がある」= durable。 (3)「～はどうなりますか」= What happens to ～?

❹ (1)「～から作られた」= be made from ～。 (2)「ずっと～されている」= have[has] been＋過去分詞。

❺ (1)目的格の関係代名詞のwhichやthatは省略することができる。 (2)replace ～ with …=「～を…と取り替える」

❻ (1)質問は「加瀬さんがたくさんの折り紙を折り始めたとき，子供たちはどのような様子でしたか。」という意味。4文目に，驚き，そしてとても喜んだということが書かれている。 (2)質問は「授業の終わりに子供たちは何を作りましたか。」という意味。6文目に紙飛行機を作ったと書いてある。

全訳　ある日，加瀬三郎さんはベトナム人の子供たちに折り紙を教えるために中心地を訪れました。初めて彼が部屋に入ってきたとき，子供たちは彼をこわがって黙り続けていました。
　加瀬さんはすぐに折り紙を取り出し，そしてたくさんの折り紙を折りました。子供たちは驚き，そしてとても喜びました。彼は彼らに折り紙の折り方を教え始めました。
　その授業の終わりには，子供たちは紙飛行機を作ってそれらを一緒に飛ばしました。加瀬さんは彼らが平和に暮らせるようにと願いました。

pp.88～89　　ぴたトレ3

❶ (1)×　(2)○　(3)×

❷ (1)イ　(2)ア　(3)イ
❸ (1)which[that], break down
(2)which[that], are beautiful
(3)are only fifteen　(4)as well as
❹ (1)which[that] Lucas bought
(2)food which[that] we
(3)teacher that everyone
❺ (1)is good at　(2)イ
(3)make a nice doghouse which my dog would like
(4)like
(5)focus on, which[that]
❻ (1)Why don't you take action?
(2)This is a dictionary that[which] my friend lent me yesterday.
(3)This is food which[that] Japanese people make from beans.

解き方

❶ (1)「上がる」「たった1つの」 (2)「社会の」「クッション」 (3)「推理もの，ミステリー」「～を再利用する」
❷ (1)「傘」 (2)「記事」 (3)「その代わりに」
❸ (1)materialはものなので関係代名詞はwhichまたはthat。「分解される」= break down。 (2)flowersはものなので関係代名詞はwhichまたはthat。flowersと複数形である点に注意。これを受けて後半はare beautifulとなる。 (3)「たった～」= only。 (4)「AだけでなくBも」= B as well as A。順番が逆になる点に注意。
❹ (1)cameraはものなので関係代名詞はwhichまたはthat。目的格の関係代名詞の後ろは主語＋動詞の並びにする。 (2)foodはものなので関係代名詞はwhichまたはthat。目的格の関係代名詞の後ろは主語＋動詞の並びにする。 (3)a teacherは人だが，関係代名詞のすぐ後ろに動詞が続かないことに注目する。ここで使える関係代名詞はthatのみ。
❺ (1)「～が得意である」= be good at ～。 (2)アの受け身だと父が「教えられる」となり，あとに続く内容と矛盾するので不正解。後ろにwhen there is ～と現在形の文節が続いているので，ウも不正解。よってイが適切。 (3)「犬が気に入るであろう素敵な犬小屋を作る(ための一番よい方法)」となるように並べかえる。toの後なので動詞の原形

20　英語

makeから始める。　⑷「お父さんのような男性」となるように。「〜のような」＝ like。⑸「〜に集中する」＝ focus on 〜。

全訳　私の父はなんでも得意です。彼はものを容易に作り，そしてほとんどのものを修理します。彼はいつも一生懸命働きますが，毎晩私たちとの時間を過ごしてくれます。なので，私たちの家族はいつも幸せです。彼は何か私にわからないことがあるとき，いつもとても上手に私に教えてくれます。私たちが新しい犬を飼ったとき，私たちは一緒に犬小屋を作ることを決めました。彼は私に犬が気に入るであろう素敵な犬小屋を作るための一番良い方法を教えてくれました。私にとって，彼は世界で一番の男性です。

　私はまだ将来についてはわかりません。でも，私は私の父のような男性になりたいです。だから，私は一生懸命勉強し，今学ぶべきことに集中します。

⑥ ⑴「行動を起こす」＝ take action。「〜してはどうですか」＝ Why don't you 〜?
⑵近くにあるものについて説明するときは this を使う。関係代名詞の that[which] を使い，主語＋動詞の並びにする。　⑶写真のものについて説明するときも，this を使う。語数で判断し，目的格の関係代名詞を使って名詞＋which[that]＋主語＋動詞の並びにする。

| 英作文の採点ポイント |
| --- |
| □単語のつづりが正しい。（3点） |
| □（　）内の語数で書けている。（2点） |
| □⑴語順が正しい。　⑵・⑶目的格の関係代名詞が正しく使えている。（3点） |

## Unit 6 〜 You Can Do It! 2

**pp.90〜91**　　ぴたトレ1

Words & Phrases
⑴事柄，問題，事件
⑵女性
⑶〜のそばに[の]，〜の隣に[の]
⑷困難，困った状況
⑸while　⑹until
⑺few　⑻wrist
1 ⑴ア　⑵イ　⑶ウ
2 ⑴watching, video　⑵listening, music

⑶drinking water　⑷standing, tallest
⑸a piece of　⑹an idea
3 ⑴I have a few books in my bag(.)
⑵The cat sleeping under the chair is Tama(.)
⑶What happened to you until now(?)
⑷Let me know if you are in trouble(.)

解き方 1 ⑴⑵⑶「〜をしている（もの・人）」というときは，「〜」を動詞のing形にして，もの・人の後ろに入れる。
2 ⑴「ビデオを見る」＝ watch a video。⑵「音楽を聞く」＝ listen to music。　⑶「水を飲む」＝ drink water。　⑷「立つ」＝ stand。「高い」＝ tall。比較級・最上級の変化は，tall − taller − tallest となる。⑸「1つ[個・枚]の〜」＝ a piece of 〜。不可算名詞とともに使う。　⑹「私に考えがあります。」＝ I have an idea。
3 ⑴「少しの，いくらかの」＝ a few。a few の後ろは可算名詞の複数形を置く。　⑵単に「眠っているネコ」なら sleeping cat でよいが，「どこで眠っている」などの説明句が付くときは，sleeping を cat の後ろにする必要がある。　⑶「今まで」＝ until now。「〜に起こる，生じる」＝ happen to 〜。⑷「困ったことになっている」＝ be in trouble。

**pp.92〜93**　　ぴたトレ1

Words & Phrases
⑴詩，韻文
⑵〜を治す，〜を癒す
⑶話，物語　⑷指揮者　⑸solo
⑹design　⑺invite　⑻T-shirt
1 ⑴ウ　⑵イ　⑶イ
2 ⑴known　⑵language spoken
⑶cake made by　⑷made in Japan
⑸letters written by
3 ⑴there were some people hurt by the typhoon
⑵Matryoshka dolls made in Russia are popular souvenirs(.)
⑶Is the house designed by your uncle very large(?)

解き方 1 ⑴「書かれた」は受け身なので過去分詞を使う。　⑵単に「よばれる」犬なら，called

dogですむが，その後に「～とよばれている」と続くので，名詞の後ろから説明する必要がある。-ingが過去分詞に代わっただけで，考え方は-ingの後置修飾と同じ。

(3)「～に招待された」＝ invited to ～と後ろから名詞を説明する。

2 (1)「～として知られている」＝ known as ～。
(2)「～で話されている」＝ spoken in ～。
(3)「～によって作られた」＝ made by ～。
(4)「～製の」＝ made in ～。 (5)「～によって書かれた」＝ written by ～。

3 (1)「～によってケガをした＝～によって傷つけられた」＝ hurt by ～。 (2)「ロシアで作られたマトリョーシカ」＝ Matryoshka dolls made in Russia。 (3)「あなたのおじによってデザインされた家」＝ the house designed by your uncle。ここまでが主語なので，疑問文の並びに注意する。

pp.94〜95 **ぴたトレ1**

Words & Phrases

(1)信じがたい，驚くべき
(2)初め，最初 (3)strange (4)news

1 (1)イ (2)ウ (3)イ

2 (1)why you (2)what you bought
(3)her birthday is

3 (1)a field trip because of heavy rain
(2)move to Tokyo from Osaka
 [move from Osaka to Tokyo]
(3)at the beginning of the play
(4)I don't know which bag is mine(.)

解き方

1 (1)「いつ」＝ when。 (2)疑問詞＋主語＋動詞の並びにする。 (3)「誰」＝ who。ここではこのwhoが主語になっているので，who＋動詞の並びにする。

2 (1)「なぜ」＝ why。 (2)「あなたが何を買ったのか」＝ what you bought。「買った」と過去形なのでboughtにする。 (3)疑問詞＋主語＋動詞の並びにする。ここでの主語はher birthdayで動詞はbe動詞のis。

3 (1)「～が原因で」＝ because of ～。「ひどい雨」＝ heavy rain。 (2)「～に引っ越す」＝ move to ～。「AからBへ引っ越す」と言う場合には，move to B from Aという並びにする。 (3)「セリフを忘れる」＝ blow one's lines。「～の初め」＝ at the beginning of

～。 (4)I don't knowの後ろに疑問詞＋主語＋動詞の並びで入れる。ここでの主語は「どちらのカバン」というwhich bag。このまとまりを崩さないようにする。

pp.96〜97 **ぴたトレ1**

Words & Phrases

(1)～の特徴を述べる
(2)耳 (3)～をかむ，かみつく
(4)monkey (5)artwork (6)frog

1 (1)イ (2)ア (3)ウ

2 (1)riding on (2)behind me
(3)running away

3 (1)There were several people watching
(2)The rabbit lying on the grass is
 cute(.)
(3)She is a nurse taking care of
(4)Let me describe the device invented
(5)there was someone laughing at me

解き方

1 (1)(2)「(場所)で～している人・もの」を表すときは，人・もの＋-ing＋(場所)の形にする。 (3)「～が…している」という現在進行形の文であるので，be動詞＋-ingの形にする。

2 (1)「～に乗る」＝ ride on ～。 (2)「～の後ろ」＝ behind ～。 (3)「逃げる」＝ run away。「～から逃げる」＝ run away from ～でよく使われる。

3 (1)「～がいました」＝ There were ～。「何人かの人たち」＝ several peopleを後置修飾する。 (2)主語は「草の上に横になっているウサギ」＝ The rabbit lying on the grass。 (3)「～の世話をする」＝ take care of ～。 (4)「特徴を説明する」＝ describe。「機器」＝ device。「発明する」＝ invent。 (5)「～を笑う」＝ laugh at ～。

pp.98〜99 **ぴたトレ1**

1 (1)イ (2)ウ (3)イ

2 (1)which[that], cooked
(2)who[that] can play
(3)places to visit

3 (1)The robot that we saw yesterday works in a dangerous place.
(2)This is the book my father bought for me.

(3)You are wearing the shoes bought by your sister.

(4)The artist who lives in Canada has won the prize.

4 (1)This is a desk made of wood(.)

(2)I have to answer the question Peter asked(.)

(3)What is the food that the monkey is eating(?)

解き方 1 (1)「(言語)で書かれた」= written in ～。 (2)「兄にもらった→兄に与えられた」= given (to me) by my brother。 (3)名詞＋主語＋動詞の順にする。私が「撮った」なので，過去形のtookを選ぶ。

2 (1)関係代名詞のwhich[that]を使って後置修飾する。「料理した」なので，cookは過去形のcookedにする。 (2)関係代名詞のwho[that]を使って後置修飾する。who＋(助)動詞 ～の並びにする。 (3)「訪れるための場所」= places to visit。

3 (1)「きのう私たちが見たロボットは危険な場所で作業します。」 (2)「これは私の父が私に買ってくれた本です。」 (3)「あなたはあなたのお姉さんが買ってくれた靴をはいていますね。」 (4)「カナダに住んでいるその芸術家はその賞を受賞しました。」

4 (1)a deskの後ろに過去分詞を置き，後置修飾する。「～から作られている」= be made of ～。 (2)文の後半を見ると「(私は)質問に答えなければなりません」= I have to answer the question。「ピーターがたずねた」= Peter asked。名詞＋主語＋動詞の並びに後置修飾するので，上の2つをそのままつなげる。 (3)「食べ物は何ですか」= What is the food?「そのサルが食べている」= the monkey is eating。今回は関係代名詞thatが選択肢中に用意されているので，foodの後にthatを入れてから「そのサルが…」の文を続ける。

pp.100～101 ぴたトレ1

Words & Phrases

(1)興味をそそる，関心を引く
(2)落ち着いた，くつろいだ (3)Taiwan
(4)against

1 (1)ウ (2)イ (3)ア

2 (1)which[that] opened

(2)why, stop laughing (3)save money

(4)important for, to

3 (1)That's why we agree with you(.)

(2)Taking a bath makes our bodies relaxed(.)

(3)doesn't think he needs to read a book

解き方 1 (1)「～に引っ越す」= move to ～。toは方向を表す。 (2)「AとBの間に」= between A and B。 (3)「～と一緒に」= with ～。

2 (1)「開店する，オープンする」= open。語数から判断して，関係代名詞which[that]を入れて後置修飾する。 (2)「どうして→なぜ」= why，「～するのをやめる」= stop ～ing。 (3)「節約する」= save。 (4)「～することは人にとって…だ」= It's ... for＋人＋to＋動詞の原形。

3 (1)「だから～です。」= That's why ～。先に述べたことの理由を説明するときに使う。 (2)「お風呂に入る」= take a bath。make＋人・もの＋(状態を表す形容詞)=「人を～の状態にする」 (3)「～でないと思う→～だとは思わない」(「思う」方を否定することに注意)= don't[doesn't] think ～。「～する必要がある」= need to ～。日本語は「必要がないと思う」だが，英語ではthinkを否定してdon't[doesn't] thinkとするのでneedの方は肯定文にする。

pp.102～103 ぴたトレ2

1 (1)ア (2)ウ (3)ウ (4)イ

2 (1)two pieces of (2)a few days
(3)were in trouble (4)take a nap

3 (1)listening to music beside the window

(2)invited her grandmother to the school festival

(3)was changed because of bad weather

4 (1)Do you know when Megumi will come to the party?

(2)I have seen the artwork designed by Ms. Brown.

5 (1)Tell us why you're leaving.

(2)because of

6 (1)They can practice calligraphy.

(2)Because there is a museum of

"*Karakuri* puppets".

**1** (1)Lucyの前にisがあり，ここまでが主語だということがわかる。「向こうで本を読んでいる少女」＝ the girl reading a book over there。 (2)「正午までに」＝ by noon。untilは「〜まで（ずっと）」という意味なので，ここでは使えない。 (3)「お母さんによって焼かれたケーキ」＝ a cake baked by her mother。後ろにbyがあることから，過去分詞を使うことがわかる。 (4)「多くの言語が話されている」という受け身の文であるので，are spokenを選ぶ。

**2** (1)「1切れのピザ」＝ a piece of pizza。「2切れのピザ」＝ two pieces of pizza。pizzaは不可算名詞なので形を変えないよう注意。 (2)「数日」＝ a few days。a fewの後ろは複数形にする。 (3)「困っている」＝ be in trouble。「困っていた」なのでwereと過去形にする。 (4)「昼寝をする」＝ take a nap。

**3** (1)「〜している人・もの」＝人・もの＋-ing。選択肢中〜ing形はlisteningだけなのでman listeningと続くことがわかる。「窓のそば」＝ beside the window。 (2)「人を〜に招待する」＝ invite ＋人＋ to 〜。 (3)「変更される」＝ be changed。「〜のために，〜が原因で」＝ because of 〜。

**4** (1)間接疑問文は疑問詞＋主語＋動詞の並びにする。助動詞がある場合は，Megumi will come to the partyのように，動詞の前に置く。 (2)2文目のitはthe artworkのことを指すので，これを後置修飾する。関係代名詞を使わない場合は，名詞の後ろに過去分詞を置く。

**5** (1)疑問詞＋主語＋動詞で「なぜ〜か」という意味になる。 (2)「〜の理由で，〜が原因で」＝ because of 〜。

**6** (1)質問は「からくり人形とよばれる人形は何をすることができますか」という意味。1文目に習字の練習をしている人形のことについて触れており，2文目でそのような人形がからくり人形とよばれている，と書かれていることから判断する。 (2)質問は「なぜこの人物は愛知県をすすめているのですか。」という意味。7文目にそこ（＝愛知県）にはからくり人形の博物館がある，と書かれていることから判断する。

全訳 あなたは今までに習字の練習をしている

人形を見たことがありますか。それらは，英語で"*Karakuri* puppets（＝からくり人形）"とよばれています。それらの人形を作るために，職人たちは時計を作るのに使われているギアとカムを使いました。これらの人形はお金持ちの人々のためのものでしたが，江戸時代にはとても人気になりました。私は，これらの人形はロボットの原点だと思います！もしあなたがそれらに興味があるのなら，愛知県に行ってみるのはどうですか。そこには「からくり人形」の博物館があるので，あなたはそれを楽しむことができるかもしれませんよ！

**pp.104〜105** 　　　　　ぴたトレ3

**1** (1)× (2)× (3)〇

**2** (1)ア (2)イ (3)イ

**3** (1)until late, night
(2)the actor performing
(3)who[that] is[comes] from
(4)are in trouble

**4** (1)what I should
(2)written in English
(3)boys playing soccer

**5** (1)church built by
(2)Hana was a nurse who[that] worked with Jack.
(3)彼らは自分たち（彼ら）に何が起こっているのかわかりませんでした。
(4)The news made the people very happy(.)
(5)ウ

**6** (1)What's the matter?
(2)She can't[cannot] come here because of a fever.
(3)I don't know who said so.

**1** (1)「手首」「〜を書く」 (2)「〜を変える，変わる」「合唱，合唱部」 (3)「〜をデザインする」「運動，キャンペーン」

**2** (1)「詩，韻文」 (2)「指揮者」 (3)「〜の特徴を述べる」

**3** (1)「〜まで（ずっと）」＝ until。「夜遅く」＝ late at night。 (2)「俳優」＝ actor。「演じる」＝ perform。actorの後ろに-ingを置き，後置修飾する。 (3)「〜出身」＝ be[come] from 〜。the manの後ろに関係代名詞の

who[that]を置き，後置修飾する。 (4)「困ったことになっている」＝ be in trouble。

4 (1)間接疑問文では，疑問詞＋主語＋(助)動詞の並びにする。 (2)後ろに-ingや過去分詞がある場合はbe動詞＋関係代名詞が省略可能である。名詞のすぐ後ろに-ingや過去分詞を置いて後置修飾するので，be動詞は使わない。 (3)名詞のすぐ後ろに-ingを置いて後置修飾できる。

5 (1)「ジャック・ホワイトによって建てられた教会」と後置修飾する。名詞＋過去分詞＋byの並びにする。 (2)a nurseは人なので，使える関係代名詞はwho[that]。関係代名詞＋動詞＋〜の並びにする。 (3)what happened to them＝「彼らに何が起きているか」 (4)「その知らせは人々をとても幸せにしました。」という文にする。make＋人＋(状態を表す形容詞)＝「人を〜の状態にする」 (5)「その教会は『レモンの教会』とよばれている」be動詞＋過去分詞で受け身の文にする。

全訳 私の町には古い教会があります。私にそれについてのお話をさせてください。1920年にジャック・ホワイトによって建てられた教会は100年間ずっとここにあります。ジャックは日本人の女性，ハナと結婚した医者でした。ハナは看護師で，彼女はジャックと一緒に働いていました。ここには医者が一人もいなかったので，彼らはこの町にやってきました。ある年に，ひどい病気がこの町に広がりました。その町にいる多くの人々が病気になりました。彼らは，自分たちに何が起こっているのかわかりませんでした。ジャックとハナは人々の命を救うためにとても一生懸命働きました。ついに，彼らはその病気に打ち勝ったのです。その知らせは人々をとても幸せにしました。それから，ジャックはその町のために教会を建てました。人々は毎年，ジャックとハナの追悼として，その教会の周りにレモンの木を植えました。今では，この町はレモンで有名です。その教会は「レモンの教会」とよばれています。

6 (1)「どうしたの。」＝ What's the matter? 困っている様子の相手に使う表現。 (2)「〜が原因で」＝ because of 〜。 (3)「誰がそう言ったのですか。」という疑問文はWho said so?このwhoは「誰」という意味で主語になっているので，間接疑問文にしても語順は変わらない。

## Unit 7 〜 World Tour 2

**pp.106〜107**　　　　　　　　ぴたトレ1

Words & Phrases

(1)卒業する (2)心配，不安
(3)ツル (4)〜を折る (5)suddenly
(6)shock (7)expect (8)possible

1 (1)ウ (2)ウ (3)ア

2 (1)how to build[make]
(2)when to practice
(3)what to do

3 (1)Nick was full of anxiety
(2)I know how to use chopsticks
(3)finally graduate from junior high school
(4)I don't really want to go out today(.)
(5)always support me when I feel down

解き方

1 (1)「いつ」＝ when。 (2)「作り方→〜のしかた」＝ how。 (3)「どちらの」＝ which。

2 (1)「〜のしかた」＝ how to ＋動詞の原形。「火を起こす」＝ build a fire。 (2)「いつ〜するか」＝ when to ＋動詞の原形。 (3)「何を〜すべきか」＝ what to ＋動詞の原形。

3 (1)「〜でいっぱいの」＝ be full of 〜。「不安」＝ anxiety。 (2)「〜のしかた」＝ how to ＋動詞の原形。 (3)「〜を卒業する」＝ graduate from 〜。 (4)「それほどでもない」＝ not really。「それほど〜したくない」であれば don't really want to 〜。 (5)「落ち込む」＝ feel down。

**pp.108〜109**　　　　　　　　ぴたトレ1

Words & Phrases

(1)どこでも (2)基本的に
(3)冒険，はらはらする経験 (4)truth
(5)respect (6)test

1 (1)ウ (2)イ (3)ア (4)イ，ウ

2 (1)If David had enough money, he could buy a car.

(2)If she were here, I would invite her to my concert.

(3)If you lived near our school, you wouldn't come to school late.

3 (1)Japanese schools are different from American schools(.)

(2)I finally found that out recently(.)

(3)The truth is that she is not

**解き方**

1 (1)仮定法のif節中のbe動詞は，主語にかかわらず，基本的にすべてwereとなる。 (2)仮定法では，「～(する)だろうに」は必ず過去形の助動詞のwouldを使う。 (3)仮定法のif節中の動詞，助動詞は過去形となる。 (4)仮定法では，「できる」はcould，「～する」はwouldを使う。

2 (1)「もしDavidに十分なお金があれば車を買えるのですが(実際にはお金がないので買えない)。」 (2)「もし彼女がここにいるのなら，私のコンサートに誘うのですが(実際にはここにいないので，誘わない)。」 (3)「もしあなたが私たちの学校の近くに住んでいたら遅刻をしないでしょうに(実際には近くに住んでいないので遅刻をする)。」

3 (1)「～とは違う」＝be different from ～。 (2)「～を知る，得る」＝find ～ out。 (3)「実は～」＝the truth is (that)～。

---

**pp.110～111**　　　　　**ぴたトレ1**

1 (1)ア　(2)ウ　(3)イ

2 (1)guess who did　(2)happy[glad] to
(3)keep thinking　(4)taking care
(5)which book

3 (1)He has seen the photos taken by Lisa(.)

(2)news was so shocking that I'll never forget it

(3)There was nothing else to do for Takuya

(4)We found how dangerous it is to

(5)All I could do for her

**解き方**

1 (1)「～を人に思い起させる」＝remind＋人＋of ～。 (2)「AをBで満たす」＝fill A with B。 (3)「～に感銘を受ける」＝be impressed by ～。

2 (1)「推測する」＝guess。間接疑問文で主語

---

＋動詞の並びにする。 (2)「～してうれしい」＝happy[glad] to＋動詞の原形。 (3)「～し続ける」＝keep ～ing。 (4)「～の世話をする」＝take care of ～。humanの後ろに-ing形をおいて，後置修飾する。 (5)「どちらの…を～すべきか」＝which＋名詞＋to＋動詞の原形。

3 (1)「見たことがある」は経験を表すので現在完了形を使う。「リサによって撮られた写真」というまとまりになるように，photosの後ろに過去分詞をおいて後置修飾する。 (2)「衝撃的な」＝shocking。「とても～なので…だ」＝so ～ that …。 (3)「他に何もない」＝there is nothing else。 (4)「…することがどれほど～か」＝how＋形容詞＋主語＋be動詞＋to …。 (5)「私ができるのは～だけ」＝all I can do is ～。

---

**pp.112～113**　　　　　**ぴたトレ1**

**Words & Phrases**

(1)(面会・利用などの)権利，機会

(2)ヨーロッパ　(3)教育　(4)大学　(5)billion

(6)gender　(7)dying　(8)America

1 (1)イ　(2)ウ

2 (1)would help

(2)would never think

(3)no shelter from　(4)more than

3 (1)In order to make your life better

(2)He'd like to know what the company is like(.)

(3)lived in a jungle, what would my life look like

(4)easy, while this one is too hard

**解き方**

1 (1)「～で死ぬ」＝die from ～。 (2)「～を利用できる，～が手に入る」＝have access to ～。

2 (1)仮定法では，「～するでしょう」はwouldを使って表す。 (2)「決して～ない」＝never ～。「～するでしょう」＝would ～。 (3)「～から避ける所」＝shelter from ～。 (4)「～以上」＝more than ～。

3 (1)「～ために」＝in order to ～。「～を…にする」＝make ～ …。「より良い」なのでgoodの比較級のbetterを使う。 (2)He'd＝He wouldの省略形。「～したいと思う」

= would like to ～。　(3)「生活がどのよう
な→生活がどのように見える」＝ what
would the life look like.　(4)「～である
一方，…」＝～, while ....。

① (1)ウ　(2)エ　(3)エ　(4)イ
② (1)have access to　(2)find that out
(3)is full of　(4)is different from
③ (1)This was all possible thanks to you(.)
(2)Some children are dying from
starvation
(3)If I were you, I would say something
different(.)
④ (1)If I lived in a big house, I could have a
big dog.
(2)I don't know what to do next.
⑤ (1)私は日本についてそれほど知りませんでし
た。
(2)I didn't know what to expect when I
⑥ (1)"Food loss" is.
(2)We can check the inside of a fridge
before shopping.

**解き方**

① (1)「私ははしの使い方を知りたいです。」「～
のしかた」＝ how to ＋動詞の原形。　(2)「も
し私が魔法の力を使うことができるならば，
私はお菓子の家を建てるだろうに！」仮定法
では，助動詞は過去形にする。　(3)「もし私
があなたならば，私はそれを彼に言うだろ
うに。」仮定法では，be動詞は主語が何で
あってもwereにするのが基本。　(4)「私は
彼を喜びで満たしてあげたい。」「～を…で
満たす」＝ fill ～ with ....。
② (1)「～を利用できる，～が手に入る」＝ have
access to ～。　(2)「～を知る，得る」＝ find
～ out。　(3)「～でいっぱいの」＝ be full of
～。　(4)「～とは違っている」＝ be different
from ～。
③ (1)「～のおかげで」＝ thanks to ～。　(2)「～
のために死にかけている」＝ be dying
from ～。「飢餓」＝ starvation。　(3)「もし
私があなただったら」＝ If I were you。仮
定法ではすべてのbe動詞が基本的には
wereになることに注意。「何か違うこと」＝
something different。

④ (1)「私が大きな家に住んでいたなら，大きな
犬を飼えるのに(実際の家は大きくないので
飼えない)。」　(2)「何をすべきか」＝ what I
should do ＝ what to do。
⑤ (1)not really ～＝「それほどでもない」
(2)what to ＋動詞の原形で「何が～するか」
このwhenは接続詞のwhenなのでwhen
toとせず，when ＋主語＋動詞の語順にす
ることに注意。
⑥ (1)質問は「何が大きな問題なのですか」とい
う意味。3文目にIt is a big problem.と
ある。このItは直前の文の"food loss"の
ことを指す。　(2)質問は「私たちはその問題
を解決するために，何ができますか」という
意味。6文目，7文目で問題の解決につい
て，そして8文目に実際の解決策が述べら
れている。

**全訳**　今日では，とても多くの食べ物が毎日廃
棄物となっていますが，それらの多くはまだ食
べられます。これが「フードロス」です。それは
大きな問題です。日本は，毎年他国から60パー
セントの食べ物を買っています。しかしその食
べ物の約30パーセントが廃棄物となり，それら
のほとんどはまだ食べたり，使ったりすること
ができます。あなたはその問題を解決する方法
を知っていますか。私たちには多くのことがで
きると私は思います。例えば，買い物の前に冷
蔵庫の中を確認することです。もしそうすれば，
あなたは食べ物を買いすぎることがなくなるで
しょう。

① (1)○　(2)○　(3)×
② (1)ア　(2)イ　(3)イ
③ (1)was not really　(2)The truth is
(3)have access to　(4)In order to
④ (1)I made a speech in front of
everyone[everybody].
(2)If you were beside me, I would never
feel down.
(3)I realized how important it is[was] to
respect other people.
⑤ (1)reading
(2)Can you tell me what it is(?)　(3)イ
(4)If you could　(5)what to
⑥ (1)Please tell[teach] me how to swim

well.

(2)I leaned many important things from my experience(s).

(3)If you were the prime minister, what would you do?

❶ (1)「卒業する」「廃棄物，ごみ」 (2)「～を折る」「社会の」 (3)「ヨーロッパ」「普通は，いつもは」

❷ (1)「できるかぎりの」 (2)「冒険，はらはらする経験」 (3)「～を尊重する，～を重んじる」

❸ (1)「それほどではない」= not really。 (2)「本当のところは，実のところは」= The truth is that ～。 (3)「～を利用できる，～が手に入る」= have access to ～。 (4)「～するために」= in order to+動詞の原形。

❹ (1)「スピーチをする」= make a speech。「～の前」= in front of ～。 (2)「～のそば」= beside ～。「落ち込む」= feel down。 (3)「悟る」= realize，「～することがどれほど大事であるか」= how important it is to ～。

❺ (1)be動詞の後の動詞はing形（進行形）か，過去分詞（受け身）かのどちらか。ここではing形にすれば「記事をずっと読んでいる」という現在完了進行形の文になって意味が通る。 (2)「それが何なのか私に教えてくれますか。」という意味になるように並べかえる。疑問詞＋主語＋動詞の並びの間接疑問文にする。 (3)「2時間の旅」= two-hour trip。このようにtwoとhourをハイフンでつなげるとき，hourは単数のまま。ハイフンでつなげると「2時間の」というように形容詞として使うことができる。 (4)「もしあなたが～できるならば」= if you could ～。 (5)「何が起こるのか」= what to expect。

全訳

オスカー：僕はあるおもしろい記事を読んでいるんだ。

エリカ：それが何なのか私に教えてくれる？

オスカー：もちろん。それは宇宙を旅行することについてなんだ。

エリカ：なんてすてきな夢なんでしょう！

オスカー：ええと，それはもはや夢ではないよ。60年ほど前には，ほとんどの人がそれは不可能だと思っていたんだ。でも今，宇宙旅行を売り出している旅行会社があるんだ。

エリカ：本当なの？私は一度も宇宙に行くことを想像したことがないわ。

オスカー：700枚くらいの宇宙旅行のチケットがすでに人々に売られたんだ。

エリカ：その旅行はどのくらいの間なの？

オスカー：それはたった2時間の旅行だよ，でも人々は地球のすばらしい景色を楽しむことができるんだ。もし君が宇宙に旅行できるなら，何をする？

エリカ：ええと，もし私が行くことができたら，何が起こるのかわからないわ。でもそれは私の人生で一番の思い出になるでしょうね。

❻ (1)教えてほしいとお願いする文なので，Please tell meから始める。「どうすれば上手に泳げるか」=「上手に泳ぐ方法」なので，how to swim well。 (2)「～から…を学ぶ」= learn ... from ～。「経験」= experience。 (3)「総理大臣」= prime minister。仮定法では，ifの後ろのbe動詞は主語にかかわらず基本的にwereにする。

| 英作文の採点ポイント |
| --- |
| □単語のつづりが正しい。（3点）<br>□（　）内の語数で書けている。（2点）<br>□(1)命令文が正しく作れている。 (2)語順が合っている。 (3)仮定法が正しく使えている。（3点） |

# Let's Read 3

pp.118～119　　　　　ぴたトレ1

Words & Phrases

(1)政府

(2)記者，ニュースレポーター

(3)砂漠 (4)～の方へ，～に向かって

(5)forever (6)dead

(7)somebody[someone] (8)goal

❶ (1)イ (2)ア (3)イ

❷ (1)as if, knows (2)I am here (3)yet[but] we[I] know (4)All of us

❸ (1)We don't know how to save wildlife(.) (2)didn't have any answers, neither did I (3)act for all future generations to come

解き方 ❶ (1)「世界中に」= around the world。 (2)「～するのがこわい」= be afraid to ～。

(3)「死んでいる」＝ dead。deadは形容詞なので，名詞の後ろから修飾する場合はbe動詞と一緒に使う。dyingはこの位置に入れることはできるが，「私は木の下で死にかけている鳥を見つけました」と意味が変わってしまうので不適。

2 (1)「まるで〜であるかのように」＝ as if 〜。(2)「〜はここにいる」＝主語＋be動詞＋here。(3)yetはbutと同じように「けれども，それにもかかわらず」という意味で使うことができる。yetのほうがbutよりも丁寧な言い方。(4)「〜みんな，全員」＝ all of 〜。

3 (1)「どのように〜するか，〜の仕方」＝ how to＋動詞の原形。(2)「〜ではありません，同じく私も〜ではありません」＝否定文，neither＋(助)動詞＋主語。(3)「来るべき将来の世代→これから来る将来の世代」という意味でto comeを加え，future generations to comeとする。

pp.120〜121 **ぴたトレ1**

Words & Phrases
(1)(時間)を過ごす[費やす，かける，使う]
(2)大人 (3)愛情
(4)〜を慰める (5)fight (6)greedy
(7)behave (8)mess

1 (1)ア (2)ウ (3)イ
2 (1)work it[that] out
　(2)did the[his] best
　(3)We challenge you (4)not to do
3 (1)Unfortunately, I can't see you anymore(.)
　(2)it's not the end of the world
　(3)to be a person who can comfort others
　(4)I'm willing to take care of little children(.)
　(5)My mother taught me not to be greedy(.)

解き方
1 (1)「〜と時間を過ごす」＝ spend time with 〜。(2)「〜を片づける」＝ clean up 〜。(3)ifで始まる仮定の文は(助)動詞の過去形を入れる。
2 (1)「〜を解決する」＝ work 〜 out。「〜」に入る言葉がit, themなどの代名詞の場合は，

work it[them] outのように，workとoutの間に入れる点に注意。(2)「最善を尽くす」＝ do the best。(3)「〜に異議を唱える」＝ challenge。(4)「〜しないように言う」＝ tell not to＋動詞の原形。

3 (1)anymoreは否定文の文末で使い，「もう[もはや]…ない」という意味。(2)「世界の終わり」＝ the end of the world。(3)関係代名詞のwhoを使い，a personを修飾する。「〜を慰める」＝ comfort。(4)「〜するのをいとわない」＝ be willing to＋動詞の原形。(5)「人に〜しないよう教える」＝ teach＋人＋not to＋動詞の原形。

pp.122〜123 **ぴたトレ2**

1 (1)エ (2)イ (3)ア (4)ウ
2 (1)dying across (2)yet[but] I like
　(3)do the best (4)more than enough
3 (1)as if I am a little child
　(2)Even little children know how to behave
　(3)Make your actions reflect your words
4 (1)She behaves as if she is a teacher.
　(2)My father taught me not to swim in the river.
　(3)Nick doesn't know the[that] meaning, neither do I.
5 (1)I wish I were[was] rich.
　(2)なぜ全てをもっている私たちはなおそんなに欲深いのでしょうか。
6 (1)Many sea animals are dying because of plastic bags.
　(2)A reusable bag is.

解き方
1 (1)「私は〜するためにここにいる」＝ I am here to＋動詞の原形。(2)「もし私が〜ならば」＝ if I were 〜。「私があなたになる」ということは現実に起こりえないので，wasは選べない。(3)「もし〜ならば」という仮定の文は，動詞は必ず過去形。(4)「〜するのをやめる」＝ stop＋-ing。
2 (1)die→dyingと，ieをyに代えてingにする点に注意。「〜のあちこちで」＝ across 〜。(2)「けれども，それにもかかわらず」＝ yet。使い方はbutと同じである。(3)「最善を尽くす」＝ do the best。(4)「必要以上

に」= more than enough。

③(1)「まるで〜かのように」= as if 〜。
(2)「〜でさえ」= even。「どのように〜すべきか」= how to + 動詞の原形。 (3)「〜させる」= make。「人・ものに〜させる」= make + 人・もの + 動詞の原形。

④(1)「まるで〜かのように」= as if 〜。「振舞う」はbehave。 (2)「〜するように人に教える」ときは，teach + 人 + to 〜。「〜しないように教える」ときは，teach + 人 + not to 〜。 (3)「〜ではありません。同じく私も〜ではありません」= 否定文，neither + (助)動詞 + 主語。

⑤(1)「〜だったらいいのに」はI wish I were[was] 〜。I wishの後ろのbe動詞は，主語が何であっても基本的にwereだが，口語ではwasが使われることもある。 (2)weの後ろに関係代名詞のwhoがあるので，who have everythingがweを修飾している。

⑥(1)質問は「何が真実なのですか」という意味。直前の文に注目する。 (2)質問は「何の製品が環境に優しいのですか」という意味。本文の6文目にeco-friendlyという語が出ており，その前の文の「再利用可能のカバン」= a reusable bagが環境に優しいということがわかる。

全訳 私は変化をもたらすためにこれを書いています。今，多くの海洋動物がビニール袋が原因で死にかけています。多くの人はその真実を知っています，でもなぜあなたがたはビニール袋を使うのをやめることができないのですか。私たちはまだまるで動物たちに何も悪いことをしていないかのように振る舞っています。もし私たちが再利用可能なカバンを使えば，私たちはそれを繰り返し使うことができます。それは環境に優しいですね。あなた方がこれを読んでいる間にも，海洋動物は死にかけています。私たちの習慣を変えることは簡単ですが，海洋動物を元に戻すことは難しいのです。

# Unit 8

Words & Phrases

(1)〜以内に[で]
(2)1年中　(3)退屈する，飽きる
(4)usual　(5)keep in touch

---

1 (1)ウ　(2)イ　(3)ア
2 (1)wish　(2)wish he spoke[talked]
　(3)wish, could fly
　(4)something special for
　(5)wish, were not
　(6)believe, honest person[man]
3 (1)I will miss you so much(.)
　(2)Kevin is coming here soon(.)
　(3)You can play this video game if you get bored
　(4)Nick promised his mother to keep in touch(.)
　(5)She won't ever give up becoming

解き方 1 (1)I wishの後ろでは，過去形のcouldにする。 (2)主語が何であってもI wishの後ろの文のbe動詞は基本的にはwere。 (3)I wishの後ろでは，(助)動詞は過去形にする。
2 (1)「〜だったらいいのに」はI wish 〜で表す。 (2)wishの後ろは主語 + (助)動詞。(助)動詞は過去形にする。 (3)canを過去形のcouldにする。 (4)「何か特別なもの」= something special。 (5)I wishの後ろの文のbe動詞は主語が何であっても基本的にwereを使う。 (6)「〜を信じる」= believe。
3 (1)「〜がいないのを寂しく思う」= miss。 (2)comeは未来のことでも進行形を使って表すことができる。 (3)「退屈する」= get bored，選択肢にコンマがないので，ifから始まる文節は後ろに置く。 (4)「人に〜することを約束する」= promise + 人 + to + 動詞の原形。 (5)「決して〜ない」= won't ever。

1 (1)イ　(2)イ　(3)ア　(4)ウ　(5)イ
2 (1)that, read　(2)that, eating is delicious
　(3)that he has is interesting
3 (1)He promised to clean his room
　(2)Jane wanted to be a florist when she was
　(3)When I arrived at the room, he wasn't
　(4)I could read the English book because of
　(5)don't know the singer that you like
　(6)He felt lost when he heard the news(.)

(7)Thanks to you, Mary could enjoy the party(.)

**1** (1)犬と人を説明するときに使える関係代名詞はthat。　(2)人の感情を表すときはbe動詞＋excited。　(3)「〜することを約束する」＝promise to＋動詞の原形。　(4)「〜のおかげで」＝thanks to 〜。　(5)「〜のおかげで」＝because of 〜。

**2** (1)「読んだ」本なので過去形のreadを使う。　(2)「食べている」ハンバーガーなので現在進行形にする。　(3)「持っている」でも現在形のhasにする。

**3** (1)「〜することを約束する」＝promise to＋動詞の原形。　(2)並べかえ問題で，Janeとsheのように同じ人物を指す言葉があった場合は最初に固有名詞を使う。コンマがないのでwhenを使う文節はあとに置く。　(3)コンマがあるときは，whenを使う文節を文頭で使い，そのあとにコンマを置く。　(4)「〜のおかげで」＝because of 〜。　(5)「あなたの好きな歌手」＝the singer that you like。　(6)「戸惑う」＝feel lost。　(7)「〜のおかげで」＝thanks to 〜。コンマがあるので，thanks toを文頭に置く。

**pp.128〜129**　　**ぴたトレ1**

Words & Phrases

(1)〜を受け入れる
(2)友情，友人関係　(3)陽気な，明るい
(4)midnight　(5)sincerely　(6)helpful

**1** (1)ウ　(2)イ

**2** (1)you come　(2)helps me with
(3)be good at　(4)I hope we
(5)am proud of

**3** (1)I helped my mother with cooking(.)
(2)All you have to know is that place(.)
(3)John made his brother cry(.)
(4)Eat not only meat but also vegetables(.)

**1** (1)「〜をありがとう」＝thank you for 〜。forの後ろは動名詞のinvitingにする。　(2)この文においては，Allがついている主語は単数扱いなので，be動詞はis。

**2** (1)「人が〜してくれてうれしい」はglad（＋that）＋人＋動詞。　(2)「人が〜するのを手伝う」＝help＋人＋with＋〜。　(3)「〜が得

意である，上手である」＝be good at 〜。　(4)「人・ものが〜であることを願う」＝hope＋(that)＋人・もの〜。wishとは違い，実現可能な望みについて使う。　(5)「〜を誇りにしている」＝be proud of 〜

**3** (1)「人が〜するのを手伝う」＝help＋人＋with 〜。　(2)「あなたが〜しなければならないのは…だけ」＝all you have to 〜 is …。　(3)「(人)を〜させる」＝make＋人＋動詞の原形。　(4)「〜だけでなく…も」＝not only 〜 but also …。

**pp.130〜131**　　**ぴたトレ2**

**1** (1)エ　(2)ウ　(3)イ

**2** (1)that[which] she likes
(2)all year round
(3)I wish, were[was]　(4)promised to get

**3** (1)All you need is a rest(.)
(2)I wish I were better at swimming(.)
(3)The building that I saw in Tokyo was high(.)
(4)Not only Mary but also Bob can speak Japanese(.)

**4** (1)I wish he remembered me.
(2)Thank you for coming here.
(3)She is good at running.
(4)I wish there were[was] a TV in my room. [I wish I had a TV in my room.]

**5** (1)I can't believe you're leaving within an hour.
(2)miss you guys

**6** (1)It was created in Sapporo.
(2)They enjoy soup curry.

**1** (1)「私がその物語の主人公である」ということは現実に起こりえないので，wasは選べない。　(2)「連絡を取り合う」＝keep in touch。　(3)I wishの後ろの文は過去形の(助)動詞を使うのでcould writeを選ぶ。

**2** (1)関係代名詞that[which]を使って後置修飾する。that[which]の後ろは主語＋動詞の並びにする。　(2)「1年中」＝all year round。　(3)I wishの後ろの文では主語が何であっても基本的にはwereを使うが，口語ではwasが使われることもある。　(4)「〜することを約束した」＝promised to

動詞の原形。

③ (1)「あなたに必要なのは〜だけ」= all you need is 〜。 (2)「〜が得意である」= be good at 〜。ここではgoodが比較級のbetterになっている。 (3)関係代名詞thatを使って後置修飾する。thatの後ろは主語＋動詞の並びにする。 (4)「〜だけでなく…も」= not only 〜 but also …。

④ (1)「思い出す」はremember。I wishのあとなので過去形のrememberedにする。 (2)「〜をありがとう」= thank you for 〜。forの後ろは動名詞のcomingにする。 (3)「〜が得意である」= be good at 〜。atの後ろは動名詞のrunningにする。 (4)「〜がある」= there is 〜。ここでは「あったらいいのに」という仮定法なので，be動詞は過去形にする。

⑤ (1)leaveは未来のことでも現在進行形で表すことができる。within an hour =「1時間以内に」 (2)miss 〜 =「〜がいないのを寂しく思う」，you guys =「君たち」という意味で，口語で使う。

⑥ (1)質問は「どこでスープカレーは作られましたか」という意味。2文目にIt was created as a local food of Sapporo.とある。 (2)質問は「多くの観光客は札幌を訪れるときに何をしますか」という意味。4文目にMany visitors visit Sapporo and enjoy soup curry.とある。

全訳 あなたは今までにスープカレーを食べたことがありますか。それは札幌の地元の食べ物として作られました。後に，それは日本全国，そして海外でも有名になりました。多くの観光客が札幌を訪れ，そしてスープカレーを楽しみます。私もスープカレーがとても好きです。私が毎日それを食べることができたらいいのに。

---

pp.132〜133 ぴたトレ3

① (1)○ (2)× (3)○
② (1)イ (2)ア (3)ア
③ (1)that she likes (2)better at playing
(3)wish, didn't need[have]
(4)I wish, were[was]
④ (1)Because of
(2)that[which] he bought yesterday
(3)wish I were[was]
⑤ (1)去年私たちに英語を教えてくれてありがと

---

うございました。
(2)not only, but also
(3)All I can remember
(4)I wish you could stay here
(5)promise to study
⑥ (1)The information that[which] I got yesterday was wrong.
(2)I wish you were my classmate.
(3)Thank you for calling me yesterday.

解き方

① (1)「いつもの」「未来，将来」 (2)「退屈した，うんざりした」「興奮して，わくわくして」 (3)「〜以内に〔で〕」「（〜である）けれども，〜にも関わらず」
② (1)「〜を受け入れる」 (2)「助けになる」 (3)「友情，友人関係」
③ (1)名詞の後ろにthatを置いて，後置修飾する。that＋主語＋動詞の並びにする。likeの主語はsheなのでlikesにする。 (2)「〜が得意である」= be good at 〜。ここでは「〜よりも得意である」と比較の文になっているので，goodを比較級のbetterにする。 (3)「〜する必要がない」はdon't[doesn't] need to 〜またはdon't[doesn't] have to 〜。I wishの後ろなのでdidn'tと過去形にする。 (4)天気についての主語はit。I wishの後ろの文のbe動詞は，主語が何であっても基本的にwereを使うが，口語ではwasが使われることもある。
④ (1)Thanks to 〜とBecause of 〜は「〜のおかげで」という意味。 (2)the carの後ろに関係代名詞that[which]を置いて後置修飾する。that[which]＋主語＋動詞の並びにする。 (3)今は良い料理人ではないが，なりたい，つまり「良い料理人であればいいのに。」と書きかえる。
⑤ (1)Thank you for 〜 =「〜をありがとう」 (2)「〜だけでなく…も」= not only 〜 but also …。 (3)「私が〜できるのは…だけ」= all I can 〜 is …。 (4)I wish you could 〜 =「あなたが〜できればいいのに。」 (5)「〜することを約束する」= promise to ＋動詞の原形。

全訳 親愛なるカーター先生へ，
去年私たちに英語を教えてくれてありがとうございました。私はあなたが日本を去ってしまうという知らせを聞いて悲しかったです。あなたは私たちにいつも優しいだけでなく，厳しかっ

たです。あなたのおかげで，私は英語を勉強することを楽しむことができました。

私が思い出すことができるのは，みんなの笑顔だけです。あなたがもっとここに滞在できればいいのに。私は毎日熱心に英語を勉強することを約束します。私たちがまたあなたと会えるといいですね。

どうかお元気で！

敬具<br>アユミ

6 (1)the information を関係代名詞that [which]を使って後置修飾する。「間違った，誤った」= wrong。 (2)I wishの後ろの文の動詞は過去形にするので，I wish you were 〜。
(3)「〜をありがとう」はThank you for 〜。call「電話をする」は動名詞のcallingにする。

---

**英作文の採点ポイント**

☐ 単語のつづりが正しい。（2点）
☐ （ ）内の語数で書けている。（1点）
☐ 指定された語を正しく使えている。（2点）
☐ (1)語順が正しい。 (2)仮定法が正しく使えている。 (3)動名詞が正しく使えている。（3点）

---

# You Can Do It! 3

**p.134**　　　　　　　　　　　　ぴたトレ1

1 (1)ウ　(2)イ　(3)ア
2 (1)What a beautiful view(!)
(2)Nothing is so important as life(.)
(3)Cameron reminded me of the promise(.)

解き方
1 (1)Whatの後ろは名詞を選ぶのでa surprise。 (2)「人に〜を思い出させる」= remind 人 of 〜。 (3)「…より〜なものはない」= Nothing is so 〜 as ...。
2 (1)「なんて〜な…なんだろう！」= What + 名詞！ (2)「…より〜なものはない」= nothing is so 〜 as ...。 (3)「人に〜を思い出させる」= remind 人 of 〜。

**pp.135〜136**　　　　　　　　　　ぴたトレ2

1 (1)ウ　(2)イ　(3)ア
2 (1)have been studying
(2)why you were angry

---

(3)If I were[was], would　(4)Let, ask you
(5)what to do
3 (1)It was difficult for me to say "sorry"
(2)The girl dancing at the station is my sister(.)
(3)My mother told me it was time to clean my room(.)
4 (1)I am interested in English.
(2)How long have you stayed[been] in Japan?
(3)I have never read such an interesting book.
5 (1)No, they haven't.
(2)about where they should travel in Japan
(3)ア，イ

解き方
1 (1)現在完了の疑問文で文末につくのはyet。「あなたはもう〜しましたか」= Have you 〜yet? (2)「私が何をすべきか」= what + 主語 + should + 動詞の原形。 (3)目的格の関係代名詞whichを使う場合は，which + 主語 + 動詞の順番。
2 (1)「ずっと〜している」と過去から続き，今もまさにしている動作のときは現在完了進行形のhave been 〜ingを使う。 (2)間接疑問文は疑問詞 + 主語 + 動詞の並びにする。 (3)「もし私が〜ならば…するだろうに」= If I were[was] 〜，I would ...。 (4)「人に〜させる」はlet + 人 + 動詞の原形。 (5)「どうしたら」という言葉でhowを使わないように注意する。「どうしたらいいのか」=「何をすべきか」= what to do。
3 (1)「人にとって〜することは…だった」= It was ... for 人 to + 動詞の原形。 (2)the girlを後置修飾し，「駅で踊っている少女」とするので，the girl dancing at the stationというまとまりになる。 (3)「人に〜ということを言う」= tell + 人（+ that）〜。
4 (1)「〜に興味がある」= be interested in 〜。 (2)「あなたはどのくらいの間〜していますか。」は現在完了の疑問文を使って，How long have you 〜?で表す。 (3)「私は今まで一度も〜したことがない」= I have never 〜。「そのような〜，あんな〜」= such a 〜。interestingの前なので，aではなくanになることに注意。

**⑤** (1)「ジェニーの両親は日本に行ったことがありますか。」という質問。現在完了の疑問文はYes, they have.またはNo, they haven't.で答える。2文目にIt will be their first trip to Japan.とあるので，Noで答える。 (2)「彼らは日本でどこに旅行すべきか」という意味になるように並べかえる。「どこに〜すべきか」という間接疑問文はwhere＋主語＋should 〜の並びにする。 (3)ア「ジェニーの両親は春に日本に来るつもりです。」1文目にMy parents are coming to visit me in spring.とあるので○。イ「ジェニーの両親はナナに会うつもりです。」6文目と7文目にNana, can I introduce you to my parents? They are looking forward to seeing my friends in Japan.とジェニーに聞かれたあと，ナナがYes, of course, Jenny.と返しているので○。ウ「ジェニーは両親と手紙で連絡を取り合います。」最後の文でI'll send the travel plans to my parents by e-mail.とあるので×。

**全訳**
ジェニー(以下J)：私の両親は春に私を訪ねに来ます。それは彼らの初めての日本への旅になるでしょう。

ナナ(以下N)：それはすばらしいですね。あなたはわくわくしているに違いないですね。

J：ええ，私は彼らに会うのが待ちきれません。ナナ，あなたを私の両親に紹介してもいいですか。彼らは日本にいる私の友達に会うことを楽しみにしているんです。

N：はい，もちろんですよ，ジェニー。私はぜひ彼らに会いたいです。

J：ありがとう。彼らは日本でどこに旅行すべきか，何かアイデアはありますか。

N：えーと，あなたに3つのアイデアをあげますね。まず，彼らは新鮮な海鮮を食べたり美しい自然を見るために北海道まで飛ぶべきです。次に，彼らは飛行機と電車で，お寺を見たり伝統的な文化を体験したりするために京都に行くことができますよ。最後に，彼らは私たちの町に来ることができます。例えば，私たちはお城を見に行って一緒に地元の食べ物を楽しむことができますね。

J：よさそうですね！私は両親にEメールで旅行計画を送りますね。

## 定期テスト予想問題
〈解答〉 **pp.138〜147**

**pp.138〜139** 予想問題 **1**

**出題傾向**
＊現在完了形の完了，経験の作り方と，訳し方を整理しておく。〈let＋人・もの＋動詞の原形〉，〈help＋人・もの＋動詞の原形〉の文では動詞が原形になることをおさえておく。

**①** (1)Let me introduce our city to you(.)
(2)ほとんどの施設に20分以内で行けるから。
(3)more public transportations are used than before
(4)なぜならきれいな空気と美しい自然が私たちの生活に重要だからです。

**②** (1)tells me that　(2)ever been to
(3)helped me choose　(4)can be bought
(5)is close to

**③** (1)Have you checked today's weather report yet(?)
(2)My mother divided the cake into two for us(.)
(3)She is not afraid of bugs at all(.)
(4)Let me know when you get there(.)

**解き方**
**①** (1)「あなたに私たちの街を紹介させてください。」 (2)4〜5行目に注目。within＝「〜以内」。you can go there within twenty minutes.からその答えが導き出せる。(3)以前と今を比べているため比較と，「〜されている」という受け身を使う。manyの比較級はmore。 (4)That is because 〜＝「なぜなら〜だからです」

**全訳** オーストラリアへようこそ。私の名前はケイラです。私はアデレードに住んでいます。あなたに私たちの街を紹介させてください。
アデレードはオーストラリアの南部にあります。街はそれほど大きくなく，"Twenty-Minute City"とよばれています。博物館，図書館，駅，公園，お店など，ほとんどの場所が同じエリアにあり，20分以内に行くことができ

ます。とても便利です。

　私の住んでいる街のかっこいいところの１つは，電気キックボードです。市内には貸し出し用の電気キックボードがたくさんあります。少額で乗ることができます。電気キックボードで街中を移動して，乗り終わったら歩道に置いておくことができます。バスや路面電車を待つ必要がないので，スピーディーでとても便利です。また，二酸化炭素も排出しません。アデレードの空気はこれまでよりきれいです！

　アデレードの街は車が多く，道が混んでいました。バスの到着はいつも遅れていました。しかし，街は変わりました。今では，自家用車よりもバス，路面電車のような公共交通機関，自転車，電気キックボードの利用が奨励されています。なので，これまでよりも多くの公共交通機関が使われています。私たちはそれが環境にも良いと理解しています。なぜならきれいな空気と美しい自然が私たちの生活に重要だからです。

　このような，街中で電気キックボードや自転車を貸し出しするシステムは，ロンドンやニューヨークなど他の都市ではすでに普及しています。日本の東京やその他の大きな都市では，路上に車が多すぎると聞きました。また，駅の近くではあまりにも多くの自転車が歩道をふさいでいます。自転車や電気キックボードを共有することで，そのような問題を解決することができるかもしれません。それは自転車の駐輪場の問題を減らすことができるかもしれません。あなたはどう思いますか。

**❷** (1)「人に～ということを言う」＝ tell ＋人＋ that ～。My sister が主語で三人称単数のため tells と s をつけることに注意。　(2)「～へ行ったことがある」＝ have been to ～。疑問文で，「これまでに」＝ ever。主語と過去分詞の間に入れる。　(3)「人が～するのを手伝う」＝ help ＋人＋動詞の原形。　(4)主語が These souvenirs なので受け身の文にする。日本語では「買うことができる」だが，英文では助動詞の can ＋ be 動詞の原形＋過去分詞で受け身の文にする。　(5)「～にごく近い」＝ close to ～。

**❸** (1)「天気予報」＝ weather report。「あなたはもう～しましたか」＝ Have you ＋過去分詞 ～ yet? 　(2)「～を…に分割する」＝ divide ～ into ...。　(3)「～がこわい」＝ be afraid of ～。「全く～ない」＝ not ～ at all。

(4)「私に～させてください」＝ Let me ＋動詞の原形。

pp.140〜141　　　　　　　　予想問題 **2**

出題傾向

＊現在完了形の継続の文と現在完了進行形の文の作り方を整理しておく。〈主語＋ teach ＋人＋もの〉の文を確認しておく。〈It is ... (for ＋人) ＋ to ＋動詞の原形〉の文と動名詞の文の作り方の違いを確認しておく。

**❶** (1)I have traveled[been traveling] since I was born.
(2)サーカス団員の両親と一緒に一年中旅をしているから。
(3)私は初めてたくさんの友達を作ることができるでしょう。
(4)It is important to communicate with many different people(.)

**❷** (1)Let's go out　(2)have been, since
(3)It, for, to　(4)was determined to
(5)happened to me

**❸** (1)pass the information on to his group
(2)How long has Ryota been running(?)
(3)This old watch reminds me of my grandfather(.)
(4)We have been best friends for a long time(.)

解き方 **❶** (1)「ずっと～している」は現在完了の継続用法。have ＋過去分詞で表す。「生まれる」＝ be born。　(2)3～4行目に注目。「町から町へ，都市から都市へ，一年中，旅をしています。」からその答えが導き出せる。
(3)will be able to ～＝「～することができるだろう」for the first time ＝「初めて」
(4)it is ～ to ＋動詞の原形＝「…することは～だ」

全訳　こんにちは。私の名前はトムです。あなたは象と一緒に旅をしたことがありますか。テントで過ごしたことがありますか。あなたは，「そのような事柄は一度もしたことがありません」と言うでしょう。それらは，私の日常生活の中にあるものです。私の両親はサーカスのメンバーです。私たちは町から町へ，都市から都市へ，一年中，旅をしています。私は生まれた

ときからずっと旅をしています。

　サーカスの朝は早いです。私は両親が象やトラや他の動物に餌をやるのを手伝います。小動物の寝床の掃除もします。ペットのネズミのジェリーに芸を教えます。彼はとても頭がよいのです。私はいつも旅に出ているので，学校ではあまり友達を作ることができません。だから，ジェリーは私の友達であり，家族の1人なのです。

　教科書と宿題は郵送でもらっています。サーカスのショーがあるときは，それらを各町の郵便局へ取りに行く必要があります。両親が私の先生です。彼らはいろいろなことを教えてくれて，授業はとてもおもしろいです。彼らは他の国のおもしろい話や，サーカスでの経験をたくさん教えてくれます。私はいつも彼らから何かを学ぶことを楽しんでいます。特に，野外での学習が一番好きです。

　春には，山の中にある植物を食べることができることを学びます。それらを集めて楽しむこともあります。夏には，父とよく釣りに行きます。彼は大きな魚を釣る一番よい方法を私に教えてくれます。秋には，ときどき母と一緒に山に木の実やぶどうを採りに行きます。母はそれらを使っておいしいデザートを作ってくれます。自然もいい先生です。

　高校生になったら，寮のある学校に通おうと考えています。初めての学校生活はすばらしいことでしょう。私は初めてたくさんの友達を作ることができるでしょう。先生や友達からもたくさんのことを学びたいです。いろいろな人とコミュニケーションをとることが大切です。将来のことはまだ決めていません。でも，私は両親のように人を喜ばせることをしたいです。

**②** (1)「外出する」＝ go out。　(2)「〇年からずっと〜」は現在完了の継続用法。「〜から，〜以来」＝ since。　(3)「人にとって〜することは…である」＝ It is 〜 for 人 to ＋動詞の原形。この it は日本語では訳さない。　(4)「〜することを堅く決心する」＝ be determined to ＋動詞の原形。　(5)「〜に起こる，生じる」＝ happen to 〜。

**③** (1)「〜を…に伝える」＝ pass 〜 on to …。(2)「どれくらいの時間〜？」と時間の長さをたずねる疑問文は，How long で始める。「ずっと〜し続ける」は，現在完了進行形の文。have / has been -ing となる。　(3)「人に〜を思い出させる」＝ remind 人 of 〜。

(4)「ずっと〜である」＝ have been 〜。現在完了進行形の been と間違えないよう注意する。「長い間」＝ for a long time。「親友」＝ best friend。

出題傾向

＊関係代名詞 who, which, that を使った文の作り方をおさえておく。目的語になる関係代名詞の which や that はよく省略されるので確認しておく。

**①** (1)これは世界最大の熱帯雨林です。
　(2)木の伐採や，道路や農場の建設や，山火事が原因となっている。
　(3)It will cause other environmental problems(.)
　(4)I agree with you.
**②** (1)As a result　(2)who[that] can speak
　(3)I made from　(4)more and more
　(5)as well as
**③** (1)Are there any rooms that I can use(?)
　(2)Could you replace this picture with that one(?)
　(3)Kyoko arrived in Sapporo the day before yesterday(.)
　(4)To remember the story, I read it again and again(.)

解き方

**①** (1)rain forest ＝「熱帯雨林」。the biggest in the world ＝「世界最大の」。この which 以降が rain forest を説明しているので，「世界最大の熱帯雨林」というまとまりになる。　(2)Tammy の4番目の発言から答えを導き出す。　(3)「〜の原因となる，〜を引き起こす」＝ cause。「環境問題」＝ environmental problem。　(4)「〜に賛成である」＝ agree with 〜。

全訳

サトシ(以下S)：ブラジルは，アマゾン熱帯雨林の大部分を所有している国だそうだね。

タミー(以下T)：そうだね。南アメリカの8つの国がアマゾン熱帯雨林を所有しているよ。ブラジルがアマゾン熱帯雨林の60パーセントを所有していて，他の国が残りの40パーセントを所有しているの。これは世界最大の熱帯雨林なのよ。

S：うわあ！そんなに大きな熱帯雨林だとは知らなかったよ。

T：熱帯雨林の中には，植物や動物，虫など，様々な種がいるよ。でも，それがなくなりつつあるの。

S：本当に？

T：ある報告書によると「この40年間ですでにその面積の20％が消えてしまった」と言われているの。

S：それは，とても広い面積だね。何が起きているの？

T：木の伐採や，道路や農場を作ることや，山火事によって引き起こされているのよ。

S：熱帯雨林は地球温暖化の影響も受けていると思う。

T：地球がどんどん暑くなると，より熱帯雨林がなくなっていってしまうわ。その状況は非常に深刻だよね。第一に，それが原因でほかの環境問題が起こるね。第二に，より多くの二酸化炭素が大気中に出てくる。第三に，アマゾンの森に住んでいる人たちの居場所がなくなってしまうわ。

S：熱帯雨林を守るために何もしないと，将来的に熱帯雨林がなくなってしまうかもしれないね。

T：その通り！私たちは行動を起こすべきね。

S：賛成だよ。僕たちは日常生活から行動を起こし始めることができるよ。

❷ (1)「結果として」＝ as a result。 (2)friend は「人間」なので，関係代名詞はwhoまたはthatを使う。 (3)名詞の後ろに主語＋動詞をおき，後置修飾する。「〜から作る」＝ make from 〜。目で見て何でできているかわからないものはmake from，わかるものはmake ofを使う。 (4)「どんどん便利になってきている」は，前よりも便利になることなので，比較級を使ってmore and more convenientのように繰り返して表現する。 (5)「…だけでなく〜も」＝〜 as well as …。同じ意味のnot only … but also 〜とは語順が違うので注意する。

❸ (1)「〜 はありますか」＝ Are there 〜？ roomsを関係代名詞のthatを使って後置修飾する。 (2)「〜 を … と 取り替える」＝ replace 〜 with …。代名詞のoneは名詞を言いかえるので，言いかえる名詞を先に置く。 (3)「〜に到着する」＝ arrive in 〜。「〜」が店，建物など，比較的狭いものの場

合はarrive at 〜にする。「おととい」＝ the day before yesterday。 (4)カッコの中にコンマ(,)があるため，不定詞から文を始める。「何度も何度も」＝ again and again。

**出題傾向**

＊名詞の後置修飾について，現在分詞 (-ing形) と過去分詞の異なる訳し方を整理しておく。間接疑問文の語順と訳し方を確認しておく。

❶ (1)Please tell me what you gave (to) him.
(2)それは私たち家族によって録音されたラジオのメッセージです。
(3)北海道のあるラジオ局は家庭にラジオを持つことを奨励しているということ。
(4)Radios are useful when we are in trouble(.)

❷ (1)watching TV there　(2)a piece of
(3)why she isn't[she's not]
(4)language spoken in
(5)the beginning of

❸ (1)This is the bag that I want(.)
(2)I remembered when I met her(.)
(3)The story written by him is very interesting(.)
(4)The girl was crying because of joy(.)

**解き方**

❶ (1)「私に教えてください」＝ Please tell me。「あなたが彼に何をあげたのか」＝ what you gave (to) him。間接疑問文は疑問詞＋主語＋動詞の並びにする。 (2)radio message を過去分詞のrecorded以降が後置修飾している。 (3)代名詞のthatはそれよりも前に述べていることを指す。ここでは直前のあかねの発言の内容を指している。 (4)「困ったことになっている」＝ be in trouble。

**全訳**

あかね(以下A)：　エディ，あなたに祖父母はいるの？

エディ(以下E)：うん，いるよ。祖父母は，オーストラリアのシドニーに住んでいるんだ。先週はおじいちゃんの誕生日だったんだ。私は彼にビックリするようなプレゼントをあげたんだよ。

A：彼に何をあげたのか私に教えて。

E：あなたに見せてあげるよ。これを聞いて。

A：これはラジオのメッセージ？

E：うん。それはおじいちゃんを喜ばせた誕生日プレゼントだよ。それは私たち家族によって録音されたラジオのメッセージなんだ。私はラジオにおじいちゃんへの誕生日のお祝いの言葉を投稿したんだ。彼はいつもラジオを聴いているんだよ。

A：本当に？それはすごいね。

E：ラジオの進行役が私のメッセージを読んで、おじいちゃんの大好きな音楽を流してくれたとき、彼はとても驚いたけど、とても喜んでもくれたよ。

A：それはすてきだね。私は普段はラジオを聴かないけれど、それはラジオの良い楽しみ方の一つだね。

E：そうだね。ラジオは楽しいだけじゃなくて、災害時にも便利なんだ。あなたはすぐに情報を手に入れることができるよ。

A：北海道に住んでいる従兄弟が、「北海道のあるラジオ局では、家庭にラジオを持つことを奨励している」と言っていたよ。

E：それはおもしろいね。でもどうして？

A：なぜなら、数年前に大きな地震があって、ラジオが人命救助に役立ったんだって。ラジオは私たちが困ったときに役に立つわ。

E：同感だよ。突然の災害に備えて、準備しておくべきだよね。

A：私も本当にそう思う。

❷ (1)「そこでテレビを見ている少女」はthe girl who is watching TV thereも考えられるが下線は３カ所しかないので、これでは合わない。この文ではwho isは省略可能なので、the girl watching TV thereとする。(2)「１つの、１個の、１枚の〜」＝ a piece of。 (3)「〜を知っていますか」なのでDo you know 〜?ではじめる。「なぜ」は疑問詞whyを使う。「いる、いない」はbe動詞で表し、「いない」のでここは否定文にする。間接疑問文なので、疑問詞＋主語＋動詞の並びにする。 (4)languageの後ろに過去分詞をおき、後置修飾する。speakはspeak-spoke-spokenと不規則変化。 (5)「〜の初めに」＝ at the beginning of 〜。

❸ (1)「私が欲しいカバン」というまとまりを作るため、the bagのすぐ後ろに関係代名詞that＋主語を置き後置修飾する。 (2)間接

疑問文は疑問詞＋主語＋動詞の並びにする。 (3)「彼が書いたお話」というまとまりを作る。選択肢にbyがあるため、「彼が書いたお話＝彼によって書かれたお話」とする。the storyの後ろに過去分詞を置き、後置修飾する。 (4)「〜が原因で」＝ because of 〜。「うれしくて泣く＝うれしさが原因で泣く」なので、because of joyとなる。

### pp.146〜147　　予想問題 ❺

出題傾向

＊疑問詞＋不定詞の入れる場所や日本語への訳し方を整理しておく。「もしも〜だったら…だろうに」というif, wishを使った仮定法の作り方を押さえておく。仮定法では、動詞は過去形にすることに注意。

❶ (1)reading books

(2)その少女は周りに家族がいないことに気づきましたが、彼女はどうすればよいかわかりませんでした。

(3)it was very difficult for her to decide

(4)When you read the[a] story which you have read before

❷ (1)which, to buy　(2)If, knew, would

(3)wish, could sing　(4)as if, is

(5)If, were[was], could

❸ (1)The plan was full of mistakes(.)

(2)You should know I'm different from him(.)

(3)The little boy was afraid to go there by himself(.)

(4)When we become high school students, let's keep in touch(.)

解き方 ❶ (1)itは直前の単数名詞を受けることが多いが、動名詞(〜ing形)も、単数名詞と考えられる。直前の動名詞表現はreading books。 (2)realize＝「〜をはっきり理解する、悟る」、around her＝「彼女の周り」、what to do＝「どうしたらよいか、何をすべきか」 (3)it, for, toがカッコ内にあることから、〈It was 〜 ＋ for 人 to 動詞の原形〉＝「人にとって…するのは〜だった」という文にすると考える。 (4)「物語」＝ the[a] storyを関係代名詞のwhichを使って後置

修飾する。「あなたが物語を読むとき」＝ When you read the story.「以前に読んだことのある」＝ have read before.「以前に〜したことがある」は現在完了で表す。

**全訳** 本を読むのは好きですか。それ（＝本を読むこと）は私が子供のときから好きなことです。ある日，私は娘を図書館に連れて行きました。すると，見慣れた本が棚にあるのを見つけました。それは30年前，私が子供の頃に大好きだった物語でした。私はそれを何度も読み返して，その本の主人公がまるで私の友達であるかのように感じていました。私はその本を借りて，それを家に持ち帰りました。私は今では大人なので，1冊全部を読むのにそれほど時間はかかりませんでした。

　その物語は，戦争中に中国に取り残された小さな日本人の女の子についてです。彼女の家族は，日本に帰るために港まで長い距離を歩いていました。敵が近づいてきていたので，彼らは急いで移動しなければなりませんでした。しかし，小さな子供を連れて長い距離を歩くのは簡単ではありませんでした。そこで母親は，ほかの家族全員を救うために，その少女を中国に置いていくことに決めました。その少女は周りに家族がいないことを悟りましたが，彼女はどうすればよいかわかりませんでした。それから，ある親切な女性がその少女を見つけ，彼女を家族の一員として歓迎しました。少女は成長し，家族を探すために日本にやってきました。私は，彼女がやっと日本で母親を見つけたという部分が大好きでした。

　その本を読んでいる間に，その本の記憶がよみがえってきました。突然，自分が泣いていることに気づき，涙が止まらなくなりました。母親が幼い少女を置いていかなければならなかったとき，どのように母親が感じたかが理解できました。そのときは他に選択肢がなかったとはいえ，それは母親にとっては大きな痛みでした。今自分の子供がいるので，私は母親にとって決心するのがとても難しかったということがわかります。

　初めてこの話を読んだときは，子供の視点で読みました。今では私は母親なので，少女の母親の気持ちがよくわかります。あなたが以前に読んだことがある物語を読むとき，あなたは成長を続けているので，また違った印象を受けるかもしれません。あなたは変化しており，以前と同じ人間ではありません。あなたはずっと前

に楽しんだお気に入りの本はありますか。もう一度読んでみませんか。その本の中に，他にもおもしろいことが見つかるでしょう。

❷ (1)「どちら」なので，疑問詞whichを使う。「どちらのカバン」なのでwhich bagとなる。whatとwhichは後ろに名詞を置き，「どの〜」「どちらの〜」という意味を表すことができる。「どちらの…を〜するか，すべきか」＝〈which＋名詞＋to＋動詞の原形〉。
(2)実際には知らないので，仮定法を使う。仮定法では，動詞，助動詞は過去形を使う。
(3)これも，「実際にはそうでないこと」を望むので，仮定法を使う。「もしも私が〜だったらいいのに」＝〈I＋wish＋I＋would/could＋動詞の原形〉。ここは，歌うことが「できれば」なので，couldを使う。 (4)「まるで〜であるかのように」＝as if 〜。
(5)実際には暇ではないので，仮定法を使う。I wishの後ろのbe動詞は主語が何であっても基本的にwereを使うが，口語ではwasが使われることもある。

❸ (1)「〜でいっぱいの」＝be full of 〜。
(2)「〜と違っている」＝be different from 〜。 (3)「〜するのがこわい」＝be afraid to 〜。「1人で」＝by oneself。主語がIならmyself, youならyourselfというように，oneselfの部分は主語に合わせて変える。
(4)「連絡を取り合う」＝keep in touch。

# リスニングテスト
## 〈解答〉

### ① 現在完了形（経験用法・完了用法）

❶ (1)ウ　(2)ア　(3)イ

> **ココを聞きトレ⑥**　現在完了形の経験用法と完了用法の意味のちがいに十分注意しよう。

> **英文**　(1)Diane has been to India twice, but David has never been there. He went to Brazil when he was twelve. Bob wants to go to Mexico and Japan.
> Q：What country has David been to?
> (2)Miki saw the movie last week, and she's going to see it again tomorrow. Jane has never seen it, but Kate has seen it three times.
> Q：How many times has Miki seen the movie?
> (3)Ken wants to have lunch. Mike has already had lunch, but John has not had lunch yet. So Ken will have lunch with John.
> Q：Who has had lunch?

> **日本語訳**　(1)ダイアンは2回インドに行ったことがありますが，デイビッドは1回もそこへ行ったことがありません。彼は12歳のときにブラジルへ行きました。ボブはメキシコと日本へ行きたいと思っています。
> 質問：デイビッドはどの国へ行ったことがありますか。
> (2)ミキは先週その映画を見て，明日もう一度それを見るつもりです。ジェーンはそれを見たことがありませんが，ケイトは3回見たことがあります。
> 質問：ミキはその映画を何回見たことがありますか。
> (3)ケンは昼食を食べたいと思っています。マイクはすでに昼食を食べてしまいましたが，ジョンはまだ昼食を食べていません。そこでケンはジョンと昼食を食べるつもりです。
> 質問：だれが昼食を食べましたか。

❷ (1)twenty　(2)No, hasn't
　(3)station　(4)Next Sunday

> **ココを聞きトレ⑥**　現在完了形の完了用法と経験用法でよく使われる語に注意して聞き取ろう。already は完了用法と，ever や never は経験用法といっしょによく使われることに注意。

> **英文**　*Ryo*：R, *Kate*：K
> R：Hi, Kate. I hear you like Japanese comic books.
> K：Yes, Ryo. I've already read twenty Japanese comic books.
> R：Great. Have you ever been to City Library? It has a lot of comic books.
> K：Really? I've never been there. Where is it?
> R：It's near the station. Why don't you go there with me next Sunday?
> K：That's a good idea. I'm excited.
> Q：(1)How many Japanese comic books has Kate read?
> 　(2)Has Kate ever visited City Library?
> 　(3)Where is City Library?
> 　(4)When are Ryo and Kate going to visit the library?

> **日本語訳**
> R：やあ，ケイト。きみは日本のマンガが好きだと聞いたよ。
> K：ええ，リョウ。私はすでに20冊の日本のマンガを読んだわ。
> R：すごいね。きみは市立図書館に行ったことはある？　たくさんマンガがあるよ。
> K：ほんと？　私はそこには行ったことがないわ。どこにあるの？
> R：駅の近くだよ。次の日曜日にぼくといっしょに行くのはどう？
> K：いい考えね。わくわくするわ。
> 質問(1)ケイトは日本のマンガを何冊読みましたか。
> 　(2)ケイトは市立図書館を訪れたことがありますか。
> 　(3)市立図書館はどこにありますか。
> 　(4)リョウとケイトはいつ図書館を訪れる予定ですか。

### ② 現在完了形（継続用法）／現在完了進行形

❶ (1)エ　(2)ウ　(3)イ

> **ココを聞きトレ⑥**　現在完了形の継続用法と現在完了進行形を注意して聞き取ろう。期間をどのように表しているのかを聞き取るのも重要なポイント。

(1)Tom lived near the lake before his family moved to a new house two years ago. It is near a park. He still lives there now.

Q：Where has Tom lived since two years ago?

(2)Emma arrived in Japan on July 2. She visited me on July 7. Today is July 12. She will leave Japan on July 22.

Q：How long has Emma been in Japan?

(3)Meg is fifteen years old. She started playing the piano when she was five. She practices two hours a day. She has been on the tennis team for two years.

Q：What has Meg been playing for ten years?

日本語訳 (1)トムは家族が2年前に新しい家に引っ越す前，湖の近くに住んでいました。それは公園の近くです。彼は今もそこに住んでいます。

質問：トムは2年前からずっとどこに住んでいますか。

(2)エマは7月2日に日本に着きました。彼女は7月7日に私を訪れました。今日は7月12日です。彼女は7月22日に日本を去る予定です。

質問：エマはどのくらいの間日本にいますか。

(3)メグは15歳です。彼女は5歳のときにピアノをひき始めました。彼女は1日に2時間練習します。彼女はテニス部に2年間所属しています。

質問：メグは10年間ずっと何をしていますか。

❷ (1)3年間　(2)働きたい　(3)外国に住むこと
(4)異文化を理解すること

ココを聞きトレ⑥ 現在完了形の継続用法と現在完了進行形の意味を正しく聞き取ろう。現在完了形の継続用法はある状態が続いていることを，現在完了進行形はある動作が続いていることを表す。

英文

Hi, Everyone. My name is Mike. I'm interested in Japanese culture. I've been studying Japanese for three years. Actually, it's a little difficult for me to learn Japanese, but I like learning new things. I want to work in Japan in the future.

My aunt lives in Thailand. She has lived there for about five years. She lived in India before she went to Thailand. She likes working with people from other countries.

She says living in foreign countries teaches us a lot of things. I think it's very important to understand different cultures.

日本語訳

こんにちは，みなさん。私の名前はマイクです。私は日本の文化に興味があります。私は3年間ずっと日本語を勉強しています。実は，私には日本語を学ぶことは少し難しいですが，新しいことを学ぶのは好きです。私は将来，日本で働きたいです。

私のおばはタイに住んでいます。彼女は約5年間そこに住んでいます。彼女はタイに行く前はインドに住んでいました。彼女は他国出身の人々と働くのが好きです。彼女は外国に住むことは多くのことを私たちに教えてくれると言っています。私は異文化を理解することはとても重要だと思います。

### ③ SVOO（that 節）

❶ エ

ココを聞きトレ⑥ 2つの目的語がある文の2つ目の目的語がthat 節になる場合があることに注意しよう。showはこの形でよく使われる動詞の1つ。

英文 *Steve :* S, *Beth :* B

S：Did you see Kate yesterday, Beth?

B：Yes. I played tennis with her. She talked about your brother. Is he on the baseball team, Steve?

S：Yes. He is a very good player.

B：Do you play baseball, too?

S：No. I'm on the basketball team.

B：Really? That team has a lot of good players.

S：That's right. I want to be a starter, so I have to show the coach that I can play very well.

Q：What does Steve have to show the coach?

日本語訳

S：昨日ケイトに会ったの，ベス？

B：ええ。彼女とテニスをしたよ。彼女があなたのお兄さんのことを話してたよ。彼は野球部に所属しているの，スティーブ？

S：うん。彼はとてもうまい選手だよ。

B：あなたも野球をするの？

S：いや。ぼくはバスケットボール部に所属してるよ。

B：本当？　チームにはいい選手がたくさんいる
でしょ。
S：そのとおり。先発メンバーになりたいから，
コーチにとてもうまくプレーできることを見
せなきゃいけないんだ。
質問：スティーブはコーチに何を見せなければい
けませんか。

② (1)four months ago　(2)do their best
(3)performed very well

ココを聞きトレ⑥　that節が動詞の目的語になる場合，
thatはふつう弱く発音されることに注意。また，
省略される場合もあることも頭に入れておく。

英文
Yumi is in her school's brass band. It held
a concert four months ago. The performance
wasn't very good. Yumi's music teacher is
Ms. Tanaka. She told the members of the
band that they should do their best to make
their performance better. Her words made
them strong and positive.

Yumi and the other members practiced
very hard to prepare for the next concert.
It was held last Sunday. They performed
very well this time. Everyone was smiling
at the end of the concert. It was a very
exciting experience for Yumi.

Q：(1)When was the first concert held?
(2)What did Ms. Tanaka want the
members of the brass band to do?
(3)Why was everyone smiling at the
end of the second concert?

日本語訳
ユミは学校のブラスバンド部に所属しています。
4か月前にコンサートを開きました。その演奏は
あまりよくなかったのです。ユミの音楽の先生は
タナカ先生です。彼女は部員に，演奏をよりよく
するために最善を尽くすべきだと言いました。彼
女の言葉は彼らを強く，積極的にしました。
ユミと他の部員は，次のコンサートに備えるた
めにとても熱心に練習しました。それはこの前の
日曜日に開かれました。今回，彼らはとてもうま
く演奏しました。コンサートの最後では，みんな
ほほえんでいました。それはユミにとって，とて
も興奮した経験でした。
質問(1)1回目のコンサートはいつ開かれましたか。

(2)タナカ先生はブラスバンド部員にどうして
もらいたかったのですか。
(3)2回目のコンサートの最後で，みんながほ
ほえんでいたのはなぜですか。

## ④ 不定詞を含む表現

① (1)×　(2)○　(3)○

ココを聞きトレ⑥　不定詞を含む表現を正しく聞き取
ろう。〈It is ... for＋人＋to ～.〉の文では，itに
「それ」という意味はなく，toからあとの「～する
こと」が主語になるので注意。

英文　(1)Emma was very busy, so she asked
Mike to help her clean the kitchen.
(2)It is difficult for Jun's mother to make
dinner this evening. She wants Jun to
make dinner.
(3)It is easy for Kana to study English and
Japanese. It is necessary for her to
study math harder.

日本語訳　(1)エマはとてもいそがしかったので，
マイクに彼女が台所を掃除するのを手伝ってく
れるように頼みました。
(2)ジュンのお母さんにとって今晩，夕食を作るこ
とは難しいです。彼女はジュンに夕食を作って
ほしいと思っています。
(3)カナにとって英語と国語を勉強することは簡単
です。彼女は数学をもっと一生懸命，勉強する
必要があります。

② (1)ウ　(2)エ

ココを聞きトレ⑥　男性の指示内容から，病院の位置
とケイトの次の行動を推測しよう。不定詞を含む
表現や位置を表す表現を正しく聞き取ること。

英文　*Kate*：K, *Man*：M
K：Excuse me. Could you tell me how to
get to the hospital?
M：Sure. You can walk, but it's easier for
you to take a bus.
K：I see. Do you know where to take the
bus?
M：Yes. There's a bus stop at the next
corner. Take the bus which goes to the
station.
K：OK. How many stops from here?
M：Get off at the fifth stop. Shall I help
you carry your bag to the bus stop?

K：Oh, thank you very much. You're so kind.

Q：(1)Where is the hospital?

(2)What will Kate do next?

日本語訳

K：すみません。病院への行き方を教えてもらえますか。

M：もちろん。歩くこともできますが，バスに乗るほうがあなたには簡単です。

K：わかりました。どこでバスに乗ればよいかわかりますか。

M：はい。次の角にバス停があります。駅に行くバスに乗ってください。

K：わかりました。ここからいくつ目のバス停ですか。

M：5つ目のバス停で降りてください。バス停まであなたのかばんを運ぶのを手伝いましょうか。

K：まあ，どうもありがとうございます。ご親切ですね。

質問(1)病院はどこにありますか。

(2)ケイトは次に何をしますか。

## ⑤ 分詞

**❶** ケン：ア エミ：オ ユウタ：ウ アヤ：カ

ココを聞きトレ⑤ 名詞の後ろにある動詞のing形で始まる語句は，その名詞について説明している。人名に注意して，その人物が何をしている人なのかを正しく聞き取ろう。

英文

There are some people in this picture. The boy riding a bike is Jun. Aya is the girl running with a dog. The girls singing a song are Emi and Rika. Rika is also playing the guitar. The boys eating lunch under the tree are Shinji and Yuta. Yuta is wearing a cap. Ken is the boy taking pictures of birds.

日本語訳

この絵には何人かの人がいます。自転車に乗っている男の子はジュンです。アヤはイヌと走っている女の子です。歌を歌っている女の子たちはエミとリカです。リカはまたギターをひいています。木の下で昼食を食べている男の子たちはシンジとユウタです。ユウタは帽子をかぶっています。ケンは鳥の写真をとっている男の子です。

**❷** (1)イ (2)エ

ココを聞きトレ⑤ 名詞の後ろに続く説明の語句に注意。現在分詞や過去分詞，前置詞などがつくる句が名詞を説明している。登場人物が多いので，だれが何をしたかを整理しながら聞こう。

英文

Hi, everyone. I'm Takashi. Yesterday was my birthday. My family and friends had a party for me. My father gave me a watch made in Japan. It looked very nice. Mike gave me a book written in English. I think I can read it if I use a good dictionary. My brother gave me a CD of my favorite singer. Koji played the guitar and Yuki sang some songs. We ate the cake made by my mother. It was delicious. These are the pictures taken by Kana at the party. Everyone had a good time. Thank you.

Q：(1)What did Takashi get from Mike?

(2)What did Kana do for Takashi at the party?

日本語訳

こんにちは，みなさん。ぼくはタカシです。昨日はぼくの誕生日でした。家族と友だちがぼくのためにパーティーを開いてくれました。父はぼくに日本製の時計をくれました。それはとてもすてきに見えました。マイクはぼくに英語で書かれた本をくれました。よい辞書を使えば，ぼくはそれが読めると思います。兄はぼくの大好きな歌手のCDをぼくにくれました。コウジはギターをひき，ユキは何曲か歌を歌ってくれました。ぼくたちは母の作ってくれたケーキを食べました。それはおいしかったです。これらはパーティーでカナがとってくれた写真です。みんな楽しい時を過ごしました。ありがとう。

質問(1)タカシはマイクから何をもらいましたか。

(2)カナはパーティーでタカシのために何をしましたか。

## ⑥ 関係代名詞

**❶** (1)イ (2)キ (3)オ (4)エ

ココを聞きトレ⑤ 名詞の後ろにあるwho, which, thatで始まる語句は，その名詞について説明している。説明されている名詞がどんな人や動物なのかを正しく聞き取ろう。

(1)This is a person who works in a hospital and takes care of sick people.

(2)This is an animal which we can see in Australia. It jumps very well.

(3)This person is someone who cooks food as a job at a restaurant.

(4)This is the largest animal that lives in the sea. It looks like a fish.

**日本語訳** (1)これは病院で働き，病気の人々の世話をする人です。

(2)これはオーストラリアで見ることができる動物です。それはとても上手に跳びます。

(3)この人は，レストランで仕事として食べ物を料理するだれかです。

(4)これは海に住む最も大きい動物です。それは魚のように見えます。

**❷** (1)教師 (2)8 (3)4 (4)医師

**ココを聞きトレ⑥** 職業の名前と，その職業につきたい生徒の人数を正しく聞き取ろう。whoで始まる語句が，直前にある名詞について説明していることに注意。

**英文** *Kumi* : K, *Mike* : M

K : Mike, we talked about our future jobs in class last week, right?

M : Yes, Kumi. Thirteen students want to be sports players. There are eight students who want to be baseball players.

K : Right. And there are five students who want to be soccer players.

M : Yes. There are four students who want to be musicians and there are three students who want to be doctors.

K : Well, I'm one of them. The most popular job is teacher. Nine students want to be teachers. And six answered other jobs.

M : That's right. I hope everyone's dream will come true!

**日本語訳**

K : マイク，私たちは先週，授業で将来の職業について話したわね。

M : うん，クミ。13人の生徒がスポーツ選手になりたがっているよ。野球選手になりたい生徒が8人いる。

K : そうね。そしてサッカー選手になりたい生徒が5人いるわね。

M : うん。ミュージシャンになりたい生徒は4人，医師になりたい生徒は3人いるね。

K : ええと，私もその1人よ。最も人気のある職業は教師ね。9人の生徒が教師になりたいと思っているわ。そして6人はほかの職業を答えたわね。

M : そのとおり。みんなの夢が実現するといいな！

## ⑦ 仮定法

**❶** イ

**ココを聞きトレ⑥** 仮定法の文では，現在の状況と異なる想定を述べるのに過去形を使うことに注意。主語が何であってもbe動詞は原則的にwereとなる。

**英文** *Bob* : B, *Meg* : M

B : Hi, Meg. Where are you going?

M : I'm going to the museum. How about you, Bob?

B : I'm on my way home from the post office.

M : The weather hasn't been very good since yesterday.

B : I don't like rainy days. If it were hot and sunny today, I would go swimming in the sea.

M : I like rainy days. I like taking pictures of flowers in the rain.

Q : What does Bob want to do?

**日本語訳**

B : やあ，メグ。どこへ行くの？

M : 美術館へ行くところよ。あなたはどう，ボブ？

B : 郵便局から家に帰るところだよ。

M : 昨日からずっと天気があまりよくないね。

B : 雨の日は好きじゃないよ。今日晴れて暑かったら，海へ泳ぎに行くのに。

M : 私は雨の日が好きよ。雨の中の花の写真をとるのが好きなの。

質問：ボブは何がしたいと思っていますか。

**❷** イ，オ

**ココを聞きトレ⑥** I wish ～の形の仮定法の意味を正しく聞き取ろう。現実とは異なる願望を表すときに，wishの後ろでは動詞・助動詞が過去形にな

ることに注意。

**Mary : M, Josh : J**

M : Hi, Josh. I went to your sister's concert last Saturday. It was amazing.

J : Really? She'll be happy to hear that, Mary.

M : She is definitely a great singer. I like her sweet voice. I wish I could sing like her.

J : She plays the piano, too. She really loves music.

M : Do you like music, too?

J : Actually, I don't. I'm not good at singing. I like going camping in the mountains.

M : Oh, I didn't know that. My father sometimes climbs mountains on weekends. He likes watching birds. How about you?

J : I like watching the stars better.

日本語訳

M : こんにちは，ジョシュ。この前の土曜日にあなたのお姉さんのコンサートに行ったよ。すばらしかったわ。

J : 本当？ それを聞いたら彼女は喜ぶよ，メアリー。

M : 彼女は絶対にすばらしい歌手よ。彼女の甘い声が好き。私も彼女のように歌えたらいいのに。

J : 彼女はピアノもひくよ。彼女は本当に音楽が大好きなんだ。

M : あなたも音楽が好き？

J : 実はそうじゃないんだ。歌うのが得意じゃないし。ぼくは山へキャンプをしに行くのが好きなんだ。

M : あら，それは知らなかった。父がときどき週末に山に登るよ。彼はバードウォッチングが好きなの。あなたはどう？

J : ぼくは星を見るほうが好きだよ。

## ⑧ その他の文

**❶** (1)**イ** (2)**ア** (3)**エ**

ココを聞きトレ⑥ 会話の最後の文をよく聞いて，次にくる応答を推測しよう。whoやwhat time, whatのような疑問詞は，何が話題になっているかを特定するための重要なヒントになるので，注意して聞き取ろう。

**Man : M, Woman : W**

(1)M : Miki, your brother is over there.

W : Oh, you're right. He's talking with a girl. Do you know who she is?

M : (      )

(2)W : I hear this movie is very good. I want to see it tonight.

M : Me, too. But I don't know what time it will start.

W : (      )

(3)M : Hi, Becky. This is my cat. I got it from my aunt yesterday.

W : Oh, it's very cute. What do you call it?

M : (      )

日本語訳

(1)M : ミキ，あそこにきみの弟がいるよ。

W : あら，ほんとね。女の子と話しているわ。あなたは彼女がだれか知ってる？

(2)W : この映画はとてもいいと聞くわ。今晩それを見たいんだけど。

M : ぼくもさ。でも，何時に始まるか知らないんだ。

(3)M : やあ，ベッキー。これはぼくのネコだよ。昨日おばからもらったんだ。

W : まあ，とてもかわいいわね。何と呼ぶの？

**❷** **ア，オ**

ココを聞きトレ⑥ 電話の表現，Can I ～?のような申し出，Can you ～?のような依頼の表現に注意。2人の電話のやりとりから，状況や依頼の内容を正しく聞き取ろう。

**Rika : R, Tom's mother : M**

R : Hello. This is Rika. May I speak to Tom, please?

M : Hello, Rika. This is his mother. I'm afraid he's out but I don't know where he is. Can I take a message?

R : Yes, please. I want to know what he wants for his birthday. Can you ask him to call me back?

M : All right. I'll tell him to call you, but I'm sure any present will make him happy, Rika.

R : Oh, I hope so. Thank you very much.

日本語訳

R : もしもし。リカです。トムをお願いします。

M：こんにちは，リカ。彼の母です。彼は外出していると思うけれど，どこにいるかわからないの。伝言を伝えましょうか。

R：ええ，お願いします。私は誕生日に彼は何がほしいか知りたいんです。私に電話をかけ直すように，彼に頼んでもらえますか。

M：わかりました。彼にあなたに電話をするように言うわね。でもきっと，彼はどんなプレゼントでも喜ぶと思うわ，リカ。

R：まあ，そうだといいのですが。どうもありがとうございます。

## ⑨ 3年間の総復習①

❶ (1)エ　(2)ウ　(3)ウ

ココを聞きトレ⑤　質問への答えの選択肢から，それがどんな質問か予測しよう。そしてそれを頭に入れて英文を聞こう。

英文　(1)David was talking with Meg on the phone when George arrived at the station. They talked about Lucy and Patty on the train.

Q : Who was David talking with on the phone?

(2)Jack is a member of a volleyball team. He is going to meet Jane to ask her to write a song for the team.

Q : What does Jack want Jane to do?

(3)I have three dogs. They are Sora, Gonta and Kurumi. Sora is bigger than Kurumi. Gonta is the biggest of the three. My uncle's dog is Hana. Kurumi is bigger than Hana.

Q : Which is the smallest dog of the four?

日本語訳　(1)ジョージが駅に着いたとき，デイビッドはメグと電話で話していました。彼らは電車の中で，ルーシーとパティーについて話しました。

質問：デイビッドは電話でだれと話していましたか。

(2)ジャックはバレーボールのチームの一員です。彼はチームのために歌を書いてくれるように頼むために，ジェーンと合うつもりです。

質問：ジャックはジェーンに何をしてほしいのですか。

(3)私はイヌを3匹飼っています。彼らはソラ，ゴンタとクルミです。ソラはクルミより大きいで

す。ゴンタは3匹の中で最も大きいです。おじのイヌはハナです。クルミはハナより大きいです。

質問：4匹の中で最も小さいイヌはどれですか。

❷ (1)有名な歌手　(2)40年前
(3)動物園　(4)大好きな

ココを聞きトレ⑥　まとめの文の空所にどのような情報が入るか予測しながら，英文を聞こう。まとめの日本文は英文の直訳ではなく，要約になっているので，英文の中からポイントを正しくつかむようにしよう。

英文　*Brian :* B, *Susie :* S

B : Have you ever read this book, Susie?

S : No. Is it interesting, Brian?

B : Yes. I really like it. It was written by a famous singer.

S : Can I borrow it?

B : Sure.

S : Thanks. Anyway, look at this photo. My grandfather took it forty years ago.

B : Do you know where he took it?

S : At the City Zoo.

B : Is the boy holding a banana your father?

S : You're right. Bananas have been his favorite food since he was a little child.

日本語訳

B：この本を読んだことある，スージー？

S：いいえ。それはおもしろいの，ブライアン？

B：うん。本当に気に入ってるよ。それは有名な歌手によって書かれたんだよ。

S：それを借りてもいい？

B：もちろん。

S：ありがとう。ところで，この写真を見て。祖父が40年前にこれをとったの。

B：彼がそれをどこでとったか知ってる？

S：市立動物園でだよ。

B：バナナをにぎっている男の子は，きみのお父さんかい？

S：そのとおり。バナナは小さい子どものときから彼が大好きな食べ物よ。

## ⑩ 3年間の総復習②

❶ エ

ココを聞きトレ⑥　ケンと母の2人の行動とそれをす

る時間の聞き取りがポイント。2人がいつ，どんな行動をするかに注意しながら，ケンの行動とその時間を正しく表しているものを選ぼう。

英文 **Ken's mother : M, Ken : K**

M：Ken, what time will you leave home tomorrow morning?

K：At six thirty.

M：Oh, you have to get up very early. Do you have any homework to do today?

K：Yes. I'm going to finish it by seven.

M：Is there anything that you want me to do?

K：Can you make me some sandwiches? I'll eat them before I leave tomorrow.

M：Sure.

日本語訳

M：ケン，明日の朝は何時に家を出るの？

K：6時30分だよ。

M：まあ，あなたはとても早く起きなきゃいけないわね。今日やる宿題はあるの？

K：うん。7時までに終わらせる予定だよ。

M：私にしてほしいことはある？

K：ぼくにサンドイッチを作って。明日出発する前にそれを食べるつもりだよ。

M：わかったわ。

❷ (1)feels great　(2)goes skiing
　　(3)Since, was

ココを聞きトレ❻ 質問に対する応答文を見て，ヒントになりそうな語句を探そう。そしてそれらに注意しながら英文を聞き取ろう。

英文

　Hello, Everyone. I'm Sarah. I'm going to talk about myself and my family. What is your favorite thing to do? Mine is riding a bicycle. It really makes me happy. It makes my body stronger, too. I feel great when I ride a bicycle.

　My father is a fire fighter and my mother is a nurse. They work for people who need help. My father often goes skiing in winter. My mother likes watching movies.

　My brother is a university student. He studies computer science. He has been interested in computers since he was in elementary school.

Q：(1)How does Sarah feel when she rides a bicycle?

　(2)What does Sarah's father often do in winter?

　(3)How long has Sarah's brother been interested in computers?

日本語訳

　こんにちは，みなさん。私はサラです。私自身と家族について話します。みなさんはどんなことをするのが好きですか。私の好きなことは自転車に乗ることです。それは私をとても楽しい気持ちにさせます。それは私の体をより強くもします。自転車に乗ると，とてもいい気分になります。

　父は消防士で，母は看護師です。彼らは助けが必要な人々のために働いています。父はよく冬にスキーに行きます。母は映画を見るのが好きです。

　兄は大学生です。彼はコンピュータ科学を学んでいます。彼は小学生のころから，ずっとコンピュータに興味を持っています。

質問(1)自転車に乗っているときに，サラはどう感じますか。

　(2)サラの父は冬によく何をしますか。

　(3)サラの兄はどのくらいの間，コンピュータに興味を持っていますか。

## 英作文にチャレンジ！
### 〈解答〉

❶ This graph shows the number of dogs and cats kept as pets in Japan. According to the graph, the number of dogs was larger than that of cats in 2015. The number of dogs has been decreasing for the last several years and has been smaller than that of cats since 2017.

英作力UP♪ まず，何についてのグラフかについて説明する文から始め，そこから読み取れることを具体的に説明していく。2つのものの数値の推移を表すグラフなので，比較級や現在完了形の継続用法，現在完了進行形などを使って表せばよい。

❷ In Japan, May 5 is a national holiday known as Children's Day. People pray for their children's good health. Kashiwamochi is one of the traditional foods eaten on this day. It is wrapped with the leaf of a tree called kashiwa in Japanese.

英作力UP♪ まず,「こどもの日」の基本的な情報を伝える文から始める。そして2文目以降に,この日の意味や習慣などを説明する文を続ける。

❸ (1)I am looking forward to walking in the beautiful mountains with you. (2)I want you to show me around the places you like. (3)Could you tell me what your parents like to do?

英作力UP♪ (1)「楽しみにしていること」は,例えばlook forward to ～を使って表すことができる。～に動詞がくる場合はing形にする。このほかにもIt is exciting for me to ～などの表現も使える。(2)「相手にしてもらいたいこと」は,〈want＋人＋to＋動詞の原形〉を使って表せる。(3)「相手の家族のこと」は,間接疑問文などを使って表せばよい。「～してほしい」と頼む場合は,Could you ～?の形で表すことができる。

❹ I do not think that junior high school students should read newspapers every day. I have two reasons. First, newspapers are less useful than the Internet. We can easily get the latest information from the Internet. Second, we can read the news without paying for it on the Internet. That helps us save money. I do not think that it is necessary to read newspapers every day.

英作力UP♪ まず,賛成か反対のどちらの立場をとるかを表す文から始める。理由を含めるという条件があるので,2文目からは理由について述べてゆけばよい。60語程度という語数制限に合うように,理由の数を1つにするか2つ以上にするか決める。最後に,論題に対する自分の考えを述べる。

❺ This map shows where you should go in an emergency. You should walk to the shelters instead of using cars. You should not go to Sakura Junior High School if a large fire happens. You should not go to Midori Stadium in case of heavy rain.

英作力UP♪ まず,地図が何を伝えているかを説明する文から始める。これに続けて,注意書きが表す内容をまとめる。日本語の表現をそのまま英語にするのが難しいと感じたら,自分の力で表せそうな表現に置きかえてから英文にすればよい。

❻ If I could sing like my favorite singer, I would lead my own band. I want to write songs which make a lot of people happy. I wish people around the world would love my songs.

英作力UP♪ まず質問への返答として,「～ならば…するだろう」というIf ～, I would …の形の仮定法の文を作る。そして,2文目と3文目のどちらかがI wish ～の仮定法の文となるように,全体を構成する。

赤シート×直前対策！

# ぴたトレ mini book

## テストに出る！
# 重要文
# 重要単語
# チェック！

光村図書版　英語3年

赤シートでかくしてチェック！

← 「ぴたトレ mini book」は取り外してお使いください。

## 重要文チェック！

● 赤字の部分に注意し，日本語を見て英文が言えるようになりましょう。
● 英文が言えるようになったら，□に✓(チェックマーク)を入れましょう。

### 現在完了形・現在完了進行形

□ 私たちは5年間大阪に住んでいます。     We have lived in Osaka for five years.

□ 彼は3年間中国語を勉強しています。     He has studied Chinese for three years.

□ 私は昨日から神戸にいます。     I have been in Kobe since yesterday.

□ あなたは長い間東京に住んでいるのですか。     Have you lived in Tokyo for a long time?

   ―はい，住んでいます。／

   いいえ，住んでいません。     — Yes, I have. / No, I have not.

□ あなたはどのくらい日本にいますか。     How long have you been in Japan?

   ―10年間です。     — For ten years.

□ 私は以前その絵を見たことがあります。     I have seen the picture before.

□ エミは今までに北海道に行ったことがありますか。     Has Emi ever been to Hokkaido?

□ 私はそんなに悲しい話を一度も聞いたことがありません。     I have never heard such a sad story.

□ 私の父はちょうど仕事を終えたところです。     My father has just finished his work.

□ 私はまだ昼食を食べていません。     I have not had lunch yet.

□ あなたはもう部屋をそうじしましたか。     Have you cleaned your room yet?

□ 私の父は1時間ずっと料理をしています。     My father has been cooking for an hour.

2

## 分詞

□マリには札幌に住んでいるおじがいます。    Mari has an uncle **living** in Sapporo.

□テニスをしている女性はだれですか。    Who is the woman **playing** tennis?

□私は中国で作られた車を持っています。    I have a car **made** in China.

□これはジョンによって書かれた物語ですか。    Is this a story **written** by John?

## 関係代名詞

□私には英語を上手に話す友だちがいます。    I have a friend **who** speaks English well.

□私のおばは部屋がたくさんある家に住んでいます。    My aunt lives in a house **which** has many rooms.

□これは千葉へ行く電車です。    This is a train **that** goes to Chiba.

□その知らせを聞いた人はみんな泣いていました。    All the people **that** heard the news were crying.

□あなたは，先月私たちがパーティーで会った女性を覚えていますか。    Do you remember the woman **(that)** we met at the party last month?

□これは昨日私が使った自転車です。    This is the bike **(which)** I used yesterday.

□これらは私の友だちがカナダでとった写真です。    These are the pictures **(that)** my friend took in Canada.

## 不定詞を含む表現

□私はこのコンピュータの使い方がわかりません。    I don't know **how to use** this computer.

□駅への行き方を教えてもらえますか。 —いいですよ。    Can you tell me **how to get** to the station? — Sure.

□私の友だちが，次に何をすればよいか教えてくれました。    My friend told me **what to do** next.

□彼は私にどこに滞在したらよいかたずねました。    He asked me **where to stay**.

□彼女はいつ出発したらよいか知っていますか。    Does she know **when to start**?

3

| □たくさんの本を読むことは(私たちにとって)大切です。 | It is important (for us) to read many books. |
| □私にとって英語を話すことはやさしくありません。 | It is not easy for me to speak English. |
| □私は彼女に歌を歌ってほしいです。 | I want her to sing a song. |
| □母は私に宿題をするように言いました。 | My mother told me to do my homework. |
| □私は父が車を洗うのを手伝った。 | I helped my father wash his car. |
| □このコンピュータを使わせてください。 | Let me use this computer. |

## その他の文

| □私たちはそのネコをタマと呼びます。 | We call the cat Tama. |
| □この歌は私たちを幸せにします。 | This song makes us happy. |
| □なんて素敵なの！ | How nice! |
| □私はなぜ今日彼が学校に来なかったのか知っています。 | I know why he didn't come to school today. |
| □私はあなたが何について話しているのかわかりません。 | I don't know what you are talking about. |

## 仮定法

| □私が裕福だったら，もっと大きな家に引っ越すのに。 | If I were rich, I would move to a larger house. |
| □私がそこに住んでいたら，毎日その城に行くことができるだろうに。 | If I lived there, I could go to the castle every day. |
| □カレーが毎日食べられたらなあ。 | I wish I could eat curry every day. |
| □私が彼の友達だったらなあ。 | I wish I were his friend. |

## Unit 1

| | | |
|---|---|---|
| ☐ | across | 〜のあちこちで |
| ☐ | bangle | 腕輪 |
| ☐ | bike | 自転車 |
| ☐ | brain | 脳，頭脳 |
| ☐ | carry | 〜を運ぶ |
| ☐ | close | 閉める |
| ☐ | confidence | 自信 |
| ☐ | count | 〜を数える |
| ☐ | device | 装置，デバイス |
| ☐ | divide 〜 into … | 〜を…に分ける |
| ☐ | doghouse | 犬小屋 |
| ☐ | Easter egg | イースターエッグ |
| ☐ | encourage | 〜を励ます |
| ☐ | enough | 十分な |
| ☐ | enter | 〜に入る |
| ☐ | equator | 赤道 |
| ☐ | fix | 〜を修理する |
| ☐ | handout | プリント，配布資料 |
| ☐ | hill | 丘 |
| ☐ | kinder garden | 幼稚園 |
| ☐ | knock | 〜をノックする |
| ☐ | let | 〜させる |
| ☐ | mosque | モスク |
| ☐ | multilingual | 多言語使用の |
| ☐ | official | 公式の |
| ☐ | recess | (授業間の)休憩時間 |
| ☐ | rule | 規則 |
| ☐ | Russia | ロシアの |
| ☐ | Rwanda | ルワンダ |
| ☐ | schedule | スケジュール |
| ☐ | shift | 〜を移動させる |
| ☐ | shut | 閉じる |
| ☐ | skill | 技術，技能 |
| ☐ | stomach | 胃 |
| ☐ | Swahili | スワヒリ語 |
| ☐ | tablet | タブレット(ＰＣ) |
| ☐ | taught | teach の過去形，過去分詞 |
| ☐ | the U.A.E | アラブ首長国連邦 |
| ☐ | thousand | 千 |
| ☐ | twice | ２度，２回 |
| ☐ | uniform | 制服 |
| ☐ | website | ウェブサイト |

## Unit 2

| | | |
|---|---|---|
| ☐ | already | もう，すでに |
| ☐ | amusement | 娯楽，遊び |
| ☐ | amusement park | 遊園地 |
| ☐ | be afraid of ~ | ~を恐れる |
| ☐ | been | beの過去分詞 |
| ☐ | busy | 忙しい |
| ☐ | change | 変わる |
| ☐ | done | doの過去形，過去分詞 |
| ☐ | ever | これまで，かつて |
| ☐ | fed | feedの過去形，過去分詞 |
| ☐ | harmony | 調和 |
| ☐ | hotel | ホテル |
| ☐ | hurry | 急ぐ |
| ☐ | lately | 最新，近頃 |
| ☐ | leave | ~を置き忘れる |
| ☐ | perfect | 完璧な |
| ☐ | person | 人 |
| ☐ | recommend | (人に)すすめる |
| ☐ | report | 報道，報告 |
| ☐ | return | 戻る |
| ☐ | scenery | 風景 |
| ☐ | seen | seeの過去形 |
| ☐ | several | いくつかの |

| | | |
|---|---|---|
| ☐ | shrine | 神社 |
| ☐ | sunset | 夕日 |
| ☐ | tram | 路面電車 |
| ☐ | wooden | 木でできた |
| ☐ | yet | (否定文で)まだ~(ない) |

## Daily Life Scene 2

| | | |
|---|---|---|
| ☐ | buffet | セルフサービス(バイキング)形式の食事 |
| ☐ | passport | パスポート |
| ☐ | paradise | 天国，楽園 |
| ☐ | rich | 裕福な |
| ☐ | Singapore | シンガポール |
| ☐ | starlight | 星の光 |

7

## Unit 3

| | | |
|---|---|---|
| □ | anyone | 誰か，誰でも |
| □ | atomic | 原子の |
| □ | be determined to 〜 | 〜することを堅く決心している |
| □ | better | よりよい |
| □ | bomb | 爆弾 |
| □ | bombing | 爆撃 |
| □ | boyfriend | ボーイフレンド |
| □ | brought | bringの過去形，過去分詞 |
| □ | century | 世紀 |
| □ | childhood | 幼少期 |
| □ | collect | 〜を集める |
| □ | create | 〜を創造する |
| □ | dome | ドーム |
| □ | especially | 特に |
| □ | generation | 世代 |
| □ | half | 半分の |
| □ | horror | 恐怖 |
| □ | hour | 1時間 |
| □ | however | しかしながら |
| □ | impossible | 不可能な |
| □ | inspiration | 激励（感化，刺激，鼓舞）する人（物） |
| □ | meal | 食事 |
| □ | memorial | 記念の |

| | | |
|---|---|---|
| □ | mission | 任務，使命，目的 |
| □ | money | 金 |
| □ | monument | 記念碑 |
| □ | necessary | 必要な |
| □ | pain | 苦痛 |
| □ | panda | パンダ |
| □ | peace | 平和 |
| □ | peaceful | 平和な |
| □ | personal | 個人的な |
| □ | promote | 〜を促進する |
| □ | realize | 〜をはっきりと理解する |
| □ | remind | 思い出させる |
| □ | reminder | 思い出させるもの（人） |
| □ | sense | 〜を感じる |
| □ | since | 〜以来，〜から（ずっと） |
| □ | survivor | 生き残った人 |
| □ | through | まったく，すっかり |
| □ | tragic | 悲惨な |
| □ | valuable | 価値のある |
| □ | victim | 被害者 |
| □ | war | 戦争 |
| □ | without | 〜なしで |
| □ | young | 若い |

## Let's Read 1

| | | |
|---|---|---|
| ☐ | average | 平均 |
| ☐ | bait | えさ |
| ☐ | branch | 枝 |
| ☐ | bridge | 橋 |
| ☐ | burn | 燃える |
| ☐ | bury | ～を埋める |
| ☐ | ceremony | 式典 |
| ☐ | commute | 毎日通う |
| ☐ | cross | ～を渡る |
| ☐ | delay | 遅れ |
| ☐ | dig | ～を掘る |
| ☐ | end | 終わる |
| ☐ | excellent | 優秀な |
| ☐ | fire | 火 |
| ☐ | frightening | ぞっとさせる |
| ☐ | glass | ガラス，コップ |
| ☐ | grade | 成績 |
| ☐ | hide and seek | かくれんぼ |
| ☐ | hole | 穴 |
| ☐ | intensely | 激しく |
| ☐ | loquat | ビワ |
| ☐ | noise | 音，騒音 |
| ☐ | opponent | 相手 |
| ☐ | packet | 少量入りの袋 |
| ☐ | plane | 飛行機 |

| | | |
|---|---|---|
| ☐ | relief | 安心 |
| ☐ | road | 道路 |
| ☐ | rose | riseの過去形 |
| ☐ | self-study | 自習 |
| ☐ | sigh | ため息をつく |
| ☐ | smoke | 煙 |
| ☐ | steam | 蒸気 |
| ☐ | sweet potato | さつまいも |
| ☐ | thick | 濃い |
| ☐ | toy | おもちゃ |
| ☐ | unfortunately | 不運にも |
| ☐ | worried | 心配して |

## World Tour 1

| | | |
|---|---|---|
| ☐ | climate | 気候 |
| ☐ | danger | 危険 |
| ☐ | disappear | 消滅する |
| ☐ | elephant | 象 |
| ☐ | extinct | 絶滅した |
| ☐ | loss | 失うこと |
| ☐ | polar | 極地の |
| ☐ | shark | サメ |
| ☐ | species | 種 |

## You Can Do It! 1

| | | |
|---|---|---|
| ☐ | crossing | 交差点 |
| ☐ | traffic | 交通 |

## 重要単語チェック！ Unit 4

### Unit 4

| | | |
|---|---|---|
| ☐ | address | 住所 |
| ☐ | agree | 賛成する |
| ☐ | anymore | もはや，これ以上 |
| ☐ | automatically | 自動的に |
| ☐ | broaden | 〜を広げる |
| ☐ | common | よく見られる，ありふれた |
| ☐ | daily | 毎日の |
| ☐ | deliver | 〜を配達する |
| ☐ | depend | 頼る |
| ☐ | directly | 直接に |
| ☐ | disagree | 反対する |
| ☐ | exchange | 〜を交換する |
| ☐ | foreign | 外国の |
| ☐ | handball | ハンドボール |
| ☐ | hate | 憎む |
| ☐ | hint | ヒント，手掛かり |
| ☐ | interact | 交流する |
| ☐ | machine | 機械 |
| ☐ | might | 〜かもしれない |
| ☐ | package | 小包 |
| ☐ | Paris | パリ |
| ☐ | particular | 特定の |
| ☐ | phrase | 表現，言い回し |
| ☐ | progress | 進歩 |
| ☐ | proper | 適切な |
| ☐ | quite | 非常に，とても |
| ☐ | raise | 提起する |
| ☐ | rapidly | 急速に |
| ☐ | remember | 〜を思い出す |
| ☐ | respond | 応答する |
| ☐ | Rome | ローマ |
| ☐ | search | (情報)検索 |
| ☐ | skin | 肌 |
| ☐ | smartphone | スマートフォン |
| ☐ | soft | 柔らかい |
| ☐ | suppose | 〜だと思う |
| ☐ | translate | 〜を翻訳する |
| ☐ | understanding | 理解，知識 |

### Let's Read 2

| | | |
|---|---|---|
| ☐ | above | 上に［の］ |
| ☐ | advice | 助言，アドバイス |
| ☐ | autumn | 秋 |
| ☐ | body | 体 |
| ☐ | character | 登場人物 |
| ☐ | connect | ～をつなぐ |
| ☐ | control | ～を思うように操る |
| ☐ | dangerous | 危険な |
| ☐ | develop | ～を開発する |
| ☐ | disability | 障害 |
| ☐ | disease | 減る |
| ☐ | explore | ～を探検する |
| ☐ | factory | 工場 |
| ☐ | human | 人間 |
| ☐ | imagine | ～を想像する |
| ☐ | improve | ～を向上させる |
| ☐ | international | 国際的な |
| ☐ | Mars | 火星 |
| ☐ | microphone | マイク |
| ☐ | modern | 現代の |
| ☐ | movement | 運動 |
| ☐ | nuclear | 原子力の |
| ☐ | power | エネルギー |
| ☐ | reach | ～に着く |

| | | |
|---|---|---|
| ☐ | rescue | 救助 |
| ☐ | sent | sendの過去形，過去分詞 |
| ☐ | service | サービス，接客 |
| ☐ | severe | 深刻な |
| ☐ | shape | 形 |
| ☐ | society | 社会 |
| ☐ | suit | 衣服 |
| ☐ | user | 利用者 |
| ☐ | variety | 多種多様 |

### Daily Life Scene 3

| | | |
|---|---|---|
| ☐ | affect | ～に影響する |
| ☐ | community | 地域住民 |
| ☐ | detailed | 詳細な |
| ☐ | health | 健康 |
| ☐ | north | 北 |
| ☐ | ocean | 海 |
| ☐ | pollution | 汚染 |
| ☐ | provide | 提供する |
| ☐ | save | ～を救う |
| ☐ | shine | 晴れ |
| ☐ | solution | 解決策 |
| ☐ | trash | ごみ |
| ☐ | trash bag | ごみ袋 |
| ☐ | wildlife | 野生生物 |

11

## Unit 5

| | | |
|---|---|---|
| ☐ | amount | 総計，合計 |
| ☐ | article | 記事 |
| ☐ | bye | バイバイ，じゃあね |
| ☐ | cotton | 綿 |
| ☐ | cushion | クッション |
| ☐ | dirty | 汚い |
| ☐ | discuss | ～を話し合う |
| ☐ | durable | 長持ちする |
| ☐ | effort | 努力 |
| ☐ | environment | 環境 |
| ☐ | even | ～でさえ |
| ☐ | familiar | よく知られた |
| ☐ | gather | ～を集める |
| ☐ | harm | ～に危害を加える |
| ☐ | instead | その代わりに |
| ☐ | Korean | 韓国の |
| ☐ | lend | ～を貸す |
| ☐ | major | 主要な |
| ☐ | material | 材料 |
| ☐ | mystery | 推理もの，ミステリー |
| ☐ | packaging | 包装，パッケージ |
| ☐ | pair | 1対，1組 |
| ☐ | paper | 紙 |
| ☐ | per | ～につき |
| ☐ | pick | 取る |

| | | |
|---|---|---|
| ☐ | planet | 惑星 |
| ☐ | plastic | プラスチック製の |
| ☐ | presentation | プレゼンテーション |
| ☐ | properly | きちんと，正しく |
| ☐ | rank | 位置する |
| ☐ | recycle | ～を再利用する |
| ☐ | reduce | ～を減少させる |
| ☐ | replace | ～を取り換える |
| ☐ | resident | 住民 |
| ☐ | result | 結果 |
| ☐ | shocking | 衝撃的な，ぞっとする |
| ☐ | single | たった1つの |
| ☐ | social | 社会の |
| ☐ | solve | 解決する |
| ☐ | straw | ストロー |
| ☐ | success | 成功 |
| ☐ | terrible | ひどい |
| ☐ | throw | 投げる |
| ☐ | umbrella | 傘 |
| ☐ | waste | 廃棄物，ごみ |

## Daily Life Scene 4

| | | |
|---|---|---|
| ☐ | audience | 観客 |
| ☐ | breathe | 呼吸する |
| ☐ | digest | 消化する |
| ☐ | product | 製品 |
| ☐ | rain forest | 熱帯雨林 |

## Unit 6

| | | |
|---|---|---|
| ☐ | artwork | 芸術作品 |
| ☐ | beginning | 初め，最初 |
| ☐ | be in trouble | 困っている |
| ☐ | beside | 〜のそばに[の] |
| ☐ | bite | 〜をかむ |
| ☐ | chorus | コーラス |
| ☐ | conductor | 指揮者 |
| ☐ | contest | コンテスト |
| ☐ | describe | 〜の特徴を述べる |
| ☐ | design | 〜をデザインする |
| ☐ | Dr. | 〜先生，〜博士 |
| ☐ | ear | 耳 |
| ☐ | few | 少数の |
| ☐ | frog | カエル |
| ☐ | heal | 〜を治す |
| ☐ | invite | 〜を招く |
| ☐ | matter | 問題 |
| ☐ | monkey | サル |
| ☐ | New Zealand | ニュージーランド |
| ☐ | news | 知らせ，新情報 |
| ☐ | piece | 1つ，1個，1枚 |
| ☐ | poem | 詩 |
| ☐ | solo | 独唱，ソロ |
| ☐ | strange | 奇妙な |

| | | |
|---|---|---|
| ☐ | tale | 話，物語 |
| ☐ | T-shirt | Tシャツ |
| ☐ | twist | 〜をねじる |
| ☐ | unbelievable | 信じがたい |
| ☐ | until | 〜まで(ずっと) |
| ☐ | while | 〜している間に |
| ☐ | woman | 女性 |
| ☐ | wrist | 手首 |

## You Can Do It! 2

| | | |
|---|---|---|
| ☐ | against | 〜に反対して |
| ☐ | attractive | 興味をそそる |
| ☐ | relaxed | 落ちついた，くつろいだ |
| ☐ | Taiwan | 台湾 |

## Unit 7

| | | |
|---|---|---|
| ☐ | adventure | 冒険 |
| ☐ | anxiety | 心配，不安 |
| ☐ | basically | 基本的に |
| ☐ | chopstick | 箸 |
| ☐ | crane | ツル |
| ☐ | everywhere | どこでも |
| ☐ | expect | 予期する |
| ☐ | fill | ～を満たす |
| ☐ | fold | ～を折る |
| ☐ | full | いっぱいの |
| ☐ | graduate | 卒業する |
| ☐ | memory | 思い出 |
| ☐ | possible | できるかぎりの |
| ☐ | prime minister | 総理大臣 |
| ☐ | respect | ～を尊重する |
| ☐ | shock | 衝撃的な出来事 |
| ☐ | speech | スピーチ，演説 |
| ☐ | suddenly | 突然 |
| ☐ | test | テスト |
| ☐ | truth | 真実 |

## World Tour 2

| | | |
|---|---|---|
| ☐ | America | アメリカ |
| ☐ | Asia | アジア |
| ☐ | billion | 10億（の） |

| | | |
|---|---|---|
| ☐ | college | 大学 |
| ☐ | dying | 瀕死の |
| ☐ | education | 教育 |
| ☐ | Europe | ヨーロッパ |
| ☐ | gender | 性，ジェンダー |
| ☐ | geography | 地形 |
| ☐ | have access to ～ | ～を利用できる |
| ☐ | overweight | 太りすぎの |
| ☐ | shelter | 避難所 |
| ☐ | starvation | 餓死 |
| ☐ | undernourished | 栄養不足の |

## Let's Read 3

| | | |
|---|---|---|
| ☐ | affection | 愛情 |
| ☐ | behave | 振る舞う |
| ☐ | be willing to ~ | ~するのをいとわない |
| ☐ | chemical | 化学物質 |
| ☐ | comfort | ~を慰める |
| ☐ | creature | 生物 |
| ☐ | dead | 死んでいる，枯れている |
| ☐ | delegate | 代表 |
| ☐ | desert | 砂漠 |
| ☐ | fight | 戦う |
| ☐ | forever | ずっと，いつまでも |
| ☐ | goal | 目標 |
| ☐ | government | 政府 |
| ☐ | greedy | 欲深い |
| ☐ | mess | めちゃくちゃな状態 |
| ☐ | needy | 非常に貧乏な |
| ☐ | neither | ~もまた…しない |
| ☐ | northern | 北の |
| ☐ | organizer | 主催者 |
| ☐ | politician | 政治家 |
| ☐ | reporter | 記者 |
| ☐ | salmon | サケ |
| ☐ | somebody | 誰か，ある人 |

| | | |
|---|---|---|
| ☐ | spend | （時間を）過ごす |
| ☐ | stream | 小川 |
| ☐ | toward | ~の方へ |
| ☐ | vanish | 消える |
| ☐ | wealth | 富，財産 |

## Unit 8

| | | |
|---|---|---|
| ☐ | ambitious | 野望 |
| ☐ | bored | 退屈した |
| ☐ | friendship | 友情 |
| ☐ | goodbye | さようなら |
| ☐ | helpful | 助けになる |
| ☐ | midnight | 夜の12時 |
| ☐ | round | 初めから終わりまで |
| ☐ | usual | いつもの |
| ☐ | within | ~以内に[で] |

## You Can Do It! 3

| | | |
|---|---|---|
| ☐ | importance | 重要性 |
| ☐ | precious | 大切な |

光村図書版・中学英語３年